Suhrkamp BasisBibliothek 27

Diese Ausgabe der »Suhrkamp BasisBibliothek – Arbeitstexte für Schule und Studium« stellt eine kleine Besonderheit dar. Sie bietet nicht nur Johann Wolfgang Goethes Schauspiel *Götz von Berlichingen mit der eisernen Hand*, sondern weist auch im Anhang die wichtigsten, stark abweichenden Passagen der ersten Dramenfassung *Geschichte Gottfriedens von Berlichingen mit der eisernen Hand* auf. Ergänzt wird diese Edition durch einen Kommentar, der alle für das Verständnis des Buches erforderlichen Informationen enthält: die Entstehungs- und Textgeschichte, ausführliche Hinweise zu den literaturgeschichtlichen, historisch-politischen und ästhetischen Voraussetzungen des Stücks, die zeitgenössische Rezeption, einen Forschungsüberblick, Literaturhinweise sowie detaillierte Wort- und Sacherläuterungen. Der Kommentar ist entsprechend den neuen Rechtschreibregeln verfasst.

Wilhelm Große, geboren 1948, Dr. phil., ist Lehrbeauftragter für Neuere deutsche Literatur an der Universität Trier. Arbeitsschwerpunkte: Poetik, Lyrik und Drama des 18. Jahrhunderts. Publikationen u. a. zu Lessing, Klopstock, Schiller (SBB 10) und Goethe (SBB 5).

Johann Wolfgang Goethe
Götz von Berlichingen mit der eisernen Hand

Ein Schauspiel
1773
Mit einem Kommentar
von Wilhelm Große

Suhrkamp

Der vorliegende Text folgt der Ausgabe: Johann Wolfgang
Goethe. Sämtliche Werke, Briefe, Tagebücher und Gespräche. Die Frankfurter Ausgabe. Erste Abteilung. Bd. 4: Dramen
1765–1775. Unter Mitarbeit von Peter Huber herausgegeben
von Dieter Borchmeyer. Frankfurt am Main: Deutscher Klassi-
ker Verlag 1985, S. 279–389.
Die Texte des Anhangs sind derselben Ausgabe entnommen:
S. 170–172, S. 174–175, S. 177–179, S. 217–248.

5. Auflage 2022

Erste Auflage 2001
Suhrkamp BasisBibliothek 27
Originalausgabe

Satz: pagina GmbH, Tübingen
Druck: CPI books GmbH, Leck
Dieses Buch wurde klimaneutral produziert:
climatepartner.com/14438-2110-1001.
Umschlaggestaltung: Regina Göllner und Hermann Michels
Printed in Germany
ISBN 978-3-518-18827-9

www.suhrkamp.de

Inhalt

Götz von Berlichingen
mit der eisernen Hand

Ein Schauspiel

1773

Erster Akt

Schwarzenberg in Franken. Herberge

⌜Metzler⌝, ⌜Sievers⌝, *Bauern am Tische, zwei Reutersknechte beim Feuer, Wirt.*

5 SIEVERS Hänsel, noch ein Glas Branntewein, und meß christlich*.

WIRT Du bist der Nimmersatt.

METZLER *leise:* Erzähl das noch einmal, vom Berlichingen, die Bamberger dort ärgern sich sie mögten schwarz wer-
10 den.

SIEVERS Bamberger? Was tun die hier?

METZLER Der ⌜Weislingen⌝ ist oben aufm Schloß beim Herrn Grafen schon zwei Tage, dem haben sie das Gleit* geben, ich weiß nicht wo er herkommt, sie warten auf
15 ihn, er geht zurück nach Bamberg.

SIEVERS Wer ist der Weislingen?

METZLER Des Bischofs rechte Hand, ein gewaltiger Herr, der dem Götz auch auf'n Dienst lauert*.

SIEVERS Er mag sich in Acht nehmen.

20 METZLER Ich bitt dich erzähls doch noch einmal! *laut:* Seit wann hat denn der Götz wieder Händel* mit dem Bischof von Bamberg? Es hieß ja, alles wäre vertragen* und geschlichtet.

SIEVERS Ja, vertrag du mit den Pfaffen. Wie der Bischof
25 sah, er richt nichts aus, und zieht immer den kürzern, kroch er zum Kreuz*, und war geschäftig, daß der Vergleich zu Stand käm. Und der getreuherzige Berlichin-
gen gab unerhört* nach, wie er immer tut, wenn er im Vorteil ist.

30 METZLER Gott erhalt ihn! Ein rechtschaffner Herr!

SIEVERS Nun denk, ist das nicht schändlich? ⌜Da werfen sie ihm einen Buben nieder*⌝, da er sich nichts weniger versieht. Wird sie aber schon wieder dafür lausen*.

miss mit Nächsten-
liebe; d. h.
hier: gieß
großzügig ein

Geleit

sein Verhalten
genau
beobachtet

Streitereien

vertraglich
geregelt

unterwarf sich

hier: ohne
genauere
Prüfung

nehmen einen
Knecht
gefangen

Geld und
Besitz
abnehmen

METZLER Es ist doch dumm, daß ihm der letzte Streich mißglückt ist; er wird sich garstig erbost haben.

SIEVERS Ich glaub nicht, daß ihn lang was so verdrossen hat. Denk auch, alles war aufs genauste verkundschaft*, ⌜wann der Bischof aus dem Bad käm⌝, mit wie viel Reutern, welchen Weg; und wenns nicht wär durch falsche Leut verraten worden, wollt er ihm das Bad gesegnet und ihn ausgerieben* haben.

ERSTER REUTER Was raisonniert* ihr von unserm Bischof? Ich glaub ihr sucht Händel.

SIEVERS Kümmert euch um eure Sachen. Ihr habt an unserm Tisch nichts zu suchen.

ZWEITER REUTER Wer heißt* euch von unserm Bischof despektierlich* reden?

SIEVERS Hab ich euch Red und Antwort zu geben? Seht doch den Fratzen*!

Erster Reuter schlägt ihm hinter die Ohren.

METZLER Schlag den Hund tot. *Sie fallen über einander her.*

ZWEITER REUTER Komm her, wenn du's Herz hast.

WIRT *reißt sie von einander:* Wollen ihr Ruh haben! Tausend Schwerenot*: Schert euch naus, wenn ihr was auszumachen* habt. ⌜In meiner Stub solls ehrlich und ordentlich zugehen⌝. *Schiebt die Reuter zur Tür hinaus.* Und ihr Esel was fangen ihr an?

METZLER Nur nit viel geschimpft Hänsel, sonst kommen wir dir über die Glatze. Komm Kamerad wollen die draus plauen*.

Zwei Berlichingische Reuter kommen.

ERSTER REUTER Was gibts da?

SIEVERS Ei guten Tag Peter! Veit, guten Tag! Woher?

ZWEITER REUTER Daß du dich nit unterstehst zu verraten, wem wir dienen.

SIEVERS *leise:* Da ist euer Herr Götz wohl auch nit weit.

ERSTER REUTER Halt dein Maul! Habt ihr Händel?

Marginal glosses (left column):
ausgekundschaftet
hier: verprügelt
schimpft
gebietet
verächtlich
Narren
Verwünschung
einen Streit zu vereinbaren
verprügeln

SIEVERS Ihr seid den Kerls begegnet draus, sind Bamberger.

ERSTER REUTER Was tun die hier?

METZLER Der Weißlingen ist droben aufm Schloß, beim gnädigen Herrn, den haben sie geleit.

ERSTER REUTER Der Weislingen.

ZWEITER REUTER *leise:* Peter! das ist ein gefunden Fressen. Wie lang ist er da?

METZLER Schon zwei Tage. Aber er will heut noch fort, hört ich einen von den Kerls sagen.

ERSTER REUTER *leise:* Sagt ich dir nicht er wär daher? Hätten wir dort drüben eine Weile passen* können. Komm Veit.

SIEVERS Helft uns doch erst die Bamberger ausprügeln.

ZWEITER REUTER Ihr seid ja auch zu zwei. Wir müssen fort. Adies. *Ab.*

SIEVERS ⌜Scheißkerle⌝ die Reuter, wann man sie nit bezahlt, tun sie dir keinen Streich.

METZLER Ich wollt schwören sie haben einen Anschlag. Wem dienen sie?

SIEVERS Ich solls nit sagen. Sie dienen dem Götz.

METZLER So! Nun wollen wir über die draus. Komm, so lang ich einen Bengel* hab, fürcht ich ihre Bratspieße* nicht.

SIEVERS Dürften wir nur so einmal an die Fürsten, die uns die Haut über die Ohren ziehen.

auflauern (margin note for line 12)

Prügel, Knüppel (margin note for line 22) / *Verächtliche Bezeichnung für Ritterspieße* (margin note for lines 23–24)

Herberge im Wald

GÖTZ *vor der Türe unter der Linde:* Wo meine Knechte bleiben. Auf und ab muß ich gehen, sonst übermannt mich der Schlaf. Fünf Tag und Nächte schon auf der Lauer. Es wird einem sauer gemacht, das bißgen Leben und Freiheit. Dafür, wenn ich dich habe Weißlingen,

will ich mirs wohl sein lassen. *Schenkt ein.* Wieder leer!
⌈Georg⌉! So langs daran nicht mangelt, und an frischem

hinterhältige
Anschläge,
Intrigen

Mut, lach ich der Fürsten Herrschsucht und Ränke*.
Georg! Schickt ihr nur euren gefälligen Weislingen her-

Paten,
Freunde,
Nachbarn

um zu Vettern und Gevattern*, laßt mich anschwärzen. 5
Nur immerzu. Ich bin wach. Du warst mir entwischt
Bischof! So mag denn dein lieber Weislingen die Zeche
bezahlen. Georg! hört der Junge nicht! Georg! Georg!

DER BUB *im Panzer eines Erwachsenen:* Gestrenger Herr!

GÖTZ Wo stickst du! Hast du geschlafen. Was zum Henker 10

Maskierung,
Verkleidung

treibst du für Mummerei*. Komm her du siehst gut aus.
Schäm dich nicht Junge. Du bist brav! ja, wenn du ihn

Zunächst
Rüstung, dann
speziell: Brust-
panzer,
Harnisch

ausfülltest. Es ist Hannsens Küraß*?

GEORG Er wollt ein wenig schlafen, und schnallt ihn aus.

GÖTZ Er ist bequemer als sein Herr. 15

GEORG Zürnt nicht. Ich nahm ihn leise weg, und legt ihn
an, und holt meines Vaters altes Schwert von der Wand,
lief auf die Wiese und zogs aus.

GÖTZ Und hiebst um dich herum? Da wirds den Hecken
und Dornen gut gegangen sein. Schläft Hanns? 20

GEORG Auf Euer Rufen sprang er auf und schrie mir, daß
Ihr rieft. Ich wollt ihn ausschnallen, da hört ich Euch
zwei dreimal.

GÖTZ Geh! bring ihm seinen Panzer wieder, und sag ihm,
er soll bereit sein, soll nach den Pferden sehen. 25

GEORG Die hab ich recht ausgefüttert, und wieder aufge-
zäumt. Ihr könnt aufsitzen wann Ihr wollt.

GÖTZ Bring mir einen Krug Wein, gib Hannsen auch ein
Glas, sag ihm, er soll munter sein, es gilt. Ich hoffe jeden
Augenblick meine Kundschafter sollen zurück kom- 30
men.

GEORG Ach gestrenger Herr!

GÖTZ Was hast du?

GEORG Darf ich nicht mit?

GÖTZ Ein andermal Georg, wann wir Kaufleute fangen 35
und Fuhren weg nehmen.

GEORG Ein andermal, das habt Ihr schon oft gesagt, o diesmal, diesmal. Ich will nur hinten drein laufen, nur auf
der Seite lauren*. Ich will Euch die verschossene Bolzen*
wieder holen.

5 GÖTZ Das nächste mal Georg. Du sollst erst einen Wams*
haben, eine Blechhaube, und einen Spieß.

GEORG Nehmet mich mit. Wär ich letzt dabei gewesen, Ihr
hättet die Armbrust nicht verloren.

GÖTZ Weißt du das?

10 GEORG ⌜Ihr warft sie dem Feind an Kopf⌝, und einer von
den Fußknechten hub sie auf, weg war sie. Gelt ich weiß.

GÖTZ Erzählen dir das meine Knechte.

GEORG Wohl. Dafür pfeif ich ihnen auch, wenn wir die
Pferde striegeln, allerlei Weisen, und lerne sie allerlei lu-
15 stige Lieder.

GÖTZ Du bist ein braver Junge.

GEORG Nehmt mich mit, daß ich's zeigen kann.

GÖTZ Das nächstemal, auf mein Wort. Unbewaffnet wie
du bist, sollst du nicht in Streit. Die künftigen Zeiten
20 brauchen auch Männer. Ich sage dir Knabe, es wird eine
teure Zeit werden, Fürsten werden ihre Schätze bieten
um einen Mann den sie jetzt hassen. Geh Georg, gib
Hansen seinen Küraß wieder, und bring mir Wein. *Georg ab.* Wo meine Knechte bleiben! Es ist unbegreiflich.
25 Ein Mönch! Wo kommt der noch her?

⌜*Bruder Martin*⌝ kommt.

GÖTZ ⌜Ehrwürdiger Vater, guten Abend! woher so spät?
Mann der heiligen Ruhe, Ihr beschämt viel Ritter.

MARTIN Dank Euch edler Herr! Und bin vor der Hand nur
30 demütiger Bruder⌝, wenns ja Titul sein soll. Augustin
mit meinem Klosternamen, doch hör ich am liebsten
Martin meinen Taufnamen.

GÖTZ Ihr seid müd Bruder Martin, und ohne Zweifel dur-
stig!

35 *Der Bub kommt.*

im Versteck
warten
Geschoss für
die Armbrust
Unter der
Rüstung getra-
gener Männer-
rock

GÖTZ Da kommt der Wein eben recht.

MARTIN Für mich einen Trunk Wasser. Ich darf keinen Wein trinken.

GÖTZ Ist das Euer Gelübde?

MARTIN Nein gnädiger Herr, es ist nicht wider mein Ge- 5
lübde Wein zu trinken; weil aber der Wein wider mein Gelübde ist; so trinke ich keinen Wein.

GÖTZ Wie versteht Ihr das?

MARTIN Wohl Euch, daß Ihr's nicht versteht. Essen und trinken mein ich, ist des Menschen Leben. 10

GÖTZ Wohl!

MARTIN Wenn Ihr gessen und trunken habt, seid Ihr wie neu geboren. Seid stärker, mutiger, geschickter zu Eu-
Tun bzw. Handeln
rem Geschäft*. ⌜Der Wein erfreut⌝ des Menschen Herz, und die Freudigkeit ist die Mutter aller Tugenden. Wenn 15
Ihr Wein getrunken habt, seid Ihr alles doppelt, was Ihr sein sollt, noch einmal so leicht denkend, noch einmal so unternehmend, noch einmal so schnell ausführend.

GÖTZ Wie ich ihn trinke, ist es wahr.

MARTIN Davon red ich auch. Aber wir – 20
Georg mit Wasser.

Ort bei Neustadt an der Aisch
GÖTZ *zu Georg heimlich:* Geh auf den Weg nach Dachs-
bach*, und leg dich mit dem Ohr auf die Erde, ob du nicht Pferde kommen hörst, und sei gleich wieder hier.

MARTIN Aber wir, wenn gessen und trunken haben, sind 25
wir grad das Gegenteil von dem, was wir sein sollen. Unsere schläfrige Verdauung stimmt den Kopf nach dem Magen, und in der Schwäche einer überfüllten Ruhe er-
zeugen sich Begierden, die ihrer Mutter leicht über den Kopf wachsen. 30

GÖTZ Ein Glas, Bruder Martin, wird Euch nicht im Schlaf stören. Ihr seid heute viel gegangen. *bringts ihm:* ⌜Alle Streiter⌝!

MARTIN In Gottes Namen, *Sie stoßen an.* ich kann die mü-
ßige Leut nicht ausstehen, und doch kann ich nicht sa- 35

gen, daß alle Mönche müßig sind, sie tun was sie können. Da komm ich von St. Veit, wo ich die letzte Nacht schlief. Der Prior* führte mich in Garten, das ist nun ihr Bienenkorb. Fürtrefflicher Salat! Kohl nach Herzens

5 Lust! Und besonders Blumenkohl und Artischocken, wie keine in Europa!

GÖTZ Das ist also Eure Sache nicht. *Er steht auf sieht nach dem Jungen und kommt wieder.*

MARTIN Wollte, Gott hätte mich zum Gärtner oder Laboranten* gemacht, ich könnte glücklich sein. Mein Abt liebt mich, mein Kloster ist ⌈Erfurt⌉ in Sachsen, er weiß ich kann nicht ruhn, da schickt er mich herum, wo was zu betreiben ist. Ich geh zum Bischof von Constanz.

GÖTZ Noch eins! Gute Verrichtung!

15 MARTIN Gleichfalls!

GÖTZ Was seht Ihr mich so an, Bruder?

MARTIN Daß ich in Euren Harnisch verliebt bin.

GÖTZ Hättet Ihr Lust zu einem? Es ist schwer und beschwerlich ihn zu tragen.

20 MARTIN Was ist nicht beschwerlich auf dieser Welt, und mir kommt nichts beschwerlicher vor, als nicht Mensch sein dürfen. ⌈Armut, Keuschheit und Gehorsam⌉. Drei Gelübde, deren jedes, einzeln betrachtet, der Natur das unausstehlichste scheint, so unerträglich sind sie alle.

25 Und sein ganzes Leben unter dieser Last, oder der weit drückendern Bürde des Gewissens mutlos zu keichen! O Herr! was sind die Mühseligkeiten Eures Lebens, gegen die Jämmerlichkeiten eines Stands, der die besten Triebe, durch die wir werden, wachsen und gedeihen, aus

30 mißverstandner Begierde Gott näher zu rücken, verdammt.

GÖTZ Wäre Euer Gelübde nicht so heilig, ich wollte Euch bereden einen Harnisch anzulegen, wollt Euch ein Pferd geben, und wir zögen mit einander.

35 MARTIN Wollte Gott, meine Schultern fühlten sich Kraft*,

Klostervorsteher, Stellvertreter eines Abtes

Sammler von Heilkräutern für die Klosterapotheke

hätten die Kraft

den Harnisch zu ertragen, und mein Arm die Stärke, einen Feind vom Pferd zu stechen! – Arme schwache Hand, von je her gewöhnt Kreuze und Friedensfahnen zu führen, und Rauchfässer zu schwingen, wie wolltest du Lanze und Schwert regieren? Meine Stimme, nur zu ⌜Ave⌝ und ⌜Halleluja⌝ gestimmt, würde dem Feind ein Herold* meiner Schwäche sein, wenn ihn die Eurige überwältigte. Kein Gelübde sollte mich abhalten, wieder in den Orden zu treten, den mein Schöpfer selbst gestiftet hat.

Verkünder

GÖTZ Glückliche Retour!

MARTIN Das trinke ich nur für Euch. Wiederkehr in meinen Käfig, ist allemal unglücklich. Wenn Ihr wiederkehrt Herr, in Eure Mauren, mit dem Bewußtsein Eurer Tapferkeit und Stärke, der keine Müdigkeit etwas anhaben kann, Euch zum erstenmal nach langer Zeit, sicher für* feindlichem Überfall, entwaffnet auf Euer Bette streckt, und Euch nach dem Schlaf dehnt, der Euch besser schmeckt, als mir der Trunk, nach langem Durst; da könnt Ihr von Glück sagen!

vor

GÖTZ Davor kommts auch selten.

MARTIN *feuriger:* Und ist wenns kommt, ein Vorschmack des Himmels. – Wenn Ihr zurück kehrt mit der Beute Eurer Feinde beladen, und Euch erinnert: den stach ich vom Pferd, eh er schießen konnte, und den rannt ich samt dem Pferd nieder. Und dann reitet Ihr zu Eurem Schloß hinauf, und –

GÖTZ Was meinet Ihr?

MARTIN Und Eure Weiber! *Er schenkt ein.* Auf Gesundheit Eurer Frau! *Er wischt sich die Augen.* Ihr habt doch eine?

GÖTZ Ein edles fürtreffliches Weib!

MARTIN ⌜Wohl dem, der ein tugendsam Weib hat! des lebet er noch eins so lang.⌝ Ich kenne keine Weiber, und doch war die Frau die Krone der Schöpfung.

GÖTZ *vor sich:* Er dauert mich! Das Gefühl seines Standes
frißt ihm das Herz.

GEORG *gesprungen:* Herr! ich höre Pferde im Galopp!
Zwei! Es sind sie gewiß.

GÖTZ Führ mein Pferd heraus, Hanns soll aufsitzen. Lebt
wohl teurer Bruder, Gott geleit Euch. Seid mutig und
gedultig. ⌐Gott wird Euch Raum geben.⌐

MARTIN Ich bitt um Euren Namen.

GÖTZ Verzeiht mir. Lebt wohl. *Er reicht ihm die linke
Hand.*

MARTIN Warum reicht Ihr mir die Linke? Bin ich die ritterliche Rechte nicht wert.

GÖTZ Und wenn Ihr der Kaiser wärt, ihr müßtet mit dieser
vorlieb nehmen. Meine Rechte, obgleich im Kriege nicht
unbrauchbar, ist gegen den Druck der Liebe unempfind-
lich. Sie ist eins mit ihrem Handschuh, Ihr seht, er ist
Eisen.

MARTIN So seid Ihr Götz von Berlichingen! ⌐Ich danke dir
Gott⌐, daß du mich ihn hast sehen lassen, diesen Mann
den die Fürsten hassen, und zu dem die Bedrängten sich
wenden. *Er nimmt ihm die rechte Hand.* Laßt mir diese
Hand, laßt mich sie küssen.

GÖTZ Ihr sollt nicht.

MARTIN Laßt mich. Du mehr wert als Reliquienhand,
durch die das heiligste Blut geflossen ist, totes Werkzeug, belebt durch des edelsten Geistes Vertrauen auf
Gott!

Götz setzt den Helm auf und nimmt die Lanze.

MARTIN Es war ein Mönch bei uns vor Jahr und Tag, der
Euch besuchte, ⌐wie sie Euch abgeschossen ward⌐ vor
⌐Landshut⌐, wie er uns erzählte, was Ihr littet, und wie
sehr es Euch schmerzte, zu Eurem Beruf verstümmelt zu
sein, und wie Euch einfiel, von einem gehört zu haben,
der auch nur eine Hand hatte, und als tapferer Reutersmann doch noch lange diente. Ich werde das nie vergessen.

Die zwei Knechte kommen.
Götz zu ihnen. Sie reden heimlich.

MARTIN *fährt inzwischen fort:* Ich werde das nie vergessen, wie er im edelsten einfältigsten* Vertrauen auf Gott
sprach: und wenn ich ⌜zwölf Händ⌝ hätte, und deine 5
Gnad wollt mir nicht, was würden sie mir fruchten, so
kann ich mit Einer –

GÖTZ In den Haslacher Wald also. *kehrt sich zu Martin:*
Lebt wohl werter Bruder Martin. *Er küßt ihn.*

MARTIN Vergeßt mein nicht, wie ich Eurer nicht vergesse. 10
Götz ab.

MARTIN ⌜Wie mir's so eng um's Herz ward⌝, da ich ihn sah.
Er redete nichts, und ⌜mein Geist konnte doch den Sei-
nigen unterscheiden*⌝. Es ist eine Wollust*, einen großen
Mann zu sehn. 15

GEORG Ehrwürdiger Herr, ihr schlaft doch bei uns?

MARTIN Kann ich ein Bett haben?

GEORG Nein Herr! Ich kenne Better nur vom Hörensagen,
in unsrer Herberg ist nichts als Stroh.

MARTIN Auch gut. Wie heißt du? 20

GEORG Georg, ehrwürdiger Herr!

MARTIN Georg! da hast du einen tapfern ⌜Patron⌝.

GEORG Sie sagen er wäre ein Reuter gewesen, das will ich
auch sein.

MARTIN Warte. *Er zieht ein Gebetbuch hervor, und gibt* 25
dem Buben einen Heiligen. Da hast du ihn. Folge seinem
Beispiel, sei brav und fürchte Gott. *Martin geht.*

GEORG Ach ein schöner Schimmel, wenn ich einmal so einen hätte! – und die goldene Rüstung! – Das ist ein gar-
stiger Drach – Jetzt schieß ich nach Sperlingen – Heiliger 30
Georg! mach mich groß und stark, gib mir so eine Lanze, Rüstung und Pferd, dann laß mir die Drachen kommen.

gutmütigsten;
hier noch ganz
ohne den
negativen Sinn

erkennen

große Freude

Jaxthaussen. Götzens Burg

⌐*Elisabeth, seine Frau, Maria, seine Schwester, Carl, sein Söhngen.*⌐

CARL Ich bitte dich, liebe Tante, erzähl mir das noch ein-
5   mal vom frommen Kind, 's is gar zu schön.

MARIA Erzähl du mirs kleiner Schelm, da will ich hören ob
    du Acht gibst.

CARL Wart e biß, ich will mich bedenken – Es war einmal –
    ja – es war einmal ein Kind, und sein Mutter war krank,
10   da ging das Kind hin.

MARIA Nicht doch. Da sagte die Mutter, liebes Kind –

CARL Ich bin krank.

MARIA Und kann nicht ausgehn.

CARL Und gab ihm Geld und sagte, geh hin, und hol dir ein
15   Frühstück. Da kam ein armer Mann.

MARIA Das Kind ging, da begegnet ihm ein alter Mann der
    war – nun Carl!

CARL Der war – alt.

MARIA Freilich! Der kaum mehr gehen konnte, und sagte:
20   liebes Kind –

CARL Schenk mir was, ich hab kein Brot gessen gestern
    und heut, da gab ihm's Kind das Geld.

MARIA Das für sein Frühstück sein sollte.

CARL Da sagte der alte Mann –

25 MARIA Da nahm der alte Mann, das Kind –

CARL Bei der Hand, und sagte, und ward ein schöner glän-
    ziger Heiliger, und sagte: Liebes Kind –

MARIA Für deine Wohltätigkeit, belohnt dich die Mutter
    Gottes durch mich, welchen Kranken du anrührst –

30 CARL Mit der Hand – es war die rechte glaub ich.

MARIA Ja.

CARL Der wird gleich gesund.

MARIA Da lief's Kind nach Haus, und konnt für Freuden
    nichts reden.

CARL Und fiel seiner Mutter um den Hals, und weinte für
Freuden –

MARIA Da rief die Mutter, wie ist mir! und war – nun Carl.

CARL Und war – und war –

MARIA Du gibst schon nicht Acht. – Und war gesund. Und 5
das Kind kurierte König und Kaiser, und wurde so reich,
daß es ein großes Kloster bauete.

ELISABETH Ich kann nicht begreifen wo mein Herr bleibt.
Schon fünf Tag und Nächte, daß er weg ist, und er hoffte
Überfall   so bald seinen Streich* auszuführen. 10

MARIA Mich ängstigts lang. Wenn ich so einen Mann haben sollte, der sich immer Gefahren aussetzte, ich stürbe
im ersten Jahr.

ELISABETH Dafür dank ich Gott, daß er mich härter zusammen gesetzt hat. 15

CARL Aber muß dann der Papa ausreiten, wenn's so gefährlich ist?

MARIA Es ist sein guter Wille so.

ELISABETH Wohl muß er lieber Carl.

CARL Warum? 20

ELISABETH Weißt du noch, wie er das letzte mal ausritt, da
Keilförmiges   er dir Weck* mitbrachte.
Weizenge-
bäck   CARL Bringt er mir wieder mit?

ELISABETH Ich glaub wohl. Siehst du, da war ein
⌐Schneider von Stuttgard⌐, der war ein trefflicher Bogen- 25
den ersten   schütz, und hatte zu Cölln aufm Schießen das Beste*
Preis   gewonnen.

CARL Wars viel?

ELISABETH Hundert Taler. Und darnach wollten sie's ihm
nicht geben. 30

MARIA Gelt, das ist garstig Carl.

CARL Garstige Leut!

ELISABETH Da kam der Schneider zu deinem Vater und bat
ihn, er mögte ihm zu seinem Geld verhelfen. Und da ritt
er aus und nahm den Cöllnern ein paar Kaufleute weg 35

und plagte sie so lang bis sie das Geld heraus gaben.
Wärst du nicht auch ausgeritten?

CARL Nein, da muß man durch einen dicken dicken Wald,
sind Zigeuner und Hexen drin.

5 ELISABETH Is ein rechter Pursch, fürcht sich vor Hexen.

MARIA Du tust besser Carl, leb du einmal auf deinem
Schloß, als ein frommer christlicher Ritter. Auf seinen
eigenen Gütern findet man zum Wohltun Gelegenheit
genug. Die rechtschaffensten Ritter begehen mehr Un-
10 gerechtigkeit als Gerechtigkeit auf ihren Zügen.

ELISABETH Schwester du weißt nicht was du redst. Gebe
nur Gott daß unser Junge mit der Zeit braver wird, und
dem Weislingen nicht nachschlägt, der so treulos an meinem Mann handelt.

15 MARIA Wir wollen nicht richten Elisabeth. Mein Bruder ist
sehr erbittert, du auch. Ich bin bei der ganzen Sache
mehr Zuschauer, und kann billiger* sein.   gerechter

ELISABETH Er ist nicht zu entschuldigen.

MARIA Was ich von ihm gehört, hat mich eingenommen.
20 Erzählte nicht selbst dein Mann so viel Liebs und Guts
von ihm! Wie glücklich war ihre Jugend als sie zusammen Edelknaben des ⌐Markgrafen⌐ waren.

ELISABETH Das mag sein. Nur sag, was kann der Mensch
je Gutes gehabt haben, der seinem besten treusten
25 Freunde nachstellt, seine Dienste den Feinden meines
Manns verkauft, und unsern trefflichen Kaiser, der uns
so gnädig ist, mit falschen widrigen* Vorstellungen ein-   feindlichen
zunehmen sucht.

CARL Der Papa! Der Papa! Der Türner* bläst's Liedel: Hei-   Turmwächter
30 sa machs Tor auf.

ELISABETH Da kommt er mit Beute.

Ein Reuter kommt.

REUTER Wir haben gejagt! wir haben gefangen! Gott grüß
Euch edle Frauen.

35 ELISABETH Habt ihr den Weislingen?

REUTER Ihn und drei Reuter.

ELISABETH Wie gings zu, daß ihr so lang bleibt?

REUTER Wir laureten auf ihn zwischen Nürnberg und Bamberg, er wollte nicht kommen, und wir wußten doch er war auf der Wege. Endlich kundschaften wir ihn 5 aus, er war seitwärts gezogen, und saß geruhig beim Grafen auf Schwarzenberg.

ELISABETH Den möchten sie auch gern meinem Mann feind haben.

REUTER Ich sagts gleich dem Herrn. Auf! und wir ritten in 10 Haslacher Wald. Und da wars kurios*, ⌐wie wir so in die Nacht reiten, hüt' just ein Schäfer da, und fallen fünf Wölf in die Herd, und packten weidlich* an. Da lachte unser Herr und sagte: Glück zu lieben Gesellen, Glück überall und uns auch.⌐ Und es freuet' uns auch das gute 15 Zeichen. Indem so kommt der Weislingen hergeritten mit vier Knechten.

MARIA Das Herz zittert mir im Leibe.

REUTER Ich und mein Kamerad, wie's der Herr befohlen hatte, ⌐nistelten⌐ uns an ihn als wären wir zusammen 20 gewachsen, daß er sich nicht regen noch rühren konnte, und der Herr und der Hanns fielen über die Knechte her und nahmen sie in Pflicht*. Einer ist entwischt.

ELISABETH Ich bin neugierig ihn zu sehn. Kommen sie bald? 25

REUTER Sie reiten das Tal herauf, in einer viertel Stund sind sie hier.

MARIA Er wird niedergeschlagen sein.

REUTER Finster gnug sieht er aus.

MARIA Sein Anblick wird mir im Herzen weh tun. 30

ELISABETH Ah! – Ich will gleich's Essen zu recht machen. Hungrig werdet ihr doch all sein.

REUTER Rechtschaffen.

ELISABETH Nimm die Kellerschlüssel und hol vom besten Wein, sie haben ihn verdient. *Elisabeth ab.* 35

seltsam, merk-
würdig

ordentlich,
kräftig, tüchtig

verpflichteten
sie eidlich

CARL Ich will mit Tante.

MARIA Komm Bursch. *Ab.*

REUTER Der wird nicht sein Vater, sonst ging er mit in Stall.

5 *Götz. Weislingen. Reutersknechte.*

GÖTZ *Helm und Schwert auf den Tisch legend:* Schnallt mir den Harnisch* auf, und gebt mir meinen Wams. Die Bequemlichkeit wird mir wohl tun, Bruder Martin du sagtest recht. Ihr habt uns im Atem erhalten Weislingen.

10 *Weislingen antwortet nichts, auf und abgehend.*

GÖTZ Seid guten Muts. Kommt entwaffnet Euch*. Wo sind Eure Kleider, ich hoffe, es soll nichts verloren gangen sein. *zum Knecht:* Fragt seine Knechte und öffnet das Gepäcke, und seht zu, daß nichts abhanden komme. Ich

15 könnt Euch auch von den meinigen borgen.

WEISLINGEN Laßt mich so, es ist all eins.

GÖTZ Könnt Euch ein hübsches saubres Kleid geben, ist zwar nur leinen. Mir ist's zu eng worden. Ich hatts auf der ⌈Hochzeit meines gnädigen Herrn des Pfalzgrafen⌉

20 an, eben damals als Euer Bischof so giftig über mich wurde. Ich hatt' ihm vierzehn Tag vorher, zwei Schiff auf dem Mayn nieder geworfen*. Und ich geh mit Franzen von Sickingen im Wirtshaus zum Hirsch in Haidelberg die Trepp hinauf. Eh' man noch ganz droben ist, ist

25 ein Absatz und ein eisern Geländerlein, da stund der Bischof und gab Franzen die Hand, wie er vorbei ging, und gab sie mir auch, wie ich hinten drein kam. Ich lacht in meinem Herzen, und ging zum Landgrafen von Hanau, der mir ein gar lieber Herr war, und sagte: Der

30 Bischof hat mir die Hand geben, ich wett er hat mich nicht gekannt. Das hört der Bischof, denn ich redt laut mit Fleiß, und kam zu uns trotzig – und sagte: Wohl, weil ich Euch nicht kannt hab, gab ich Euch die Hand. Da sagt ich: Herre ich merkts wohl, daß Ihr mich nicht

35 kanntet, und hiermit habt Ihr Eure Hand wieder. Da

Brustpanzer

legt die
Waffen ab

gefangenge-
nommen

etwas Gutes
gegönnt; hier
wohl auch: wir
haben uns
darüber
amüsiert

wurd's Männlin so rot am Hals wie ein Krebs vor Zorn,
und lief in die Stube zu Pfalzgraf Ludwig und dem Fürsten von Nassau und klagt's ihnen. Wir haben nachher
uns oft was drüber zu gute getan*.

WEISLINGEN Ich wollt Ihr ließt mich allein.   5

seid guter
Stimmung, gut
gelaunt

GÖTZ Warum das? Ich bitt Euch seid aufgeräumt*. Ihr seid
in meiner Gewalt, und ich werd sie nicht mißbrauchen.

WEISLINGEN Dafür war mirs noch nicht bange. Das ist
Eure Ritterpflicht.

GÖTZ Und Ihr wißt, daß die mir heilig ist.   10

WEISLINGEN Ich bin gefangen und das übrige ist eins.

GÖTZ Ihr solltet nicht so reden. Wenn Ihr's mit Fürsten zu

Turm

tun hättet, und sie Euch in tiefen Turn* an Ketten aufhin-
gen, und der Wächter Euch den Schlaf wegpfeifen müßte.   15

*Die Knechte mit den Kleidern. Weislingen legt sich aus
und an.*

Carl kommt.

CARL Guten Morgen Papa.

GÖTZ *küßt ihn:* Guten Morgen Junge. Wie habt ihr die   20
Zeit gelebt?

CARL Recht geschickt Papa! Die Tante sagt: ich sei recht
geschickt.

GÖTZ So.

CARL Hast du mir was mit gebracht?   25

GÖTZ Diesmal nicht.

CARL Ich hab viel gelernt.

GÖTZ Ei!

CARL Soll ich dir vom frommen Kind erzählen?

GÖTZ Nach Tisch.   30

CARL Ich weiß noch was.

GÖTZ Was wird das sein?

CARL ⌜Jaxthaussen ist ein Dorf und Schloß an der Jaxt⌝,

als vererbtes
Eigentum

gehört seit zwei hundert Jahren denen Herrn von Berlichingen erb und eigentümlich zu*.   35

GÖTZ Kennst du den Herrn von Berlichingen.

Carl sieht ihn starr an.

GÖTZ *vor sich:* Er kennt wohl für lauter Gelehrsamkeit
seinen Vater nicht. – Wem gehört Jaxthaussen?

5 CARL Jaxthaussen ist ein Dorf und Schloß an der Jaxt.

GÖTZ Das frag ich nicht. – Ich kannte alle Pfade, Weg und
Furten, eh' ich wußt wie Fluß, Dorf und Burg hieß. – Die
Mutter ist in der Küch?

CARL Ja Papa! Sie kocht weiße Rüben und ein Lammsbra-
10 ten.

GÖTZ Weißt du's auch, Hanns Küchenmeister?

CARL Und vor mich zum Nachtisch, hat die Tante einen
Apfel gebraten.

GÖTZ Kannst du sie nicht roh essen?

15 CARL Schmeckt so besser.

GÖTZ Du mußt immer was apartes* haben. – Weislingen!   etwas Beson-
Ich bin gleich wieder bei Euch. Ich muß meine Frau doch   deres
sehn. Komm mit Carl.

CARL Wer ist der Mann?

20 GÖTZ Grüß' ihn. Bitt ihn er soll lustig sein.

CARL Da Mann! Hast du eine Hand, sei lustig, das Essen
ist bald fertig.

WEISLINGEN *hebt ihn in die Höh und küßt ihn:* Glückli-
ches Kind! Das kein Übel kennt, als wenn die Suppe lang
25 ausbleibt. Gott laß Euch viel Freud am Knaben erleben,
Berlichingen!

GÖTZ Wo viel Licht ist, ist starker Schatten – doch wär
mirs willkommen. Wollen sehn was es gibt. *Sie gehn.*

WEISLINGEN O daß ich aufwachte! Und das alles wäre ein
30 Traum! In Berlichingens Gewalt, von dem ich mich
kaum los gearbeitet hatte, dessen Andenken ich mied
wie Feuer, den ich hoffte zu überwältigen! Und er – der
alte treuherzige Götz! Heiliger Gott, was will aus dem
allen werden! Rückgeführt Adelbert in den Saal! wo wir
35 als Buben unsere Jagd trieben. Da du ihn liebtest, an ihm

hingst wie an deiner Seele. Wer kann ihm nahen und ihn
hassen? Ach! Ich bin so ganz nichts hier. Glückselige
Zeiten seid vorbei, da noch der alte Berlichingen hier am
Kamin saß, da wir um ihn durch einander spielten, und
uns liebten wie die Engel. Wie wird sich der Bischof äng-   5
stigen, und meine Freunde. Ich weiß, das ganze Land

nimmt Teil an meinem Unfall*. Was ist's! Können sie mir
geben wornach ich strebe.
Götz mit einer Flasche Wein und Becher.
GÖTZ Bis das Essen fertig wird, wollen wir eins trinken.   10
Komm setzt Euch, tut als wenn Ihr zu Hause wärt.
Denkt, Ihr seid wieder einmal beim Götz. Haben doch
lange nicht beisammen gesessen, lang keine Flasche mit

einander ausgestochen*. *bringts ihm:* Ein fröhlich Herz!
WEISLINGEN Die Zeiten sind vorbei.   15
GÖTZ Behüte Gott. Zwar vergnügtere Tage werden wir
wohl nicht wieder finden, als an des Mar⟨k⟩grafens Hof,
da wir noch beisammen schliefen, und mit einander herum zogen. Ich erinnere mich mit Freuden meiner Jugend. Wißt Ihr noch, wie ich ⌜mit dem Polacken Händel⌝   20

kriegte, dem ich sein gepicht* und gekräuselt Haar von
ohngefähr mit dem Ärmel verwischte?
WEISLINGEN Es war bei Tische, und er stach nach Euch mit
dem Messer.

GÖTZ Den schlug ich wacker aus* dazumal, und darüber   25

wurdet Ihr mit seinem Kamerad zu Unfried*. Wir hielten
immer redlich zusammen als gute brave Jungens, dafür
erkennte uns auch jedermann. *schenkt ein und bringts:*
⌜Castor und Pollux!⌝ Mir tats immer im Herzen wohl,
wenn uns der Mar⟨k⟩graf so zutrank.   30
WEISLING. Der Bischof von Würzburg hatte es aufge-
bracht.

GÖTZ Das war ein gelehrter Herr, und dabei so leutselig*.
Ich erinnere mich seiner so lange ich lebe, wie er uns
liebkoste, unsere Eintracht lobte, und den Menschen   35

glücklich pries, der ein Zwillingsbruder seines Freund's
wäre.

WEISLING. Nichts mehr davon.

GÖTZ Warum nicht. Nach der Arbeit wüßt ich nichts ange-
5 nehmers, als mich des Vergangenen zu erinnern. Freilich, wenn ich wieder so bedenke, wie wir Liebs und
Leids zusammen trugen, einander alles waren, und wie
ich damals wähnte, so sollts unser ganzes Leben sein.
War das nicht all mein Trost wie mir diese Hand weg-
10 geschossen ward vor Landshut, und du mein pflegtest,
und mehr als Bruder für mich sorgtest, ich hoffte Adelbert wird künftig meine rechte Hand sein. Und nun –

WEISLING. Oh!

GÖTZ Wenn du mir damals gefolgt hättest, da ich dir an-
15 lag* mit nach ⌈Brabant⌉ zu ziehen, es wäre alles gut ge-
blieben. Da hielt dich das unglückliche Hofleben, und
das Schlenzen und Scharwenzen* mit den Weibern. Ich
sagt es dir immer, wenn du dich mit den eitlen garstigen
Vetteln* abgabst, und ihnen erzähltest von mißvergnüg-
20 ten Ehen, verführten Mädgen, der rauhen Haut einer
dritten, oder was sie sonst gerne hören, du wirst ein
Spitzbub, sagt ich, Adelbert.

WEISLING. Wozu soll das alles.

GÖTZ Wollte Gott ich könnts vergessen, oder es wär an-
25 ders. Bist du nicht eben so frei, so edel geboren als einer
in Teutschland, unabhängig, nur dem Kaiser untertan,
und du schmiegst dich unter Vasallen*. Was hast du von
dem Bischof? Weil er dein Nachbar ist? Dich necken*
könnte? Hast du nicht Arme und Freunde, ihn wieder zu
30 necken? Verkennst den Wert eines freien Rittersmanns,
der nur abhängt von Gott, seinem Kaiser und sich selbst,
verkriechst dich zum ersten Hofschranzen* eines eigen-
sinnigen neidischen Pfaffen.

WEISLINGEN Laßt mich reden.

35 GÖTZ Was hast du zu sagen?

dich inständig
bat

Sich herum-
treiben und
Liebedienern

Geringschät-
zige Bezeich-
nung für
Frauen, v. a.
ältere Frauen

Gefolgsmann,
Lehnsmann,
Abhängiger

reizen,
schaden

kriecherischen
Höfling

WEISLINGEN Du siehst die Fürsten an, wie der Wolf den
Hirten. Und doch, darfst du sie schelten, daß sie ihrer
Leut und Länder Bestes wahren? Sind sie denn einen
Augenblick vor den ungerechten Rittern sicher, die ihre
Untertanen auf allen Straßen anfallen, ihre Dörfer und 5
Schlösser verheeren? Wenn nun auf der andern Seite ⌐un-
sers teuren Kaisers Länder⌐ der Gewalt des ⌐Erbfeindes⌐
ausgesetzt sind, er von den ⌐Ständen⌐ Hülfe begehrt, und
sie sich kaum ihres Lebens erwehren; ist's nicht ein guter
Geist der ihnen einrät auf Mittel zu denken Teutschland 10
zu beruhigen, die Staatsverhältnisse näher zu bestimmen, um einem jeden, Großen und Kleinen die Vorteile
des Friedens genießen zu machen. Und uns verdenkst
du's Berlichingen, daß wir uns in ihren Schutz begeben,
deren Hülfe uns nah ist, statt daß die entfernte Majestät 15
sich selbst nicht beschützen kann.

GÖTZ Ja! Ja! Ich versteh! Weislingen, wären die Fürsten
wie Ihr sie schildert, wir hätten alle was wir begehren.
Ruh und Frieden! Ich glaubs wohl! Den wünscht jeder
Raubvogel, die Beute nach Bequemlichkeit zu verzeh- 20
ren. Wohlsein eines jeden! Daß sie sich nur darum graue
Haare wachsen ließen. Und mit unserm Kaiser spielen
sie auf eine unanständige Art. Er meints gut, und möcht
gern bessern. Da kommt denn alle Tage ein neuer Pfan-
nenflicker*, und meint so und so. Und weil der Herr 25
geschwind was begreift, und nur reden darf um tausend
Händ in Bewegung zu setzen, so meint er, es wär auch
alles so geschwind und leicht ausgeführt. Nun ergehn
Verordnungen über Verordnungen, und wird eine über
die andere vergessen, und was den Fürsten in ihren 30
Kram dient, da sind sie hinter her, und gloriieren* von
Ruh und Sicherheit des Staats, bis sie die Kleinen unterm
Fuß haben. Ich will darauf schwören, es dankt mancher
in seinem Herzen Gott, daß der Türk dem Kaiser die
Waage hält*. 35

Hier verächt-
lich für denje-
nigen, der
Flickwerk
betreibt

rühmen,
prahlen

im Gleichge-
wicht hält

WEISLINGEN Ihr sehts von Eurer Seite.

GÖTZ Das tut jeder. Es ist die Frage auf welcher Licht und
Recht ist, und Eure Gänge scheuen wenigstens den Tag.

WEISLINGEN Ihr dürft reden, ich bin der Gefangne.

5 GÖTZ Wenn Euer Gewissen rein ist, so seid Ihr frei. Aber
wie wars mit dem ⌐Landfrieden⌐? Ich weiß noch als ein
Bub von sechzehn Jahren, war ich mit dem Mar⟨k⟩graf
auf dem ⌐Reichstag⌐. Was die Fürsten da für weite Mäu-
ler machten, und die Geistlichen am ärgsten. Euer Bi-
10 schof lärmte dem Kaiser die Ohren voll, als wenn ihm
wunder die Gerechtigkeit an's Herz gewachsen wäre,
und jetzt wirft er mir selbst einen Buben* nieder, zur Zeit   Schild-
da unsere Händel vertragen sind, ich an nichts böses   knappen,
                                                                    Diener,
denke. Ist nicht alles zwischen uns geschlichtet? Was hat   Knaben
15 er mit dem Buben?

WEISLINGEN Es geschah ohne sein Wissen.

GÖTZ Warum gibt er ihn nicht wieder los?

WEISLINGEN Er hatte sich nicht aufgeführt wie er sollte.

GÖTZ Nicht wie er sollte! Bei meinem Eid, er hat getan, wie
20 er sollte, so gewiß er mit Eurer und des Bischofs Kund-   Wissen,
schaft* gefangen ist. Meint Ihr, ich komme erst heut auf   Kenntnis
die Welt, um nicht zu sehen, wo alles hinaus will.

WEISLINGEN Ihr seid argwöhnisch und tut uns Unrecht.

GÖTZ Weislingen, soll ich von der Leber weg reden? Ich
25 bin euch ein Dorn in den Augen, so klein ich bin, und der
Sickingen und Selbitz nicht weniger, weil wir fest entschlossen sind zu sterben eh, als die Luft jemanden zu
verdanken, außer Gott, und unsere Treu und Dienst zu
leisten, als dem Kaiser. Da ziehen sie nun um mich her-
30 um, verschwärzen* mich bei Ihro Majestät und ihren   anschwärzen
Freunden, und meinen Nachbarn, und spionieren nach
Vorteil über mich. Aus dem Weg wollen sie mich haben,
wie's wäre*. Darum nahmt ihr meinen Buben gefangen,   wie auch
weil ihr wußtet, ich hatte ihn auf Kundschaft ausge-   immer
35 schickt, und darum tat er nicht was er sollte, weil er

mich nicht an euch verriet. Und du Weislingen bist ihr
Werkzeug!

WEISLINGEN Berlichingen!

Erklärungen GÖTZ Kein Wort mehr davon, ich bin ein Feind von Ex-
plikationen*, man betrügt sich oder den andern, und   5
meist beide.

CARL Zu Tisch Papa.

GÖTZ Fröhliche Botschaft! Kommt, ich hoffe meine
Weibsleute sollen Euch munter machen. Ihr war't sonst
ein Liebhaber, die Fräuleins wußten von Euch zu erzäh- 10
len. Kommt! *Ab.*

Im Bischöflichen Palast zu Bamberg. Der Speisesaal

⌈*Bischof von Bamberg, Abt von Fulda,*⌉ ⌈*Olearius beider
Rechten Doktor*⌉, ⌈*Liebetraut*⌉, *Hofleute, an Tafel, der
Nachtisch und die große Pokale werden aufgetragen.* 15

BISCHOF Studieren jetzt ⌈viele Deutsche von Adel zu Bolo-
gna⌉?

OLEARIUS Vom Adel- und Bürgerstand. Und ohne Ruhm
zu melden, tragen sie das größte Lob davon. Man pflegt
im Sprichwort auf der Akademie zu sagen: So fleißig wie 20
ein Deutscher von Adel. Denn indem die Bürgerliche
einen rühmlichen Fleiß anwenden, durch Talente den
Mangel der Geburt zu ersetzen: so bestreben sich jene,
mit rühmlicher Wetteiferung, ihre angeborne Würde,
durch die glänzendste Verdienste zu erhöhen. 25

ABT Ei!

LIEBETRAUT Sag einer! was man nicht erlebt. So fleißig wie
ein Deutscher von Adel! das hab ich mein Tage nicht
gehört.

OLEARIUS Ja, sie sind die Bewunderung der ganzen Akade- 30
mie. Es werden ehestens einige von den ältesten und ge-
schicktesten als Doctores zurückkommen. Der Kaiser

wird glücklich sein, seine Gerichte damit besetzen zu
können.

BISCHOF Das kann nicht fehlen.*

hier: Darin irrst
du nicht.

ABT Kennen Sie nicht zum Exempel einen Junker*? – er ist

5 aus Hessen –

jungen
Adligen

OLEARIUS Es sind viel Hessen da.

ABT Er heißt – Er ist – Weiß es keiner von euch? – Seine
Mutter war eine von – Oh! Sein Vater hatte nur ein Aug –
und war ⌈Marschall⌉.

10 LIEBETRAUT Von Wildenholz.

ABT Recht – von Wildenholz.

OLEARIUS Den kenn ich wohl, ein junger Herr von vielen
Fähigkeiten. Besonders rühmt man ihn wegen seiner
Stärke im Disputieren*.

Führen eines
wissenschaft-
lichen Streitge-
sprächs

15 ABT Das hat er von seiner Mutter.

LIEBETRAUT Nur wollte sie ihr Mann niemals drum rühmen.

BISCHOF Wie sagtet Ihr, daß der Kaiser hieß, der euer
⌈Corpus Juris⌉ geschrieben hat.

20 OLEARIUS Justinianus.

BISCHOF Ein trefflicher Herr! Er soll leben!

OLEARIUS Sein Andenken! *Sie trinken.*

ABT Es mag ein schön Buch sein.

OLEARIUS Man mögts wohl ein Buch aller Bücher nennen.

25 Eine Sammlung aller Gesetze, bei jedem Fall der Urteils-
spruch bereit, oder was ja noch abgängig* oder dunkel
wäre, ersetzen die ⌈Glossen⌉, womit die gelehrtesten
Männer das fürtrefflichste Werk geschmückt haben.

fehlte

ABT Eine Sammlung aller Gesetze! potz! Da müssen auch

30 wohl die zehen Gebote drin sein.

Dem Sinn nach
ja, aber nicht
wörtlich.

OLEARIUS Implicite wohl, nicht explicite.*

ABT Das mein ich auch, an und vor sich, ohne weitere Ex-
plikation*.

Erklärung

BISCHOF Und was das schönste ist, so könnte, wie Ihr sagt,

35 ein Reich in sicherster Ruhe und Frieden leben, wo es
völlig ⌈eingeführt, und recht gehandhabt würde⌉.

OLEARIUS Ohne Frage.

BISCHOF Alle Doctores Juris!

OLEARIUS Ich werd's zu rühmen wissen. *Sie trinken.* Wollte Gott man spräche so in meinem ⌐Vaterland⌐.

ABT Wo seid Ihr her? Hochgelahrter Herr.   5

OLEARIUS Von Frankfurt am Mayn. Ihro Eminenz zu dienen.

nicht beliebt BISCHOF Steht ihr Herrn da nicht wohl angeschrieben?*
Wie kommt das?

OLEARIUS Sonderbar genug. Ich war da, meines Vaters   10
Erbschaft abzuholen, der Pöbel hätte mich fast gesteinigt, wie er hörte, ich sei ein Jurist.

ABT Behüte Gott!

OLEARIUS Daher kommts. Der ⌐Schöppenstuhl⌐, der in
großem Ansehen weit umher steht, ist mit lauter Leuten   15
besetzt, die der Römischen Rechte unkundig sind. Es
gelangt niemand zur Würde eines Richters, als der durch
Alter und Erfahrung eine genaue Kenntnis des innern
und äußern Zustandes der Stadt, und eine starke Urteils-
kraft sich erworben hat, das Vergangene auf das Gegen-   20
wärtige anzuwenden. So sind die Schöffen lebendige
Archive, Chroniken, Gesetzbücher, alles in Einem, und
Satzungen richten nach altem Herkommen und wenigen Statuten*
ihre Bürger, und die Nachbarschaft.

ABT Das ist wohl gut.   25

OLEARIUS Aber lange nicht genug. Der Menschen Leben
ist kurz, und in Einer Generation kommen nicht alle
Rechtsfälle Casus* vor. Eine Sammlung solcher Fälle von vielen
Jahrhunderten ist unser Gesetzbuch. Und dann ist der
Wille und die Meinung der Menschen schwankend, dem   30
dünkt, scheint deucht* heute das recht, was der andere morgen mißbil-
ligt; Und so ist Verwirrung und Ungerechtigkeit unver-
meidlich. Das alles bestimmen die Gesetze; und die Gesetze sind unveränderlich.

ABT Das ist freilich besser.   35

OLEARIUS ⌐Das erkennt der Pöbel nicht, der, so gierig er auf Neuigkeiten ist, das Neue höchst verabscheuet, das ihn aus seinem Gleise leiten will, und wenn er sich noch so sehr dadurch verbessert. Sie halten den Juristen so arg

5 als einen Verwirrer des Staats, einen Beutelschneider*, und sind wie rasend, daß sich dort keine anbauen.⌐

LIEBETRAUT Ihr seid von Frankfurt! Ich bin wohl da bekannt. Bei ⌐Kaiser Maximilians Krönung⌐ haben wir euren Bräutigams was vorgeschmaust*. Euer Name ist

10 Olearius? Ich kenne so niemanden.

OLEARIUS Mein Vater hieß Öhlmann. Nur den Mißstand auf dem Titel meiner lateinischen Schriften zu vermeiden, nenn ich mich, nach dem Beispiel und auf Anraten würdiger Rechtslehrer, Olearius.

15 LIEBETRAUT Ihr tatet wohl, daß Ihr Euch übersetztet. ⌐Ein Prophet gilt nichts in seinem Vaterlande,⌐ es hätt' Euch in Eurer Muttersprach auch so gehen können.

OLEARIUS Es war nicht darum.

LIEBETRAUT Alle Dinge haben ein Paar Ursachen.

20 ABT Ein Prophet gilt nichts in seinem Vaterland.

LIEBETRAUT Wißt Ihr auch warum, Hochwürdiger Herr?

ABT Weil er da geboren und erzogen ist.

LIEBETRAUT Wohl! Das mag die Eine Ursache sein. Die andere ist: Weil bei einer näheren Bekanntschaft mit de-

25 nen Herrn, der Nimbus* von Ehrwürdigkeit und Heiligkeit wegschwindet, den uns eine neblichte Ferne um sie herum lügt, und dann sind sie ganz kleine ⌐Stümpfgen Unschlitt⌐.

OLEARIUS Es scheint Ihr seid dazu bestellt Wahrheiten zu

30 sagen.

LIEBETRAUT Weil ich's Herz dazu hab, so fehlt mirs nicht am Maul.

OLEARIUS Aber doch an Geschicklichkeit sie wohl anzubringen.

35 LIEBETRAUT ⌐Schröpfköpfe⌐ sind wohl angebracht, wo sie ziehen.

Zunächst Taschendieb, dann Plünderer, Ausbeuter

Im Sinne von: den Bürgersöhnen beim Schmausen zuvorgekommen

Heiligenschein

OLEARIUS ⌐Bader⌐ erkennt man an der Schürze, und nimmt in ihrem Amt ihnen nichts übel. Zur Vorsorge tätet Ihr wohl, wenn Ihr eine Schellenkappe* trügt.

Zeichen eines
Narren,
Narrenkappe

LIEBETRAUT ⌐Wo habt Ihr promoviert?⌐ Es ist nur zur Nachfrage, wenn mir einmal der Einfall käme, daß ich 5

Stelle

gleich vor die rechte Schmiede* ginge.

OLEARIUS ⌐Ihr seid verwegen.

LIEBETRAUT Und Ihr sehr breit.⌐ *Bischof und Abt lachen.*

ist alles erlaubt

BISCHOF Von was anders – Nicht so hitzig ihr Herrn. Bei

hier:
(Gesprächs-)
Thema

Tisch geht alles drein.* – Einen andern Discours* Liebe- 10 traut.

LIEBETRAUT Gegen Frankfurt liegt ein Ding über, heißt ⌐Sachsenhaußen⌐ –

OLEAR. *zum Bischof:* Was spricht man vom Türkenzug, Ihro Bischöfliche Gnaden? 15

Wichtigeres

BISCHOF Der Kaiser hat nichts angelegners*, als vor erst ⌐das Reich zu beruhigen, die Fehden abzuschaffen, und das Ansehn der Gerichte zu befestigen.⌐ Dann, sagt man, wird er persönlich gegen die Feinde des Reichs und der Christenheit ziehen. Jetzt machen ihm seine Privathän- 20 del noch zu tun, und das Reich ist, trotz ⌐ein vierzig Landfriedens⌐, noch immer eine ⌐Mördergrube⌐. Franken, Schwaben, der Oberrhein und die angrenzende Länder, werden von übermütigen und kühnen Rittern verheeret: Sickingen, Selbiz mit dem einen Fuß, Ber- 25 lichingen mit der eisernen Hand, spotten in diesen Gegenden des Kaiserlichen Ansehens –

ABT Ja, wenn Ihro Majestät nicht bald darzu tun; so stekken einen die Kerl am End in Sack.

LIEBETRAUT Das müßt ein Kerl sein, der das ⌐Weinfaß von 30

überlegen ist

Fuld⌐ in den Sack schieben wollte*.

BISCHOF Besonders ist dieser letztere seit vielen Jahren

ärgert

mein unversöhnlicher Feind, und molestiert* mich unsäglich, aber es soll nicht lang mehr währen, hoff ich. Der Kaiser hält jetzt seinen Hof zu Augspurg. Wir haben 35

unsere Maßregeln genommen, es kann uns nicht fehlen.
– Herr Doktor, kennt Ihr Adelberten von Weislingen?

OLEARIUS Nein, Ihro Eminenz.

BISCHOF Wenn Ihr die Ankunft dieses Mann's erwartet,
5 werdet Ihr Euch freuen, den edelsten, verständigsten
und angenehmsten Ritter in einer Person zu sehen.

OLEARIUS Es muß ein fürtrefflicher Mann sein, der solche
Lobeserhebungen aus solch einem Munde verdient.

LIEBETRAUT Er ist auf keiner Akademie gewesen.

10 BISCHOF Das wissen wir.

Die Bedienten laufen ans Fenster.

BISCHOF Was gibts?

EIN BEDIENTER Eben reit Färber Weislingens Knecht zum
Schloßtor herein.

15 BISCHOF Seht was er bringt, er wird ihn melden. *Liebetraut geht. Sie stehn auf und trinken noch eins.
Liebetraut kommt zurück.*

BISCHOF Was vor Nachrichten?

LIEBETRAUT Ich wollt es müßt sie Euch ein andrer sagen.
20 Weislingen ist gefangen.

BISCHOF O!

LIEBETRAUT Berlichingen hat ihn und drei Knechte bei
Haslach weggenommen. ⌐Einer ist entronnen⌐ Euch's
anzusagen.

25 ABT Eine Hiobs Post*!   Schreckens-
                                                             botschaft
OLEARIUS Es tut mir von Herzen leid.

BISCHOF Ich will den Knecht sehn, bringt ihn herauf – Ich
will ihn selbst sprechen. Bringt ihn in mein Cabinet*. *Ab.*   Arbeits-
                                                              zimmer
ABT *setzt sich:* Noch einen Schluck. *Die Knechte schenken
30 ein.*

OLEARIUS Belieben Ihro Hochwürden nicht eine kleine
Promenade* in den Garten zu machen. ⌐Post coenam   Spaziergang
stabis seu passus mille meabis.⌐

LIEBETRAUT Wahrhaftig, das Sitzen ist Ihnen nicht gesund.
35 Sie kriegen noch ein Schlagfluß*.   Schlaganfall

Abt hebt sich auf.

LIEBETRAUT *vor sich:* Wann ich ihn nur draußen hab, will ich ihm vors Exercitium* sorgen. *Gehn ab.*

Jaxthausen

Maria. Weislingen. 5

MARIA Ihr liebt mich, sagt Ihr. Ich glaub es gerne, und hoffe mit Euch glücklich zu sein, und Euch glücklich zu machen.

WEISLINGEN Ich fühle nichts, als nur daß ich ganz dein bin. *Er umarmt sie.* 10

MARIA Ich bitte Euch laßt mich. Einen Kuß hab ich Euch zum ⌐Gott'spfenning⌐ erlaubt, Ihr scheinet aber schon von dem Besitz nehmen zu wollen, was nur unter Bedingungen Euer ist.

WEISLINGEN Ihr seid zu streng Maria! Unschuldige Liebe 15 erfreut die Gottheit, statt sie zu beleidigen.

erfreut MARIA Es sei! Aber ich bin nicht dadurch ⌐erbaut⌐*. Man lehrte mich: Liebkosungen seien wie Ketten stark durch ihre Verwandtschaft, und Mädgen, wenn sie liebten, seien ⌐schwächer als Simson nach dem Verlust seiner Lok- 20 ken⌐.

WEISLINGEN Wer lehrte Euch das?

MARIA Die Abtissin meines Klosters. Bis in mein sechzehnt Jahr war ich bei ihr, und nur mit Euch empfind ich das Glück das ich in ihrem Umgang genoß. Sie hatte geliebt, 25 und durfte reden. Sie hatte ein Herz voll Empfindung! Sie war eine fürtreffliche Frau.

WEISLINGEN Da glich sie dir! *Er nimmt ihre Hand.* Wie wird mirs werden, wenn ich Euch verlassen soll!

MARIA *zieht ihre Hand zurück:* Ein bißgen eng hoff ich, 30 denn ich weiß wie's mir sein wird. Aber Ihr sollt fort.

WEISLING. Ja, meine Teuerste und ich will. Denn ich fühle,

Götz von Berlichingen

welche Seligkeiten ich mir durch dieses Opfer erwerbe. Gesegnet sei dein Bruder, und der Tag an dem er auszog mich zu fangen.

MARIA Sein Herz war voll Hoffnung für ihn und dich. Lebt
5 wohl, sagt er bei'm Abschied, ich will sehen daß ich ihn wieder finde.

WEISLINGEN Er hats. Wie wünscht ich die Verwaltung meiner Güter und ihre Sicherheit, nicht durch das leidige Hofleben so versäumt zu haben. Du könntest gleich die
10 meinige sein.

MARIA Auch der Aufschub hat seine Freuden.

WEISLINGEN Sage das nicht Maria, ich muß sonst fürchten du empfindest weniger stark als ich. Doch ich büße verdient, und schwindet nicht alle Entsagung gegen den
15 Himmel voll Aussichten. Ganz der deine zu sein, nur in dir und dem Kreis von Guten zu leben, von der Welt entfernt, getrennt, alle Wonne zu genießen die so zwei Herzen einander gewähren; was ist die Gnade des Fürsten, was der Beifall der Welt gegen diese einfache ein-
20 zige Glückseligkeit. Ich habe viel gehofft und gewünscht, das widerfährt mir über alles Hoffen und Wünschen.

Götz kommt.

GÖTZ Euer Knab ist wieder da. Er konnte vor Müdigkeit
25 und Hunger kaum etwas vorbringen. Meine Frau gibt ihm zu essen. So viel hab ich verstanden, der Bischof will den Knaben nicht heraus geben, es sollen Kaiserliche Kommissarien* ernannt, und ein Tag* ausgesetzt werden, wo die Sache denn verglichen* werden mag. Dem
30 sei wie ihm wolle, Adelbert, Ihr seid frei, ich verlange weiter nichts als Eure Hand, daß Ihr inskünftige meinen Feinden weder öffentlich noch heimlich Vorschub* tun wollt.

WEISLINGEN Hier faß ich Eure Hand. Laßt von diesem Au-
35 genblick an Freundschaft und Vertrauen gleich einem

Beauftragte des Kaisers

Gerichtstag

durch Vergleich beigelegt

Hilfe, Begünstigung

ewigen Gesetz der Natur unveränderlich unter uns sein.
Erlaubt mir zugleich, diese Hand zu fassen. *Er nimmt
Mariens Hand;* Und den Besitz des edelsten Fräuleins.

GÖTZ Darf ich ja für Euch sagen?

MARIA Bestimmt meine Antwort nach dem Werte seiner 5
Verbindung mit Euch.

GÖTZ Es ist ein Glück, daß unsere Vorteile diesmal mit
einander gehn. Du brauchst nicht rot zu werden. Deine
Blicke sind Beweis genug. Ja denn Weislingen! Gebt
euch die Hände, und so sprech ich Amen! Mein Freund 10
und Bruder! Ich danke dir Schwester! Du kannst mehr
als Hanf spinnen. Du hast einen Faden gedreht diesen
Paradiesvogel zu fesseln. Du siehst nicht ganz frei*! Was
fehlt dir? Ich – bin ganz glücklich; was ich nur träumend
hoffte, seh ich, und bin wie träumend. Ach! nun ist mein 15
Traum aus. Mir wars heute Nacht, ich gäb dir meine
rechte eiserne Hand, und du hieltest mich so fest, daß sie
aus den Armschienen ging wie abgebrochen. Ich er-
schrak und wachte drüber auf. Ich hätte nur fort träumen sollen, da würd ich gesehen haben, wie du mir eine 20
neue lebendige Hand ansetztest. – Du sollt mir jetzo
fort, dein Schloß und deine Güter in vollkommenen
Stand zu setzen. Der verdammte Hof hat dich beides
versäumen machen. Ich muß meiner Frau rufen. Elisabeth! 25

MARIA Mein Bruder ist in voller Freude.

WEISLINGEN Und doch darf ich ihm den Rang streitig machen.

GÖTZ Du wirst anmutig wohnen.

MARIA Franken ist ein gesegnetes Land. 30

WEISLINGEN Und ich darf wohl sagen, mein Schloß liegt in
der gesegnetsten und anmutigsten Gegend.

GÖTZ Das dürft Ihr, und ich wills behaupten*. Hier fließt
der Mayn, und allmählich hebt der Berg an, der mit Äk-
kern und Weinbergen bekleidet von Eurem Schloß ge- 35

Zu ergänzen:
»aus«

hier: vertei-
digen

krönt wird, dann biegt sich der Fluß schnell um die Ecke
hinter dem Felsen Eures Schlosses hin. Die Fenster des
großen Saals gehen steil herab auf's Wasser, eine Aus-
sicht viel Stunden weit.

5 *Elisabeth kommt.*

ELISABETH Was schafft* ihr? hier: wünscht

GÖTZ Du sollst deine Hand auch darzu geben, und sagen:
Gott segne euch. Sie sind ein Paar.

ELISABETH So geschwind!

10 GÖTZ Aber nicht unvermutet.

ELISABETH Möget Ihr Euch so immer nach ihr sehnen, als
bisher da Ihr um sie warbt. Und dann! Mögt Ihr so
glücklich sein, als Ihr sie lieb behaltet.

WEISLINGEN Amen! Ich begehre kein Glück, als unter die-
15 sem Titel*. hier: Voraus-
setzung,
Bedingung

GÖTZ Der Bräutigam, meine liebe Frau, tut eine kleine Reise, denn die große Veränderung zieht viel geringe nach
sich. Er entfernt sich zuerst vom Bischöflichen Hof, um
diese Freundschaft nach und nach erkalten zu lassen.

20 Dann reißt er seine Güter eigennützigen Pachtern aus
den Händen. Und – kommt Schwester, komm Elisabeth!
Wir wollen ihn allein lassen. Sein Knab hat ohne Zweifel
geheime Aufträge an ihn.

WEISLINGEN Nichts als was ihr wissen dürft.

25 GÖTZ Brauchts nicht. ⌈Franken und Schwaben⌉! Ihr seid
nun verschwisterter als jemals. Wie wollen wir denen
Fürsten den Daumen auf dem Aug halten*. *Die drei* zwingen
gehn.

WEISLINGEN Gott im Himmel! konntest du mir Unwürdi-
30 gen solch eine Seligkeit bereiten. Es ist zu viel für mein
Herz. Wie ich von den elenden Menschen abhing die ich
zu beherrschen glaubte, von den Blicken des Fürsten,
von dem ehrerbietigen Beifall umher. Götz teurer Götz
hast mich mir selbst wieder gegeben, und Maria du voll-
35 endest meine Sinnesänderung. Ich fühle mich so frei wie

in heiterer Luft. Bamberg will ich nicht mehr sehen, will alle die schändliche Verbindungen durchschneiden, die mich unter mir selbst hielten. Mein Herz erweitert sich, hier ist kein beschwerliches Streben nach versagter Größe. So gewiß ist der allein glücklich und groß, der weder 5 zu herrschen noch zu gehorchen braucht um etwas zu sein.

Franz tritt auf.

FRANZ Gott grüß Euch gestrenger Herr! Ich bring Euch so viel Grüße, daß ich nicht weiß wo anzufangen. Bam- 10 berg, und zehn Meilen in die Runde entbieten Euch ein tausendfaches: Gott grüß Euch.

WEISLINGEN Willkommen Franz! Was bringst du mehr?

FRANZ Ihr steht in einem Andenken bei Hof und überall, daß nicht zu sagen ist. 15

WEISLINGEN Das wird nicht lang dauern.

FRANZ So lang Ihr lebt! und nach Eurem Tod wird's heller blinken, als die messingene Buchstaben auf einem Grabstein. Wie man sich Euern Unfall zu Herzen nahm!

WEISLINGEN Was sagte der Bischof? 20

FRANZ Er war so begierig zu wissen, daß er mit der geschäftigsten Geschwindigkeit von Fragen meine Antwort verhinderte. Er wußt es zwar schon, denn Färber, der von Haslach entrann, brachte ihm die Botschaft. Aber er wollte alles wissen. Er fragte so ängstlich, ob Ihr 25 nicht versehrt wäret? Ich sagte: er ist ganz, von der äußersten Haarspitze bis zum Nagel des kleinen Zehs.

WEISLINGEN Was sagte er zu den Vorschlägen?

FRANZ Er wollte gleich alles heraus geben, den Knaben und noch Geld darauf, nur Euch zu befreien. Da er aber 30 hörte, Ihr solltet ohne das loskommen, und nur Euer Wort das Äquivalent* gegen den Buben sein; da wollte er absolut den Berlichingen vertagt haben*. Er sagte mir hundert Sachen an Euch, ich hab sie vergessen. Es war eine lange Predigt über die Worte: Ich kann Weisling 35 nicht entbehren.

hier: Faust-
pfand, Gegen-
wert

vor Gericht
geladen

WEISLINGEN Er wirds lernen müssen!

FRANZ Wie meint Ihr? Er sagte: mach ihn eilen, es wartet alles auf ihn.

WEISLINGEN Er kann warten. Ich gehe nicht an Hof.

FRANZ Nicht an Hof? Herr! Wie kommt Euch das? Wenn Ihr wüßtet was ich weiß. Wenn Ihr nur träumen könntet, was ich gesehen habe.

WEISLINGEN Wie wird dir's?

FRANZ Nur von der bloßen Erinnerung komm ich außer mir. Bamberg ist nicht mehr Bamberg, ein Engel in Weibergestalt macht es zum Vorhof des Himmels.

WEISLINGEN Nichts weiter?

FRANZ Ich will ein Pfaff werden, wenn Ihr sie seht, und nicht außer Euch kommt.

WEISLINGEN Wer ist's denn?

FRANZ ⌐Adelheid von Walldorf.⌐

WEISLINGEN Die! Ich hab viel von ihrer Schönheit gehört.

FRANZ Gehört? Das ist eben als wenn Ihr sagtet, ich hab die Musik gesehen. Es ist der Zunge so wenig möglich eine Linie ihrer Vollkommenheiten auszudrucken, da das Aug so gar in ihrer Gegenwart sich nicht selbst genug ist.

WEISLINGEN Du bist nicht gescheit.

FRANZ Das kann wohl sein. Das letztemal daß ich sie sahe, hatte ich nicht mehr Sinne als ein Trunkener. Oder vielmehr, kann ich sagen, ich fühlte in dem Augenblick, wie's den Heiligen bei himmlischen Erscheinungen sein mag. Alle Sinne stärker, höher, vollkommener, und doch den Gebrauch von keinem.

WEISLINGEN Das ist seltsam.

FRANZ Wie ich von dem Bischof Abschied nahm, saß sie bei ihm. Sie spielten Schach. Er war sehr gnädig, reichte mir seine Hand zu küssen und sagte mir viel vieles, davon ich nichts vernahm. Denn ich sah seine Nachbarin, sie hatte ihr Auge auf's Brett geheftet, als wenn sie einem großen Streich nachsänne. Ein feiner laurender Zug um Mund und Wange! Ich hätte der elfenbeinerne König sein mögen. Adel und Freundlichkeit herrschten auf ihrer Stirne. Und das blendende Licht des Angesichts und des Busens wie es von den finstern Haaren erhoben 5 ward*!

WEISLINGEN Du bist gar drüber zum Dichter geworden.

FRANZ So fühl ich denn in dem Augenblick, was den Dichter macht, ein volles, ganz von einer Empfindung volles Herz. Wie der Bischof endigte und ich mich neigte, sah 10 sie mich an, und sagte: auch von mir einen Gruß unbekannter weis! Sag ihm, er mag ja bald kommen. Es warten neue Freunde auf ihn, er soll sie nicht verachten wenn er schon an alten so reich ist. – Ich wollte was antworten, aber der Paß* vom Herzen nach der Zunge 15 war versperrt, ich neigte mich. Ich hätte mein Vermögen gegeben die Spitze ihres kleinen Fingers küssen zu dürfen! Wie ich so stund wurf der Bischof einen Bauren herunter, ich fuhr* darnach und ⌐berührte im Aufheben den Saum ihres Kleides⌐, das fuhr mir durch alle Glieder, 20 und ich weiß nicht wie ich zur Türe hinaus gekommen bin.

WEISLINGEN Ist ihr Mann bei Hofe?

FRANZ Sie ist schon vier Monat Witwe. Um sich zu zerstreuen hält sie sich in Bamberg auf. Ihr werdet sie se- 25 hen. Wenn sie einen ansieht, ists als wenn man in der Frühlings-Sonne stünde.

WEISLINGEN Es würde eine schwächere Würkung auf mich machen.

FRANZ Ich höre, Ihr seid so gut als verheiratet. 30

WEISLINGEN Wollte ich wärs. Meine sanfte Marie wird das Glück meines Lebens machen. Ihre süße Seele bildet sich in ihren blauen Augen. Und weiß wie ein Engel des Himmels, gebildet aus Unschuld und Liebe, leitet sie mein Herz zur Ruhe und Glückseligkeit. Pack zusammen! 35

Und dann auf mein Schloß! Ich will Bamberg nicht sehen, und wenn ⌈Sankt Veit⌉ in Person meiner begehrte.
Geht ab.
FRANZ Da sei Gott für, wollen das beste hoffen. Maria ist
liebreich und schön, und einem Gefangenen und Kranken kann ich nicht übel nehmen der sich in sie verliebt.
In ihren Augen ist Trost, ⌈gesellschaftliche Melancholie⌉.
– Aber um dich Adelheid ist Leben, Feuer, Mut – Ich
würde! – Ich bin ein Narr – dazu machte mich Ein Blick
von ihr. Mein Herr muß hin! Ich muß hin! Und da will
ich mich wieder gescheit oder völlig rasend gaffen.

Zweiter Akt

Bamberg. Ein Saal

Akt
*Bischof, ⌐Adelheid spielen Schach⌐, Liebetraut mit einer
Zither, Hofdamen, Hofleute um ihn herum am Kamin.*   5
LIEBETRAUT *spielt und singt:*

> Mit Pfeilen und Bogen
> ⌐Cupido⌐ geflogen
> Mit Fackel im Brand,

mutig

> Wollt mutilich* kriegen   10
> Und männilich siegen
> Mit stürmender Hand.
>   Auf! Auf!
>   An! An!
> Die Waffen erklirrten   15
> Die Flügelein schwirrten
> Die Augen entbrannt.
> Da fand er die Busen
> Ach leider so bloß,
> Sie nahmen so willig   20
> Ihn all auf den Schoß.
> Er schüttet die Pfeile
> Zum Feuer hinein,
> Sie herzten und drückten
> Und wiegten ihn ein.   25
>   Hei ei o! Popeio!

ADELHEID Ihr seid nicht bei Eurem Spiel. Schach dem König!

Heraus-
kommen (aus
dem gesetzten
Schach)

BISCHOF Es ist noch Auskunft*.

ADELHEID Lang werdet Ihrs nicht mehr treiben. Schach   30
dem König!

LIEBETRAUT Das Spiel spielt ich nicht wenn ich ein großer
Herr wär, und verböts am Hof und im ganzen Land.

ADELHEID Es ist wahr, das Spiel ist ein Probierstein des
Gehirns.

LIEBETRAUT Es ist nicht darum. Ich wollte lieber das Geheul der Totenglocke und ⌈ominöser Vögel⌉, lieber das
5 Gebell des knurrischen Hofhunds Gewissen, lieber
wollt ich sie durch den tiefsten Schlaf hören, als von
Laufern, Springern, und andern Bestien das Ewige:
Schach dem König!

BISCHOF Wem wird auch das einfallen!

10 LIEBETRAUT Einem zum Exempel, der schwach wäre und
ein stark Gewissen hätte, wie denn das meistenteils beisammen ist. Sie nennens ein königlich Spiel, und sagen,
es sei für einen König erfunden worden, der den Erfinder
mit einem Meer von Überfluß belohnte. Wenn's wahr
15 ist, so ist mirs als wenn ich ihn sähe. Er war minorenn*   minderjährig
an Verstand oder an Jahren, unter der Vormundschaft
seiner Mutter oder seiner Frau, hatte Milchhaare im
Bart und Flachshaare* um die Schläfe, er war so gefällig   blonde Haare
wie ein Weidenschößling* und spielte gern mit den Da-   Junger Trieb
20 men und auf der Dame, nicht aus Leidenschaft, behüte   einer Weide
Gott, nur zum Zeitvertreib. Sein Hofmeister zu tätig ein
Gelehrter, zu unlenksam ein Weltmann zu sein, erfand
das Spiel ⌈in usum Delphini⌉, das so homogen* mit seiner   von gleicher
Majestät war – und so ferner.   Art

25 ADELHEID Schach dem König, und nun ist's aus! Ihr solltet
die Lücken unsrer Geschichtsbücher ausfüllen Liebetraut.

LIEBETRAUT Die Lücken unsrer Geschlechtsregister*, das   Ahnentafel
wäre profitabler. Seit dem die Verdienste unserer Vor-
30 fahren mit ihren Portraits zu einerlei Gebrauch dienen,
die leeren Seiten nämlich unsrer Zimmer und unsres
Charakters zu tapezieren; da wäre was zu verdienen.

BISCHOF Er will nicht kommen, sagtet Ihr!

ADELHEID Ich bitt Euch schlagts Euch aus dem Sinn.

35 BISCHOF Was das sein mag.

LIEBETRAUT Was? Die Ursachen lassen sich herunter beten
wie ein Rosenkranz. Er ist in eine Art von Zerknir-
schung gefallen, von der ich ihn leicht kurieren wollt.

BISCHOF Tut das, reitet zu ihm.

LIEBETRAUT Meine Kommission*! 5

BISCHOF Sie soll unumschränkt sein. Spare nichts wenn du
ihn zurück bringst.

LIEBETRAUT Darf ich Euch auch hinein mischen, gnädige
Frau?

ADELHEID Mit Bescheidenheit. 10

LIEBETRAUT Das ist eine weitläufige Kommission.

ADELHEID Kennt Ihr mich so wenig, oder seid Ihr so jung,
um nicht zu wissen in welchem Ton Ihr mit Weislingen
von mir zu reden habt.

LIEBETRAUT Im Ton einer Wachtelpfeife*, denk ich. 15

ADELHEID Ihr werdet nie gescheit werden!

LIEBETRAUT Wird man das, gnädige Frau?

BISCHOF Geht, geht. Nehmt das beste Pferd aus meinem
Stall, wählt Euch Knechte, und schafft mir ihn her.

LIEBETRAUT Wenn ich ihn nicht herbanne*, so sagt: ein al- 20
tes Weib das Warzen und Sommerflecken vertreibt, ver-
stehe mehr von der ⌈Sympathie⌉ als ich.

BISCHOF Was wird das helfen! Der Berlichingen hat ihn
ganz eingenommen. Wenn er herkommt wird er wieder
fort wollen. 25

LIEBETRAUT Wollen, das ist keine Frage, aber ob er kann.
Der Händedruck eines Fürsten, und das Lächeln einer
schönen Frau! ⌈Da reißt sich kein Weisling los⌉. Ich eile
und empfehle mich zu Genaden.

BISCHOF Reist wohl. 30

ADELHEID Adieu. *Er geht.*

BISCHOF Wenn er einmal hier ist, verlaß ich mich auf
Euch.

ADELHEID Wollt Ihr mich zur Leimstange* brauchen.

BISCHOF Nicht doch. 35

Den Ton der
Wachtel nach-
ahmende
Pfeife, mit der
während der
Jagd andere
Vögel ange-
lockt werden
sollen

ADELHEID Zum Lockvogel denn.

BISCHOF Nein, den spielt Liebetraut. Ich bitt Euch versagt
mir nicht, was mir sonst niemand gewähren kann.

ADELHEID Wollen sehn.

5 Jaxthausen

⌐Hanns von Selbitz⌐. Götz.

SELBITZ Jedermann wird Euch loben, daß Ihr denen ⌐von
Nürnberg Fehd angekündigt habt⌐.

GÖTZ Es hätte mir das Herz abgefressen, wenn ich's ihnen
10 hätte lang schuldig bleiben sollen. Es ist am Tag*, sie
haben den Bambergern meinen Buben verraten. Sie sollen an mich denken!

SELBITZ Sie haben einen alten Groll gegen Euch.

GÖTZ Und ich wider sie, mir ist gar recht daß sie angefan-
15 gen haben.

SELBITZ Die Reichsstädte und Pfaffen halten doch von jeher zusammen.

GÖTZ Sie habens Ursach*.

SELBITZ Wir wollen ihnen die Höll heiß machen.
20 GÖTZ Ich zählte auf Euch. Wollte Gott der ⌐Burgemeister
von Nürnberg⌐ mit der guldenen Kett* um den Hals,
käm uns in Wurf*, er sollt sich mit all seinem Witz* ver-
wundern.

SELBITZ Ich höre, Weislingen ist wieder auf Eurer Seit.
25 Tritt er zu uns?

GÖTZ Noch nicht, es hat seine Ursachen warum er uns
noch nicht öffentlich Vorschub tun darf; doch ists eine
Weile genug daß er nicht wider uns ist. Der Pfaff ist ohne
ihn, was das Meßgewand ohne den Pfaffen.
30 SELBITZ Wann ziehen wir aus.

GÖTZ Morgen oder übermorgen. Es kommen nun bald
Kaufleute von Bamberg und Nürnberg aus der Frankfurter Messe. Wir werden einen guten Fang tun.

Marginalien:
offenbar geworden

haben Grund dazu

Goldene Kette als Amtszeichen des Bürgermeisters

geriet in unsere Fänge

hier noch: Verstand, Klugheit

SELBITZ Wills Gott. *Ab.*

Bamberg. Zimmer der Adelheid

Adelheid. Kammerfräulein.
ADELHEID Er ist da! Sagst du. Ich glaubs kaum.
FRÄULEIN Wenn ich ihn nicht selbst gesehn hätte, würd ich 5
sagen: ich zweifle.
ADELHEID Den Liebetraut mag der Bischof in Gold ein-
fassen, er hat ein Meisterstück gemacht.
FRÄULEIN Ich sah ihn wie er zum Schloß herein reiten
wollte, er saß auf einem Schimmel. Das Pferd scheute 10
wie's an die Brücke kam, und wollte nicht von der Stelle.
Das Volk war aus allen Straßen gelaufen ihn zu sehn. Sie
freuten sich über des Pferds Unart. Von allen Seiten
ward er gegrüßt, und er dankte allen. Mit einer ange-
nehmen Gleichgültigkeit saß er droben, und mit 15
Schmeicheln und Drohen bracht er es endlich zum Tor
herein, der Liebetraut mit, und wenig Knechte.
ADELHEID Wie gefällt er dir?
FRÄULEIN Als mir nicht leicht ein Mann gefallen hat. Er
glich dem Kaiser hier *deutet auf Maximilians Portrait* 20
als wenn er sein Sohn wäre. Die Nase nur etwas kleiner,
eben so freundliche lichtbraune Augen, eben so ein
blondes schönes Haar, und gewachsen wie ein Puppe.
Ein halb trauriger Zug auf seinem Gesicht war so inter-
essant. 25
ADELHEID Ich bin neugierig ihn zu sehen.
FRÄULEIN Das wär ein Herr für Euch.
ADELHEID Närrin.
FRÄULEIN Kinder und Narren –*
Liebetraut kommt. 30
LIEBETRAUT Nun gnädige Frau, was verdien ich?
ADELHEID ⌜Hörner von deinem Weibe.⌝ Denn nach dem zu

Zu ergänzen: sagen die Wahrheit

rechnen, habt Ihr schon manches Nachbars ehrliches
Hausweib aus ihrer Pflicht* hinaus geschwatzt.

LIEBETRAUT Nicht doch gnädige Frau! Auf ihre Pflicht
wollen Sie sagen; denn wenns ja geschah, schwätzt ich
5 sie auf ihres Mannes Bette.

ADELHEID Wie habt Ihrs gemacht ihn herzubringen?

LIEBETRAUT Ihr wißt zu gut wie man Schnepfen fängt; soll
ich Euch meine Kunststückgen noch darzu lernen*. –
Erst tat ich, als wüßt ich nichts, verstünd nichts von
10 seiner Aufführung, und setzt ihn dadurch in Desavan-
tage* die ganze Historie zu erzählen. Die sah ich nun
gleich von einer ganz andern Seite an als er, konnte nicht
finden – nicht einsehen – Und so weiter. Dann redete ich
von Bamberg und ging sehr ins Detail, erweckte gewisse
15 alte Ideen, und wie ich seine Einbildungskraft beschäftigt hatte, knüpfte ich würklich eine Menge Fädger* wieder an, die ich zerrissen fand. Er wußte nicht wie ihm
geschah, er fühlte sich einen neuen Zug nach Bamberg,
er wollte – ohne zu wollen. Wie er nun in sein Herz ging,
20 und das zu entwickeln suchte, und viel zu sehr mit sich
beschäftigt war um auf sich Acht zu geben, warf ich ihm
ein Seil um den Hals, aus drei mächtigen Stricken, Wei-
ber- Fürstengunst und Schmeichelei gedreht, und so hab
ich ihn hergeschleppt.

25 ADELHEID Was sagtet Ihr von mir?

LIEBETRAUT Die lautre* Wahrheit. Ihr hättet wegen Eurer
Güter Verdrüßlichkeiten, hättet gehofft da er beim Kaiser so viel gelte, werde er das leicht enden können.

ADELHEID Wohl.

30 LIEBETRAUT Der Bischof wird ihn Euch bringen.

ADELHEID Ich erwarte sie.

Liebetraut ab.

ADELHEID Mit einem Herzen wie ich selten Besuch erwarte.

hier: der eheli-
chen Treue

lehren

Nachteil

Fädchen

reine

Im Spessart

Berlichingen, Selbitz, Georg als Reuters Knecht.

GÖTZ Du hast ihn nicht angetroffen Georg!

GEORG Er war Tags vorher mit Liebetraut nach Bamberg
geritten, und zwei Knechte mit. 5

GÖTZ Ich seh nicht ein was das geben soll.

SELBITZ Ich wohl. Eure Versöhnung war ein wenig zu
schnell, als daß sie dauerhaft hätte sein sollen. Der
Liebetraut ist ein pfiffiger Kerl, von dem hat er sich be-
schwätzen lassen. 10

GÖTZ Glaubst du daß er bundbrüchig werden wird.

SELBITZ Der erste Schritt ist getan.

GÖTZ Ich glaubs nicht. Wer weiß wie nötig es war an Hof
zu gehen, man ist ihm noch schuldig, wir wollen das
beste hoffen. 15

SELBITZ Wollte Gott, er verdient es, und täte das beste.

GÖTZ Mir fällt eine List ein, wir wollen Georgen des Bamberger Reuters erbeuteten Küttel anziehen, und ihm das
Geleitzeichen* geben, er mag nach Bamberg reiten, und
sehen wie's steht. 20

GEORG Da hab ich lang drauf gehofft.

GÖTZ Es ist dein erster Ritt. Sei fürsichtig Knabe, mir wäre
leid wenn dir ein Unfall begegnen sollt.

GEORG Laßts nur, mich irrts* nicht wenn noch so viel um
mich herum krabbeln, mir ists als wenns Ratten und 25
Mäus wären. *Ab.*

Bamberg

Bischof. Weislingen.

BISCHOF Du willst dich nicht länger halten lassen!

WEISLINGEN Ihr werdet nicht verlangen daß ich meinen 30
Eid brechen soll.

Das Zeichen,
das dem
Träger freies
Geleit durch
feindliches
Gebiet sichert

irritiert es nicht

BISCHOF Ich hätte verlangen können du solltest ihn nicht schwören. Was für ein Geist regierte dich? Konnt ich dich ohne das nicht befreien? Gelt ich so wenig am Kaiserlichen Hofe.

5 WEISLINGEN Es ist geschehen, verzeiht mir wenn Ihr könnt.

BISCHOF Ich begreif nicht, was nur im geringsten dich nötigte den Schritt zu tun! Mir zu entsagen? Waren denn nicht hundert andere Bedingungen los zu kommen? Ha-
10 ben wir nicht seinen Buben? Hätt ich nicht Gelds genug gegeben, und ihn wieder beruhigt? Unsere Anschläge auf ihn und seine Gesellen wären fortgegangen – Ach ich denke nicht, daß ich mit seinem Freund rede, der nun wider mich arbeitet und die Minen* leicht entkräften
15 kann, die er selbst gegraben hat.

WEISLINGEN Gnädiger Herr.

BISCHOF Und doch – wenn ich wieder dein Angesicht sehe, deine Stimme höre. Es ist nicht möglich, nicht möglich.

WEISLINGEN Lebt wohl gnädiger Herr.

20 BISCHOF Ich geb dir meinen Segen. Sonst wenn du gingst, sagt ich: auf Wiedersehn. Jetzt – Wollte Gott, wir sähn einander nie wieder.

WEISLINGEN Es kann sich vieles ändern.

BISCHOF Es hat sich leider nur schon zuviel geändert. Viel-
25 leicht seh ich dich noch einmal als Feind vor meinen Mauern, die Felder verheeren, die ihren blühenden Zustand dir jetzo danken.

WEISLINGEN Nein, gnädiger Herr.

BISCHOF Du kannst nicht nein sagen. Die weltliche Stän-
30 de, meine Nachbaren, haben alle einen Zahn auf mich*. So lang ich dich hatte. – Geht Weisling! Ich habe Euch nichts mehr zu sagen. Ihr habt vieles zu nichte gemacht. Geht!

WEISLINGEN Und ich weiß nicht was ich sagen soll. *Bi-*
35 *schof ab.*

Unterirdische
Gänge als
Fallen für
Feinde

zürnen mir

Franz tritt auf.

FRANZ Adelheid erwartet Euch. Sie ist nicht wohl. Und doch will sie Euch ohne Abschied nicht lassen.

WEISLINGEN Komm.

FRANZ Gehn wir denn gewiß. 5

WEISLINGEN Noch diesen Abend.

FRANZ Mir ist als wenn ich aus der Welt sollte.

WEISLINGEN Mir auch, und noch darzu als wüßt ich nicht wohin.

Adelheidens Zimmer 10

Adelheid. Fräulein.

FRÄULEIN Ihr seht blaß gnädige Frau.

ADELHEID – Ich lieb ihn nicht, und ich wollt doch daß er bliebe. Siehst du, ich könnte mit ihm leben, ob ich ihn gleich nicht zum Mann haben mögte. 15

FRÄULEIN Glaubt Ihr, er geht?

ADELHEID Er ist zum Bischof um Lebewohl zu sagen.

FRÄULEIN Er hat darnach noch einen schweren Stand.

ADELHEID Wie meinst du?

FRÄULEIN Was fragt Ihr gnädige Frau. Ihr habt sein Herz 20 geangelt, und wenn er sich losreißen will, verblutet er. *Adelheid. Weislingen.*

WEISLINGEN Ihr seid nicht wohl, gnädge Frau?

ADELHEID Das kann Euch einerlei sein. Ihr verlaßt uns, verlaßt uns auf immer. Was fragt Ihr ob wir leben oder 25 sterben.

WEISLINGEN Ihr verkennt mich.

ADELHEID Ich nehme Euch wie Ihr Euch gebt.

WEISLINGEN Das Ansehn trügt.

ADELHEID So seid Ihr ein Chamäleon. 30

WEISLINGEN Wenn Ihr mein Herz sehen könntet.

ADELHEID Schöne Sachen würden mir vor die Augen kommen.

WEISLINGEN Gewiß! Ihr würdet Euer Bild drin finden.

ADELHEID In irgend einem Winkel bei den Portraits ausge-
storbener Familien. Ich bitt Euch Weislingen, bedenkt
Ihr redet mit mir. Falsche Worte gelten zum höchsten* höchstens
5 wenn sie Masken unserer Taten sind. Ein Vermummter
der kenntlich ist, spielt eine armselige Rolle. Ihr leugnet
Eure Handlungen nicht, und redet das Gegenteil, was
soll man von Euch halten.

WEISLINGEN Was Ihr wollt. Ich bin so geplagt mit dem was
10 ich bin, daß mir wenig bang ist für was man mich nehmen mag.

ADELHEID Ihr kommt um Abschied zu nehmen.

WEISLINGEN Erlaubt mir Eure Hand zu küssen, und ich
will sagen, lebt wohl. Ihr erinnert mich! Ich bedachte
15 nicht. Ich bin beschwerlich gnädige Frau.

ADELHEID Ihr legts falsch aus; ich wollte Euch fort helfen.
Denn Ihr wollt fort.

WEISLINGEN O sagt ich muß. Zöge mich nicht die Ritterpflicht, der heilige Handschlag –

20 ADELHEID Geht! Geht! Erzählt das Mädgen die den
⌈Teuerdank⌉ lesen, und sich so einen Mann wünschen.
Ritterpflicht! Kinderspiel!

WEISLINGEN Ihr denkt nicht so.

ADELHEID Bei meinem Eid, Ihr verstellt Euch! Was habt
25 Ihr versprochen? Und wem? Einem Mann, der seine
Pflicht gegen den Kaiser und das Reich verkennt, in eben
dem Augenblick Pflicht zu leisten, da er durch Eure Ge-
fangennehmung in die ⌈Strafe der Acht⌉ verfällt. Pflicht Sich durch
zu leisten!* die nicht gültiger sein kann, als ein ungerech- einen Eid
verpflichten
30 ter gezwungener Eid. Entbinden nicht unsere Gesetze
von solchen Schwüren? Macht das Kindern weis die den
⌈Rübezahl⌉ glauben. Es stecken andere Sachen dahinter.
Ein Feind des Reichs zu werden, ein Feind der Bürgerlichen Ruh und Glückseligkeit! Ein Feind des Kaisers!
35 Geselle* eines Räubers, du Weislingen mit deiner sanften hier: Gefährte
Seele.

WEISLINGEN Wenn Ihr ihn kenntet.

ADELHEID Ich wollt ihm Gerechtigkeit widerfahren lassen. Er hat eine hohe, unbändige Seele. Eben darum wehe dir Weislingen. Geh und bilde dir ein ein Geselle von ihm zu sein. Geh! und laß dich beherrschen. Du bist freundlich, gefällig –

WEISLINGEN Er ist's auch.

ADELHEID Aber du bist nachgebend und er nicht! Unversehens wird er dich wegreißen, wirst ein Sklave eines Edelmanns werden, da du Herr von Fürsten sein könntest. – Doch es ist Unbarmherzigkeit dir deinen zukünftigen Stand zu verleiten.

WEISLINGEN Hättest du gefühlt wie liebreich er mir begegnete.

ADELHEID Liebreich! Das rechnest du ihm an? Es war seine Schuldigkeit, und was hättest du verloren wenn er widerwärtig gewesen wäre? Mir hätte das willkommner sein sollen. Ein übermütiger Mensch wie der –

WEISLINGEN Ihr redet von Euerm Feind.

ADELHEID Ich redete für Eure Freiheit – Und weiß überhaupt nicht, was ich für ein Interesse dran nahm. Lebt wohl.

WEISLINGEN Erlaubt noch einen Augenblick. *Er nimmt ihre Hand und schweigt.*

ADELHEID Habt Ihr mir noch was zu sagen?

WEISLINGEN – – Ich muß fort.

ADELHEID So geht.

WEISLINGEN Gnädige Frau! – Ich kann nicht.

ADELHEID Ihr müßt.

WEISLINGEN Soll das Euer letzter Blick sein!

ADELHEID Geht! Ich bin krank, sehr zur ungelegnen Zeit.

WEISLINGEN Seht mich nicht so an.

ADELHEID Willst du unser Feind sein, und wir sollen dir lächeln. Geh!

WEISLINGEN Adelheid!

ADELHEID Ich hasse Euch!
Franz kommt.
FRANZ Gnädiger Herr! Der Bischof läßt Euch rufen.
ADELHEID Geht! Geht!
5 FRANZ Er bittet Euch eilend zu kommen.
ADELHEID Geht! Geht!
WEISLINGEN Ich nehme nicht Abschied, ich sehe Euch wie-
der! *Ab.*
ADELHEID Mich wieder. Wir wollen dafür sein*. Margre- es verhindern
10 the wenn er kommt weis ihn ab. Ich bin krank, hab
Kopfweh, ich schlafe – Weis ihn ab. Wenn er noch zu
gewinnen ist, so ist's auf diesen Weg. *Ab.*

Vorzimmer

Weislingen. Franz.
15 WEISLINGEN Sie will mich nicht sehn?
FRANZ Es wird Nacht, soll ich die Pferde satteln?
WEISLINGEN Sie will mich nicht sehn!
FRANZ Wann befehlen Ihro Gnaden die Pferde?
WEISLINGEN Es ist zu spät! Wir bleiben hier.
20 FRANZ Gott sei Dank. *Franz ab.*
WEISLINGEN Du bleibst! Sei auf deiner Hut, die Versuchung ist groß. Mein Pferd scheute wie ich zum Schloßtor herein wollte, mein guter Geist stellte sich ihm entgegen, er kannte die Gefahren die mein hier warteten.
25 Doch ist's nicht recht, die vielen Geschäfte die ich dem
Bischof unvollendet liegen ließ, nicht wenigstens so zu
ordnen daß ein Nachfolger da anfangen kann, wo ich's
gelassen habe. Das kann ich doch alle tun, unbeschadet
Berlichingens und unserer Verbindung. Denn halten sol-
30 len sie mich hier nicht – Wäre doch besser gewesen,
wenn ich nicht gekommen wäre. Aber ich will fort –
morgen oder übermorgen. *Geht ab.*

Götz. Selbitz. Georg.

SELBITZ Ihr seht, es ist gegangen wie ich gesagt habe.

GÖTZ Nein. Nein. Nein.

GEORG Glaubt, ich berichte Euch mit der Wahrheit. Ich tat 5
wie Ihr befahlt, nahm den Küttel des Bambergischen
und sein Zeichen, und damit ich doch mein Essen und
Trinken verdiente, geleitete ich Reinekische Bauren hinauf nach Bamberg.

Verkleidung SELBITZ In der Verkappung*. Das hätte dir übel geraten 10
können.

GEORG So denk ich auch hinten drein. Ein Reutersmann
der das voraus denkt, wird keine weite Sprünge machen.
Ich kam nach Bamberg, und gleich im Wirtshaus hörte
ich erzählen: Weislingen und der Bischof seien ausge- 15
söhnt, und man redte viel von einer Heirat mit der Witwe des von Walldorf.

GÖTZ Gespräche.

GEORG Ich sah ihn wie er sie zur Tafel führte. Sie ist schön,
bei meinem Eid, sie ist schön. Wir bückten uns alle, sie 20
dankte uns allen, er nickte mit dem Kopf, sah sehr vergnügt, sie gingen vorbei, und das Volk murmelte: ein
schönes Paar!

GÖTZ Das kann sein.

GEORG Hört weiter. Da er des andern Tags in die Messe 25
ging, paßte ich meine Zeit ab. Er war allein mit einem
Knaben. Ich stund unten an der Treppe und sagte leise zu
ihm: ein Paar Worte von Eurem Berlichingen. Er ward
bestürzt, ich sahe das Geständnis seines Lasters in seinem Gesicht, er hatte kaum das Herz mich anzusehen, 30
einfachen, mich, einen schlechten* Reutersjungen.
schlichten
SELBITZ Das macht, sein Gewissen war schlechter als dein
Stand.

GEORG Du bist Bambergisch! sagt er. Ich bring einen Gruß

vom Ritter Berlichingen, sagt ich, und soll fragen –
komm morgen früh, sagt er, an mein Zimmer, wir wollen weiter reden.

GÖTZ Kamst du.

5 GEORG Wohl kam ich, und mußt im Vorsaal stehn, lang
lang. Und die seidne Buben beguckten mich von vorn
und hinten. Ich dachte guckt ihr – endlich führte man
mich hinein, er schien böse, mir war's einerlei. Ich trat
zu ihm und sagte meine Kommission. Er tat feindlich
10 böse, wie einer der kein Herz hat und 's nit will merken
lassen. Er verwunderte sich, daß Ihr ihn durch einen
Reutersjungen zur Rede setzen ließt. Das verdroß mich.
Ich sagte, es gäbe nur zweierlei Leut, brave und Schurken, und ich diente Götzen von Berlichingen. Nun fing
15 er an schwätzte allerlei verkehrtes Zeug, das darauf hinaus ging: Ihr hättet ihn übereilt, er sei Euch keine Pflicht
schuldig, und wollte nichts mit Euch zu tun haben.

GÖTZ Hast du das aus seinem Munde.

GEORG Das und noch mehr. – Er drohte mir –

20 GÖTZ Es ist genug! Der wäre nun auch verloren! Treu und
Glaube du hast mich wieder betrogen. Arme Marie! Wie
werd ich dirs beibringen.

SELBITZ Ich wollte lieber mein ander Bein darzu verlieren
als so ein Hundsfutt sein. *Ab.*

25 Bamberg

Adelheid. Weislingen.

ADELHEID Die Zeit fängt mir an unerträglich lang zu werden; Reden mag ich nicht, und ich schäme mich mit
Euch zu spielen. Langeweile, du bist ärger als ein kaltes   Schüttelfrost
30 Fieber*.

WEISLINGEN Seid Ihr mich schon müde?

ADELHEID Euch nicht so wohl als Euren Umgang. Ich

wollte Ihr wärt wo Ihr hin wolltet, und wir hätten Euch nicht gehalten.

WEISLINGEN Das ist Weibergunst! Erst brütet sie mit Mutterwärme unsere liebsten Hoffnungen an, dann gleich einer unbeständigen Henne, verläßt sie das Nest, und 5 übergibt ihre schon keimende Nachkommenschaft dem Tod und der Verwesung.

ADELHEID Deklamiert* wider die Weiber! Der unbesonnene Spieler zerbeißt und zerstampft die Karten, die ihn unschuldiger Weis verlieren machten. Aber laßt mich 10 Euch was von Mannsleuten erzählen. Was seid denn ihr, um von Wankelmut zu sprechen? Ihr die ihr selten seid was ihr sein wollt, niemals was ihr sein solltet. Könige im Festtagsornat, vom Pöbel beneidet. Was gäb eine Schneidersfrau drum, eine Schnur Perlen um ihren Hals 15 zu haben, von dem Saum eures Kleids, den eure Absätze verächtlich zurück stoßen!

WEISLINGEN Ihr seid bitter.

ADELHEID Es ist die Antistrophe* von Eurem Gesang. Eh ich Euch kannte Weislingen, ging mir's wie der Schnei- 20 dersfrau. Der Ruf ⌈hundertzüngig⌉, ohne Metapher* gesprochen, hatte Euch so zahnarztmäßig* heraus gestrichen, daß ich mich überreden ließ zu wünschen: möchtest du doch diese Quintessenz* des männlichen Geschlechts, den Phönix Weislingen zu Gesicht kriegen! 25 Ich ward meines Wunsches gewährt.

WEISLINGEN Und der ⌈Phönix⌉ präsentierte sich als ein ordinairer Haushahn.

ADELHEID Nein Weislingen, ich nahm Anteil an Euch.

WEISLINGEN Es schien so. 30

ADELHEID Und war. Denn würklich Ihr übertraft Euren Ruf. Die Menge schätzt nur den Widerschein des Verdienstes. Wie mir's denn nun geht daß ich über die Leute nicht denken mag die mich interessieren; so lebten wir eine zeitlang neben einander, es fehlte mir was, und ich 35

Sprecht laut und über- trieben

hier: Entspre- chung

ungekünstelt

marktschrei- erisch

Inbegriff

wußte nicht was ich an Euch vermißte. Endlich gingen
mir die Augen auf. Ich sah statt des aktiven Manns der
die Geschäfte eines Fürstentums belebte, der sich und
seinen Ruhm dabei nicht vergaß, der auf hundert großen
5 Unternehmungen wie auf ⌐übereinander gewälzten Ber-
gen⌐ zu den Wolken hinauf gestiegen war; den seh ich auf
einmal, jammernd wie einen kranken Poeten, melan-
cholisch wie ein gesundes Mädgen, und müßiger als einen alten Junggesellen. Anfangs schrieb ich's Eurem Un-
10 fall zu, der Euch noch neu auf dem Herzen lag, und
entschuldigte Euch so gut ich konnte. Itzt, da es von Tag
zu Tag schlimmer mit Euch zu werden scheint, müßt Ihr
mir verzeihen wenn ich Euch meine Gunst entreiße; Ihr
besitzt sie ohne Recht, ich schenkte sie einem andern auf
15 lebenslang, der sie Euch nicht übertragen konnte.

WEISLINGEN So laßt mich los.

ADELHEID Nicht bis alle Hoffnung verloren ist. Die Ein-
samkeit ist in diesen Umständen gefährlich. Armer
Mensch. Ihr seid so mißmutig wie einer dem sein erstes
20 Mädgen untreu wird, und eben darum geb ich Euch
nicht auf. Gebt mir die Hand, verzeiht mir was ich aus
Liebe gesagt habe.

WEISLINGEN Könntest du mich lieben, könntest du meiner
heißen Leidenschaft einen Tropfen Linderung gewäh-
25 ren. Adelheid! deine Vorwürfe sind höchst ungerecht.
Könntest du den hundertsten Teil ahnden, von dem was
die Zeit her* in mir arbeitet, du würdest mich nicht mit   seither
Gefälligkeit, Gleichgültigkeit und Verachtung so unbarmherzig hin und her zerrissen haben – Du lächelst! –
30 Nach dem übereilten Schritt wieder mit mir selbst einig
zu werden, kostete mehr als einen Tag. Wider den Menschen zu arbeiten, dessen Andenken so lebhaft neu in
Liebe bei mir ist.

ADELHEID Wunderlicher Mann, der du den lieben kannst,
35 den du beneidest! Das ist als wenn ich meinem Feinde
Proviant zuführte.

Zögern

hat die Nach-
richt erhalten

Absichten

WEISLINGEN Ich fühls wohl es gilt hier kein Säumen*. Er ist
berichtet*, daß ich wieder Weislingen bin, und er wird
sich seines Vorteils über uns ersehen. Auch Adelheid
sind wir nicht so träg als du meinst. Unsere Reuter sind
verstärkt und wachsam, unsere Unterhandlungen gehen 5
fort, und der ⌐Reichstag zu Augsburg⌐ soll hoffentlich
unsere Projekte* zur Reife bringen.

ADELHEID Ihr geht hin?

WEISLINGEN Wenn ich Eine Hoffnung mit nehmen könnte! *Er küßt ihre Hand.* 10

ADELHEID ⌐O ihr Unglaubigen.⌐ Immer Zeichen und Wunder! Geh Weislingen und vollende das Werk. Der Vorteil
des Bischofs, der Deinige, der Meinige, sie sind so verwebt, daß, wäre es auch nur der Politik willen –

WEISLINGEN Du kannst scherzen. 15

unbehelligt

ADELHEID Ich scherze nicht. Meine Güter hat der stolze
Herzog inne, die deinigen wird Götz nicht lange unge-
neckt* lassen; und wenn wir nicht zusammen halten wie
unsere Feinde, und den Kaiser auf unsere Seite lenken,
sind wir verloren. 20

WEISLINGEN Mir ist's nicht bange. Der größte Teil der Fürsten ist unserer Gesinnung, der Kaiser verlangt Hülfe
gegen die Türken, und dafür ist's billig daß er uns wieder
beisteht. Welche Wollust wird mir's sein deine Güter von
übermütigen Feinden zu befreien, die unruhige Köpfe in 25

Ruhe- oder
Todeskissen

Schwaben auf's Küssen* zu bringen, die Ruhe des Bis-
tums, unsrer aller herzustellen. Und dann –?

ADELHEID Ein Tag bringt den andern, und beim Schicksal
steht das Zukünftige.

WEISLINGEN Aber wir müssen wollen. 30

ADELHEID Wir wollen ja.

WEISLINGEN Gewiß?

ADELHEID Nun ja. Geht nur.

WEISLINGEN Zauberin!

Herberge. Bauern Hochzeit.
Musik und Tanz draußen

*Der Braut Vater, Götz, Selbitz am Tische, Bräutigam tritt
zu ihnen.*

5 GÖTZ Das gescheitste war, daß ihr euern Zwist so glücklich und fröhlich durch eine Heirat endigt.

BRAUT VATER Besser als ich mir's hätte traumen lassen. In
Ruh und Fried mit meinem Nachbar, und eine Tochter
wohl versorgt dazu!

10 BRÄUTIGAM Und ich in Besitz des strittigen Stücks, und
drüber den hübschten Backfisch* im ganzen Dorf. Woll-   Junges
te Gott ihr hättet euch eher drein geben.   Mädchen

SELBITZ Wie lange habt ihr prozessiert?

BRAUT VATER An die acht Jahre. Ich wollte lieber noch
15 einmal so lang das Frieren* haben, als von vorne anfan-   Schüttelfrost
gen. Das ist ein Gezerre Ihr glaubts nicht, bis man den
Perucken* ein Urteil vom Herzen reißt, und was hat man   Richtern
darnach. Der Teufel hol den Assessor* ⌐Sapupi⌐ 's is ein   Anwärter auf
verfluchter schwarzer Italiener.   die Beamten-
  laufbahn

20 BRÄUTIGAM Ja, das ist ein toller Kerl. Zweimal war ich
dort.

BRAUT VATER Und ich dreimal. Und seht ihr Herrn, krie-   Diejenigen, die
gen wir ein Urteil endlich, wo ich so viel Recht hab als er,   mit offenem
und er so viel als ich, und wir eben stunden wie die   Mund (Maul
offen) untätig
25 Maulaffen*, bis mir unser Herr Gott eingab, ihm meine   herumstehen
Tochter zu geben und das Zeug dazu.

GÖTZ *trinkt:* Gut Vernehmen* künftig.   Einvernehmen

BRAUT VATER Gebs Gott. Geh aber wie's will, prozessieren
tu ich mein Tag nit mehr. Was das ein Geldspiel* kost.   hier: viel Geld
30 Jeden Reverenz* den Euch ein Prokurator* macht, müßt   Verbeugung
Ihr bezahlen.   Anwalt

SELBITZ Sind ja jährlich ⌐Kaiserliche Visitationen⌐ da.

BRAUT VATER Hab nichts davon gespürt. Ist mir mancher
schöner Taler nebenausgangen. Das unerhörte Ble-   Geld bezahlen
35 chen*!

GÖTZ Wie meint Ihr?

BRAUT VATER Ach, da macht alles hohle Pfötgen. Der Assessor allein, Gott verzeihs ihm, hat mir achtzehn Goldgulden abgenommen.

BRÄUTIGAM Wer? 5

BRAUT VATER Wer anders als der Sapupi.

GÖTZ Das ist schändlich.

BRAUT VATER Wohl, ich mußt ihm zwanzig erlegen. Und da ich sie ihm hingezahlt hatte, in seinem Gartenhaus, das fürtrefflich ist, im großen Saal, wollt mir vor Weh- 10 mut fast das Herz brechen. Denn seht, eines Haus und Hof steht gut, aber wo soll bar Geld herkommen. Ich stund da, Gott weiß wie mir's war. Ich hatte keinen roten Heller* Reisegeld im Sack. Endlich nahm ich mir's Herz und stellts ihm vor. Nun er sah daß mir's Wasser an 15 die Seele ging, da warf er mir zwei davon zurück, und schickt mich fort.

BRÄUTIGAM Es ist nicht möglich! Der Sapupi.

BRAUT VATER Wie stellst du dich! Freilich! Kein andrer!

BRÄUTIGAM Den soll der Teufel holen, er hat mir auch 20 fünfzehn Goldgülden abgenommen.

BRAUT VATER Verflucht!

SELBITZ Götz! Wir sind Räuber!

BRAUT VATER Drum fiel das Urteil so scheel* aus. Du Hund. 25

GÖTZ Das müßt ihr nicht ungerügt lassen.

BRAUT VATER Was sollen wir tun?

GÖTZ Macht euch auf nach Speyer*, es ist eben Visitationszeit, zeigts an, sie müssens untersuchen und euch zu dem eurigen helfen. 30

BRÄUTIGAM Denkt Ihr, wir treibens durch?

GÖTZ Wenn ich ihm über die Ohren dürfte, wollt ich's euch versprechen.

SELBITZ Die Summe ist wohl einen Versuch wert.

GÖTZ Bin ich wohl eher um des vierten Teils willen ausge- 35 ritten.

Kleine, fast wertlose Münze

einseitig

Sitz des Reichskammergerichts von 1526–1689/93, danach in Wetzlar.

BRAUT VATER Wie meinst du?

BRÄUTIGAM Wir wollen, gehs wie's geh.

Georg kommt.

GEORG Die Nürnberger sind im Anzug.

5 GÖTZ Wo?

GEORG Wenn wir ganz sachte reiten, packen wir sie zwischen Beerheim und Mühlbach* im Wald.

SELBITZ Trefflich!

GÖTZ Kommt Kinder. Gott grüß euch. Helf uns allen zum

10 unsrigen.

BAUER Großen Dank, ihr wollen nicht zum Nacht Ims*
bleiben.

GÖTZ Können nicht. Adies.

> Von Goethe wohl erfundener bzw. in Unterfranken gelegener Ort

> Imbiss

Dritter Akt

Augsburg. Ein Garten

『*Zwei Nürnberger Kaufleute.*』
ERSTER KAUFMANN Hier wollen wir stehn, denn da muß
der Kaiser vorbei. Er kommt eben die lange Allee herauf. 5
ZWEITER KAUFMANN Wer ist bei ihm?
ERSTER KAUFMANN Adelbert von Weislingen.
ZWEITER KAUFMANN Bambergs Freund! das ist gut.
ERSTER KAUFMANN Wir wollen einen Fußfall tun, und ich
will reden. 10
ZWEITER KAUFMANN Wohl, da kommen sie.
Kaiser. Weislingen.
ERSTER KAUFMANN Er sieht verdrüßlich aus.
KAISER Ich bin unmutig Weislingen, und wenn ich auf
mein vergangenes Leben zurück sehe, möcht ich verzagt 15
werden, so viel halbe, so viel verunglückte Unterneh-
mungen! und das alles, weil kein Fürst im Reich so klein
ist, dem nicht mehr an seinen Grillen* gelegen wäre als
an meinen Gedanken.
Die Kaufleute werfen sich ihm zu Füßen. 20
KAUFMANN Allerdurchlauchtigster! Großmächtigster!
KAISER Wer seid ihr? Was gibts?
KAUFMANN Arme Kaufleute von Nürnberg, Euer Majestät
Knechte, und flehen um Hülfe. Götz von Berlichingen
und Hanns von Selbitz haben unserer dreißig, die von 25
der Frankfurter Meß kamen, im Bambergischen Geleite*
niedergeworfen und beraubt, wir bitten Eure Kaiserliche Majestät um Hülfe, um Beistand, sonst sind wir alle
verdorbene* Leute, genötigt unser Brot zu betteln.
KAISER Heiliger Gott! Heiliger Gott! Was ist das? Der eine 30
hat eine Hand, der andere nur ein Bein, wenn sie denn
erst zwo Hände hätten, und zwo Beine, was wolltet ihr
dann tun?

Randglossen:

Schrullen, wunderliche Einfälle

Im Gebiet des Bamberger Bischofs, der sicheres Geleit zugesagt hat

hier: ruinierte

KAUFMANN Wir bitten Eure Majestät untertänigst, auf unsere bedrängte Umstände ein mitleidiges Auge zu werfen.

KAISER Wie gehts zu! Wenn ein Kaufmann einen Pfeffersack verliert, soll man das ganze Reich aufmahnen*, und wenn Händel vorhanden sind, daran Kaiserliche Majestät und dem Reich viel gelegen ist, daß es Königreich, Fürstentum, Herzogtum und anders betrifft, so kann euch kein Mensch zusammen bringen. *die Reichstruppen ins Feld rufen*

WEISLINGEN Ihr kommt zur ungelegnen Zeit. Geht und verweilt einige Tage hier.

KAUFLEUTE Wir empfehlen uns zu Gnaden. *Ab.*

KAISER Wieder neue Händel. Sie wachsen nach wie die ⌈Köpfe der Hydra⌉.

WEISLINGEN Und sind nicht auszurotten als mit ⌈Feuer und Schwert⌉, und einer mutigen Unternehmung.

KAISER Glaubt Ihr?

WEISLINGEN Ich halte nichts für tulicher*, wenn Eure Majestät und die Fürsten sich über andern unbedeutenden Zwist vereinigen könnten. Es ist mit nichten ganz Deutschland das über Beunruhigung klagt. Franken und Schwaben allein glimmt noch von den Resten des innerlichen verderblichen Burgerkriegs. Und auch da sind viele der Edlen* und Freien die sich nach Ruhe sehnen. Hätten wir einmal diesen Sickingen, Selbitz – Berlichingen auf die Seite geschafft, das übrige würde bald von sich selbsten zerfallen. Denn sie sind's deren Geist die aufrührische Menge belebt. *besser, ratsamer* *Adligen*

KAISER Ich mögte die Leute gerne schonen, sie sind tapfer und edel. Wenn ich Krieg führte, müßt ich sie unter meiner Armee haben.

WEISLINGEN Es wäre zu wünschen daß sie von jeher gelernt hätten ihrer Pflicht zu gehorchen. Und dann wär es höchst gefährlich ihre aufrührische Unternehmungen durch Ehrenstellen zu belohnen. Denn eben diese Kaiserliche Mild und Gnade ist's, die sie bisher so ungeheuer mißbrauchen, und ihr Anhang der sein Vertrauen und Hoffnung darauf setzt, wird nicht ehe zu bändigen sein, bis wir sie ganz vor den Augen der Welt zu nichte gemacht, und alle Aussichten auf die Zukunft ihnen abgeschnitten haben.

KAISER Ihr ratet also zur Strenge.

Geist der
Unbesonnen-
heit

WEISLINGEN Ich sehe kein ander Mittel den Schwindelgeist*, der ganze Landschaften ergreift, zu bannen. Hören wir nicht schon hier und da die bittersten Klagen der Edlen, daß ihre Untertanen ihre Leibeigne sich gegen sie auflehnen und mit ihnen rechten, ihnen die hergebrachte Oberherrschaft zu schmälern drohen, und die gefährlichste Folgen zu fürchten sind.

KAISER Jetzt wäre eine schöne Gelegenheit wider den Berlichingen und Selbitz, nur wollt ich nicht daß ihnen was zu leid geschehe. Gefangen mögt ich sie haben, und dann müßten sie Urfehde schwören*, auf ihren Schlössern ruhig zu bleiben, und nicht aus ihrem Bann* zu gehen. Bei der nächsten Session* will ich's vortragen.

Eid ablegen,
keine weitere
Fehde mehr zu
führen

Kreis der
eigenen
Gerichtsbar-
keit

Sitzung des
Reichstages

WEISLINGEN Ein freudiger beistimmender Zuruf wird Eurer Majestät das Ende der Rede ersparen. *Ab.*

Jaxthaussen

Sickingen. Berlichingen.

SICKINGEN ⌐Ja, ich komme Eure edle Schwester um ihr Herz und ihre Hand zu bitten.⌐

GÖTZ So wollt ich Ihr wärt eher kommen. Ich muß Euch sagen, Weislingen hat während seiner Gefangenschaft ihre Liebe gewonnen, um sie angehalten, und ich sagt sie ihm zu. Ich hab ihn los gelassen den Vogel, und er verachtet die gütige Hand, die ihm in der Not Futter reichte. Er schwirrt herum, weiß Gott auf welcher Hecke seine Nahrung zu suchen.

Götz von Berlichingen

SICKINGEN Ist das so.

GÖTZ Wie ich sage.

SICKINGEN Er hat ein doppeltes Band zerrissen. Wohl Euch daß Ihr mit dem Verräter nicht näher verwandt worden.

5 GÖTZ Sie sitzt, das arme Mädgen, und verjammert und verbetet ihr Leben.

SICKINGEN Wir wollen sie zu Singen machen.

GÖTZ Wie! Entschließet Ihr Euch eine Verlaßne zu heuraten.

10 SICKINGEN Es macht euch beiden Ehre, von ihm betrogen worden zu sein. Soll darum das arme Mädgen in ein Kloster gehn, weil der erste Mann den sie kannte ein Nichtswürdiger war. Nein doch! ich bleibe darauf, sie soll Königin von meinen Schlössern werden.

15 GÖTZ Ich sage Euch sie war nicht gleichgültig gegen ihn.

SICKSINGEN Traust du mir nicht zu daß ich den Schatten eines Elenden sollte verjagen können. Laßt uns zu ihr. *Ab.*

Lager der Reichsexekution*

Die mit der Durchführung der Acht beauftragten Reichstruppen

20 *Hauptmann. Offiziere.*

HAUPTMANN Wir müssen behutsam gehn, und unsere Leute so viel möglich schonen. Auch ist unsere gemessene Order* ihn in die Enge zu treiben, und lebendig gefangen zu nehmen. Es wird schwer halten, denn wer mag sich

genau bemessener, umgrenzter Befehl

25 an ihn machen.

ERSTER OFFIZIER Freilich! Und er wird sich wehren wie ein ⌐wildes Schwein⌐. Überhaupt hat er uns sein lebenlang nichts zu leid getan, und jeder wirds von sich schieben Kaiser und Reich zu gefallen Arm und Bein dran zu set-

30 zen.

ZWEITER OFFIZIER Es wäre eine Schande wenn wir ihn nicht kriegten. Wenn ich ihn nur einmal beim Lippen* habe, er soll nicht los kommen.

Lappen, Rockschoß

ERSTER OFFIZIER Faßt ihn nur nicht mit Zähnen, er möchte Euch die Kinnbacken ausziehen. Guter junger Herr, dergleichen Leut packen sich nicht wie ein flüchtiger Dieb.

ZWEITER OFFIZIER Wollen sehn.   5

hier: Urkunde, in der die Verhängung der Acht erklärt wird

HAUPTMANN Unsern Brief* muß er nun haben. Wir wollen nicht säumen, und einen Trupp ausschicken, der ihn beobachten soll.

ZWEITER OFFIZIER Laßt mich ihn führen.

HAUPTMANN Ihr seid der Gegend unkundig.   10

ZWEITER OFFIZIER Ich habe einen Knecht der hier geboren und erzogen ist.

HAUPTMANN Ich bins zufrieden. *Ab.*

Jaxthaussen

Sickingen.   15

SICKINGEN Es geht alles nach Wunsch, sie war etwas bestürzt über meinen Antrag, und sah mich vom Kopf bis auf die Füße an, ich wette sie verglich mich mit ihrem Weißfisch*. Gott sei Dank daß ich mich stellen darf. Sie antwortete wenig, und durcheinander, desto besser! Es 20 mag eine Zeit kochen. Bei Mädgen die durch Liebesunglück ⌐gebeizt⌐ sind, wird ein Heiratsvorschlag bald gar. *Götz kommt.*

Vgl. Erl. zu 46,28

SICKINGEN Was bringt Ihr Schwager?

GÖTZ In die Acht erklärt.   25

SICKINGEN Was?

GÖTZ Da lest den erbaulichen Brief. Der Kaiser hat Exekution gegen mich verordnet, die mein Fleisch den Vögeln unter dem Himmel, und den Tieren auf dem Felde zu fressen vorschneiden soll*.   30

Nach der Formel der Achterklärung

SICKINGEN Erst sollen sie dran. Just zur gelegenen Zeit bin ich hier.

GÖTZ Nein Sickingen Ihr sollt fort. Das hieße Euere großen Anschläge im Keim zertreten, wenn Ihr zu so unge-
legener Zeit des Reichs Feind werden wolltet. Auch mir
könnt Ihr weit mehr nutzen, wenn Ihr neutral zu sein
5 scheint. Der Kaiser liebt Euch, und das schlimmste das
mir begegnen kann, ist gefangen zu werden, dann
braucht Euer Vorwort*, und reißt mich aus einem Elend, hier:
in das unzeitige Hülfe uns beide stürzen konnte. Denn Fürsprache
was wär's, jetzo geht der Zug gegen mich, erfahren sie
10 du bist bei mir, so schicken sie mehr, und wir sind um
nichts gebessert. Der Kaiser sitzt an der Quelle, und ich
wär schon jetzt unwiederbringlich verloren, wenn man
Tapferkeit so geschwind einblasen könnte, als man einen Haufen* zusammen blasen kann. Einheit des
15 SICKINGEN Doch kann ich heimlich ein zwanzig Reuter zu Landsknecht-
Euch stoßen lassen. heeres
GÖTZ Gut. Ich hab schon Georgen nach dem Selbitz geschickt, und meine Knechte in der Nachbarschaft herum. Lieber Schwager, wenn meine Leute beisammen
20 sind, es wird ein Häufgen sein dergleichen wenig Fürsten beisammen gesehen haben.
SICKINGEN Ihr werdet gegen der Menge wenig sein.
GÖTZ ⌜Ein Wolf ist einer ganzen Herde Schafe zu viel.
SICKINGEN Wenn sie aber einen guten Hirten haben.
25 GÖTZ Sorg du. Und es sind lauter Mietlinge*.⌝ Und dann Söldlinge
kann der beste Ritter nichts machen, wenn er nicht Herr
von seinen Handlungen ist. So kamen sie mir auch einmal, wie ich dem Pfalzgraf zugesagt hatte ⌜gegen Conrad
Schotten⌝ zu dienen, da legt er mir einen Zettel aus der
30 Kanzlei vor, wie ich reiten und mich halten sollt, da wurf
ich den Räten das Papier wieder dar, und sagt: ich wüßt
nicht darnach zu handeln; ich weiß nicht was mir begegnen mag, das steht nicht im Zettel; ich muß die Augen selbst auftun, und sehn was ich zu schaffen hab.
35 SICKINGEN Glück zu Bruder! Ich will gleich fort und dir
schicken was ich in der Eil zusammen treiben kann.

GÖTZ Komm noch zu den Frauen, ich ließ sie beisammen. Ich wollte daß du ihr Wort hättest, ehe du gingst. Dann schick mir die Reuter, und komm heimlich wieder sie abzuholen, denn mein Schloß, fürcht ich, wird bald kein Aufenthalt für Weiber mehr sein.   5

SICKINGEN Wollen das beste hoffen. *Ab.*

Bamberg. Adelheidens Zimmer

Adelheid. Franz.

ADELHEID So sind die beide Exekutionen schon aufgebrochen?   10

FRANZ Ja, und mein Herr hat die Freude, gegen Eure Feinde zu ziehen. Ich wollte gleich mit, so gern ich zu Euch gehe. Auch will ich jetzt wieder fort, um bald mit fröhlicher Botschaft wieder zu kehren. Mein Herr hat mirs erlaubt.   15

ADELHEID Wie stehts mit ihm?

FRANZ Er ist munter. Mir befahl er Eure Hand zu küssen.

ADELHEID Da – deine Lippen sind warm.

FRANZ *vor sich, auf die Brust deutend:* Hier ist's noch wärmer! *laut:* gnädige Frau, Eure Diener sind die glücklichsten Menschen unter der Sonne.   20

ADELHEID Wer führt gegen Berlichingen.

FRANZ Baron von Sirau. Lebt wohl, beste gnädige Frau. Ich will wieder fort. Vergeßt mich nicht.

ADELHEID Du mußt was essen, trinken, und rasten.   25

FRANZ Wozu das? Ich hab Euch ja gesehen. Ich bin nicht müd noch hungrig.

ADELHEID Ich kenne deine Treu.

FRANZ Ach gnäd'ge Frau!

ADELHEID Du häl⟨t⟩st's nicht aus, gib dich zur Ruh, und nimm was zu dir.   30

FRANZ Eure Sorgfalt für einen armen Jungen. *Ab.*

ADELHEID Die Tränen stehn ihm in den Augen. Ich lieb ihn von Herzen. So wahr und warm hat noch niemand an mir gehangen. *Ab.*

Jaxthaussen

5 *Götz. Georg.*

GEORG Er will selbst mit Euch sprechen. Ich kenn ihn nicht, es ist ein stattlicher Mann, mit schwarzen feurigen Augen.

GÖTZ Bring ihn herein.

10 ⌐Lerse⌐ *kommt.*

GÖTZ Gott grüß Euch. Was bringt Ihr.

LERSE Mich selbst, das ist nicht viel, doch alles was es ist biet ich Euch an.

GÖTZ Ihr seid mir willkommen, doppelt willkommen, ein

15 braver Mann, und zu dieser Zeit, da ich nicht hoffte neue Freunde zu gewinnen, vielmehr den Verlust der Alten stündlich fürchtete. Gebt mir Euren Namen.

LERSE Franz Lerse.

GÖTZ Ich danke Euch Franz, daß Ihr mich mit einem bra-

20 ven Mann bekannt gemacht habt.

LERSE Ich machte Euch schon einmal mit mir bekannt, aber damals danktet Ihr mir nicht dafür.

GÖTZ Ich erinnere mich Eurer nicht.

LERSE Es wäre mir leid. Wißt Ihr noch, wie Ihr um des

25 Pfalzgrafen willen Conrad Schotten feind wart, und nach Haßfurth* auf die Faßnacht reiten wolltet.   Stadt am Main

GÖTZ Wohl weiß ich es.

LERSE Wißt Ihr wie Ihr unterweges bei einem Dorf fünf und zwanzig Reutern entgegen kamt.

30 GÖTZ Richtig. Ich hielt sie anfangs nur für zwölfe, und teilt meinen Haufen, waren unserer sechzehn, und hielt am Dorf hinter der Scheuer*, in willens sie sollten bei mir   Scheune

vorbei ziehen. Dann wollt ich ihnen nachrucken, wie
ich's mit dem andern Haufen abgeredet hatte.

LERSE Aber wir sahn Euch, und zogen auf eine Höhe am
Dorf. Ihr zogt herbei und hieltet unten. Wie wir sahen
Ihr wolltet nicht herauf kommen, ritten wir herab. 5

GÖTZ Da sah ich erst daß ich ⌐mit der Hand in die Kohlen
geschlagen⌐ hatte. Fünf und zwanzig gegen acht! Da

pausieren galts kein feiren*. Erhard Truchses durchstach mir einen
Knecht, dafür rannt ich ihn vom Pferde. Hätten sie sich
alle gehalten wie er und ein Knecht, es wäre mein und 10
meines kleinen Häufgens übel gewahrt gewesen.

LERSE Der Knecht wovon Ihr sagtet.

GÖTZ Es war der bravste den ich gesehen habe. Er setzte
mir heiß zu. Wenn ich dachte ich hätt ihn von mir gebracht, wollte mit andern zu schaffen haben, war er wie- 15
der an mir, und schlug feindlich zu. Er hieb mir auch

eine durch den Panzerärmel hindurch, daß es ein wenig ge-
Fleischwunde fleischt* hatte.
gegeben

LERSE Habt Ihr's ihm verziehen.

GÖTZ Er gefiel mir mehr als zu wohl. 20

LERSE Nun so hoff ich daß Ihr mit mir zufrieden sein werdet, ich hab mein Probstück an Euch selbst abgelegt.

GÖTZ Bist du's. O willkommen willkommen. Kannst du
sagen Maximilian, du hast unter deinen Dienern Einen
so geworben! 25

LERSE Mich wundert, daß Ihr nicht eh auf mich gefallen
seid.

GÖTZ Wie sollte mir einkommen, daß der mir seine Dienste anbieten würde, der auf das feindseligste mich zu
überwältigen trachtete. 30

LERSE Eben das Herr! Von Jugend auf dien ich als Reuters
Knecht, und habs mit manchem Ritter aufgenommen.
Da wir auf Euch stießen freut ich mich. Ich kannte Euren
Namen, und da lernt ich Euch kennen. Ihr wißt ich hielt
nicht Stand, Ihr saht, es war nicht Furcht, denn ich kam 35

wieder. Kurz ich lernt Euch kennen, und von Stund an beschloß ich Euch zu dienen.

GÖTZ Wie lange wollt Ihr bei mir aushalten?

LERSE Auf ein Jahr. Ohne Entgelt.

5 GÖTZ Nein, Ihr sollt gehalten werden wie ein anderer, und drüber wie der, der mir bei Remlin* zu schaffen machte.   Fiktiver Ort
Georg kommt.

GEORG Hanns von Selbitz läßt Euch grüßen. Morgen ist er hier mit funfzig Mann.

10 GÖTZ Wohl.

GEORG Es zieht am Kocher ein Trupp Reichsvölker*   Reichstruppen
herunter, ohne Zweifel Euch zu beobachten.

GÖTZ Wie viel?

GEORG Ihrer funfzig.

15 GÖTZ Nicht mehr! Komm Lerse wir wollen sie zusammen-schmeißen, wenn Selbitz kommt daß er schon ein Stück Arbeit getan findet.

LERSE Das soll eine reichliche Vorlese werden.

GÖTZ Zu Pferde! *Ab.*

20 Wald an einem Morast

Zwei Reichsknechte begegnen einander.

ERSTER KNECHT Was machst du hier?

ZWEITER KNECHT Ich hab Urlaub* gebeten meine Notdurft   um Erlaubnis
zu verrichten. Seit dem blinden Lärmen* gestern   blinden Alarm
25 Abends, ist mirs in die Gedärme geschlagen, daß ich alle Augenblicke vom Pferd muß.

ERSTER KNECHT Hält der Trupp hier in der Nähe?

ZWEITER KNECHT Wohl eine Stunde den Wald hinauf.

ERSTER KNECHT Wie verlaufst du dich dann hieher?

30 ZWEITER KNECHT Ich bitt dich verrat mich nicht. Ich will auf's nächste Dorf, und sehn ob ich nit mit warmen Überschlägen* meinem Übel abhelfen kann. Wo   Umschlägen
kommst du her?

ERSTER KNECHT Vom nächsten Dorf. Ich hab unserm Offizier Wein und Brot geholt.

ZWEITER KNECHT So, er tut sich was zu guts vor unserm Angesicht, und wir sollen fasten! Schön Exempel.

ERSTER KNECHT Komm mit zurück, Schurke. 5

ZWEITER KNECHT Wär ich ein Narr. Es sind noch viele unterm Haufen, die gern fasteten wenn sie so weit davon wären als ich.

ERSTER KNECHT Hörst du! Pferde!

ZWEITER KNECHT O Weh! 10

ERSTER KNECHT Ich klettere auf den Baum.

ZWEITER KNECHT Ich steck mich in's Rohr.

Götz. Lerse. Georg. Knechte zu Pferde.

GÖTZ Hier am Teich weg und linker Hand in den Wald, so kommen wir ihnen im Rücken. *ziehen vorbei.* 15

ERSTER KNECHT *steigt vom Baum:* Da ist nicht gut sein. Michel! Er antwortet nicht? Michel sie sind fort! *Er geht nach dem Sumpf.* Michel! O weh er ist versunken. Michel! er hört mich nicht, er ist erstickt. Bist doch krepiert du Memme*. – Wir sind geschlagen. Feinde überall Feinde. 20

Götz. Georg, zu Pferde.

GÖTZ Halt Kerl oder du bist des Tods.

KNECHT Schont meines Lebens.

GÖTZ Dein Schwert! Georg führ ihn zu den andern Gefangenen, die Lerse dort unten am Wald hat. Ich muß ihren flüchtigen Führer erreichen. *Ab.* 25

KNECHT Was ist aus unserm Ritter geworden, der uns führte?

GEORG Unterst zu oberst stürzt ihn mein Herr vom Pferd daß der Federbusch* im Kot stack. Seine Reuter huben ihn auf's Pferd und fort wie besessen. *Ab.* 30

Feigling

Zierrat aus Federn für den Helm

Lager

Hauptmann. Erster Ritter.[*]

ERSTER RITTER Sie fliehen von weitem dem Lager zu.

HAUPTMANN Er wird ihnen an den Fersen sein. Laßt ein
5 funfzig ausrucken bis an die Mühle, wenn er sich zu weit
verliert erwischt ihr ihn vielleicht. *Ritter ab.*

Zweiter Ritter geführt.

HAUPTMANN Wie gehts junger Herr! Habt Ihr ein paar
Zinken[*] abgerennt.

10 RITTER Daß dich die Pest! Wenn ich Hörner gehabt hätte
wie ein Dannhirsch[*], sie wären gesplittert wie Glas. Du
Teufel! Er rannt auf mich los, es war mir als wenn mich
der Donner in die Erde 'nein schlüg.

HAUPTMANN Dankt Gott daß Ihr noch davon gekommen
15 seid.

RITTER Es ist nichts zu danken, ein paar Rippen sind ent-
zwei. Wo ist der Feldscher[*]. *Ab.*

Jaxthaussen

Götz. Selbitz.
20 GÖTZ Was sagst du zu der Achtserklärung Selbitz?

SELBITZ Es ist ein Streich von Weislingen.

GÖTZ Meinst du!

SELBITZ Ich meine nicht, ich weiß.

GÖTZ Woher?

25 SELBITZ Er war auf dem Reichstag sag ich dir, er war um
den Kaiser.

GÖTZ Wohl, so machen wir ihm wieder einen Anschlag zu
nichte.

SELBITZ Hoff's.

30 GÖTZ Wir wollen fort! und soll die Hasenjagd angehn.

Entspricht den Offizieren der Szene »Lager der Reichsexekution«, S. 67 f.

Enden des Hirschgeweihs

Damhirsch

Wundarzt

Lager

Hauptmann. Ritter.

HAUPTMANN Dabei kommt nichts heraus ihr Herrn. Er
schlägt uns ein Detaschement* nach dem andern, und
was nicht umkommt und gefangen wird das lauft in
Gottes Namen lieber nach der Türkey als ins Lager zurück, so werden wir alle Tag schwächer. Wir müssen
einmal für allemal ihm zu Leib gehen, und das mit Ernst,
ich will selbst dabei sein und er soll sehn mit wem er zu
tun hat.

RITTER Wir sinds all zufrieden, nur ist er der Landsart* so
kundig, weiß alle Gänge und Schliche* im Gebürg, daß
er so wenig zu fangen ist wie eine Maus auf dem Korn-
boden.

HAUPTMANN Wollen ihn schon kriegen. Erst auf Jaxthaussen zu. Mag er wollen oder nicht er muß herbei sein
Schloß zu verteidigen.

RITTER Soll unser ganzer Hauf marschieren?

HAUPTMANN Freilich! Wißt Ihr daß wir schon um hundert
geschmolzen sind.

RITTER Drum geschwind, eh der ganze Eisklumpen auf-
taut, es macht warm in der Nähe, und wir stehn da wie
Butter an der Sonne. *Ab.*

Gebürg und Wald

Götz. Selbitz. Trupp.

GÖTZ Sie kommen mit hellem Hauf*. Es war hohe Zeit daß
Sickingens Reuter zu uns stießen.

SELBITZ Wir wollen uns teilen. Ich will linker Hand um die
Höhe ziehen.

GÖTZ Gut. Und du Franz führe mir die funfzig rechts
durch den Wald hinauf, sie kommen über die Heide, ich

Truppenteil für
besondere
Aufgaben

Beschaffen-
heit des
Landes
Schleichwege

mit dem
Haupttrupp

will gegen ihnen* halten. Georg du bleibst um mich. Und wenn ihr seht daß sie mich angreifen, so fallt ungesäumt* in die Seiten. Wir wollen sie patschen*. Sie denken nicht daß wir ihnen die Spitze bieten* können. *Ab.*

ihnen gegenüber
ohne zu zögern
von allen Seiten schlagen
Widerstand leisten

5 Heide auf der einen Seite eine Höhe,
auf der andern Wald

Hauptmann. Exekutionszug.

HAUPTMANN Er hält auf der Heide! Das ist impertinent*. Er solls büßen. Was! ⌜Den Strom nicht zu fürchten der
10 auf ihn los braust.⌝

unverschämt

RITTER Ich wollt nicht daß Ihr an der Spitze rittet, er hat das Ansehn* als ob er den ersten der ihn anstoßen mögte umgekehrt in die Erde pflanzen wollte. Reitet hinten drein.

erweckt den Eindruck

15 HAUPTMANN Nicht gern.

RITTER Ich bitt Euch. Ihr seid noch der Knoten von diesem Bündel Haselruten, löst ihn auf, so knickt er sie Euch einzeln wie Riedgras*.

Schilf

HAUPTMANN Trompeter blas! Und ihr blast ihn weg. *Ab.*
20 *Selbitz hinter der Höhe hervor im Galopp.*

SELBITZ Mir nach! Sie sollen zu ihren Händen rufen: multipliziert euch. *Ab.*

Lerse aus dem Wald.

LERSE Götzen zu Hülf! Er ist fast umringt. Braver Selbitz,
25 du hast schon Luft gemacht. Wir wollen die Heide mit ihren Distelköpfen besäen. *vorbei.*

Getümmel.

Eine Höhe mit einem Wartturn*

Selbitz verwundet. Knechte.

SELBITZ Legt mich hierher und kehrt zu Götzen.

ERSTER KNECHT Laßt uns bleiben Herr, Ihr braucht unser.

SELBITZ Steig einer auf die Warte und seh wie's geht.   5

ERSTER KNECHT Wie will ich hinauf kommen?

ZWEITER KNECHT Steig auf meine Schultern da kannst du

erreichen die Lücke reichen*, und dir bis zur Öffnung hinauf helfen. *steigt hinauf.*

ERSTER KNECHT Ach Herr!   10

SELBITZ Was siehest du?

ZWEITER KNECHT Eure Reuter fliehen. Der Höhe zu.

SELBITZ Höllische Schurken! Ich wollt sie stünden und ich
hätt eine Kugel vorm Kopf. Reit einer hin, und fluch und

schimpfe wetter* sie zurück. *Knecht ab.*   15

SELBITZ Siehest du Götzen?

KNECHT Die drei schwarze Federn seh ich mitten im Getümmel.

SELBITZ Schwimm braver Schwimmer. Ich liege hier!

KNECHT Ein weißer Federbusch, wer ist das?   20

SELBITZ Der Hauptmann.

KNECHT Götz drängt sich an ihn – Bau! Er stürzt.

SELBITZ Der Hauptmann?

KNECHT Ja Herr.

SELBITZ Wohl! Wohl!   25

KNECHT Weh! Weh! Götzen seh ich nicht mehr.

SELBITZ So stirb Selbitz.

KNECHT Ein fürchterlich Gedräng wo er stund. Georgs
blauer Busch verschwindt auch.

SELBITZ Komm herunter. Siehst du Lersen nicht?   30

KNECHT Nichts. Es geht alles drunter und drüber.

SELBITZ Nichts mehr. Komm! Wie halten sich Sickingens
Reuter.

KNECHT Gut. – Da flieht einer nach dem Wald. Noch einer!
Ein ganzer Trupp. Götz ist hin.   35

SELBITZ Komm herab.

KNECHT Ich kann nicht. – Wohl! Wohl! Ich sehe Götzen! Ich sehe Georgen!

SELBITZ Zu Pferd?

5 KNECHT Hoch zu Pferd! Sieg! Sieg! Sie fliehn.

SELBITZ Die Reichstruppen. .

KNECHT Die Fahne mitten drin, Götz hinten drein. Sie zerstreuen sich. Götz erreicht den Fähndrich* – Er hat die Fahn – Er hält. Eine handvoll Menschen um ihn herum.

10 Mein Kamerad erreicht ihn – Sie ziehn herauf.

Götz. Georg. Lerse. Ein Trupp.

SELBITZ Glück zu! Götz. Sieg! Sieg!

GÖTZ *steigt vom Pferd:* Teuer! Teuer! Du bist verwundt Selbitz.

15 SELBITZ Du lebst und siegst! Ich hab wenig getan. Und meine Hunde von Reutern! Wie bist du davon gekommen?

GÖTZ Diesmal galts! Und hier Georgen dank ich das Leben und hier Lersen dank ichs. Ich warf den Hauptmann

20 vom Gaul. Sie stachen mein Pferd nieder und drangen auf mich ein, Georg hieb sich zu mir und sprang ab, ich wie der Blitz auf seinem Gaul, wie der Donner saß er auch wieder. Wie kamst du zum Pferd?

GEORG Einem der nach Euch hieb, stieß ich meinen Dolch

25 in die Gedärme, wie sich sein Harnisch in die Höhe zog. Er stürzt, und ich half Euch von einem Feind und mir zu einem Pferde.

GÖTZ Nun staken wir, bis Franz sich zu uns herein schlug, und da mähten wir von innen heraus.

30 LERSE Die Hunde die ich führte sollten von außen hinein mähen bis sich unsere Sensen begegnet hätten, aber sie flohen wie Reichsknechte.

GÖTZ Es flohe Freund und Feind. Nur du kleiner Hauf hiel⟨t⟩st mir den Rücken frei, ich hatte mit den Kerls vor

35 mir gnug zu tun. Der Fall ihres Hauptmanns half mir sie

Fahnenträger

schütteln, und sie flohen. Ich habe ihre Fahne und wenig
Gefangene.

SELBITZ Der Hauptmann ist Euch entwischt?

GÖTZ Sie hatten ihn inzwischen gerettet. Kommt ihr Kin- 5
der kommt! Selbitz! – Macht eine Bahre von Ästen, du
kannst nicht auf's Pferd. Kommt in mein Schloß. Sie
sind zerstreut. Aber unserer sind wenig, und ich weiß
nicht ob sie Truppen nachzuschicken haben. Ich will
euch bewirten meine Freunde. Ein Glas Wein schmeckt
auf so einen Strauß*. 10

Scharmützel,
Gefecht

Lager

Hauptmann.

HAUPTMANN Ich mögt euch alle mit eigener Hand umbrin-
gen, ihr tausend sakerment. Was, fortzulaufen! Er hatte
keine handvoll Leute mehr! Fortzulaufen wie die 15
Scheißkerle! Vor Einem Mann. Es wirds niemand glauben, als wer über uns zu lachen Lust hat. – Reit herum,
ihr, und ihr, und ihr. Wo ihr von unsern zerstreuten
Knechten find't, bringt sie zurück oder stecht sie nieder.
Wir müssen diese Scharten auswetzen*, und wenn die 20
Klingen drüber zu Grund gehen sollten.

Einkerbungen
mussten mit
dem Wetzstein
ausgeschliffen
werden.

Jaxthaussen

Götz. Lerse. Georg.

GÖTZ Wir dürfen keinen Augenblick säumen! Arme Jungens, ich darf euch keine Rast gönnen. Jagt geschwind 25
herum und sucht noch Reuter aufzutreiben. Bestellt sie
alle nach Weilern*, da sind sie am sichersten. Wenn wir
zögern so ziehen sie mir vors Schloß. *Die zwei ab.* Ich
muß einen auf Kundschaft ausjagen. Es fängt an heiß zu

Fiktiver
Ortsname

werden, und wann es nur noch brave Kerls wären, aber
so ist's die Menge. *Ab.*
Sickingen. Maria.

MARIA Ich bitte Euch lieber Sickingen, geht nicht von mei-
5   nem Bruder! Seine Reuter, Selbitzens, Eure, sind zerstreut, er ist allein, Selbitz ist verwundet auf sein Schloß
gebracht, und ich fürchte alles.

SICKINGEN Seid ruhig ich gehe nicht weg.
    Götz kommt.

10 GÖTZ Kommt in die Kirch, der Pater wartet. Ihr sollt mir in
einer viertel Stund ein Paar sein.

SICKINGEN Laßt mich hier.

GÖTZ In die Kirch sollt Ihr jetzt.

SICKINGEN Gern. – Und darnach?

15 GÖTZ Darnach sollt Ihr Eurer Wege gehn.

SICKINGEN Götz!

GÖTZ Wollt Ihr nicht in die Kirche.

SICKINGEN Kommt kommt.

Lager

20 *Hauptmann.*

HAUPTMANN Wie viel sind's in allem?

RITTER Hundert und funfzig.

HAUPTMANN Von vierhunderten! Das ist arg. Jetzt gleich
auf und grad gegen Jaxthaussen zu, eh' er sich erholt
25   und sich uns wieder in Weg stellt.

Jaxthaussen

Götz. Elisabeth. Maria. Sickingen.

GÖTZ Gott segne euch, geb euch glückliche Tage, und be-
halte die die er euch abzieht für eure Kinder.

ELISABETH Und die laß er sein wie ihr seid: Rechtschaffen!
Und dann laßt sie werden was sie wollen.

SICKINGEN Ich dank euch. Und dank Euch Maria. Ich
führte Euch an den Altar, und Ihr sollt mich zur Glückseligkeit führen. 5

Pilgerfahrt MARIA Wir wollen zusammen eine Pilgrimschaft* nach
diesem fremden gelobten Lande antreten.

GÖTZ Glück auf die Reise.

MARIA So ist's nicht gemeint, wir verlassen euch nicht.

GÖTZ Ihr sollt Schwester. 10

MARIA Du bist sehr unbarmherzig, Bruder.

GÖTZ Und ihr zärtlicher als vorsehend.

Georg kommt.

GEORG *heimlich:* Ich kann niemand auftreiben. Ein einzi-
änderte er ger war geneigt, darnach veränderte er sich* und wollte 15
seine Meinung nicht.

GÖTZ Gut Georg. Das Glück fängt an launisch mit mir zu
werden. Ich ahndet es. Sickingen ich bitte Euch geht
noch diesen Abend. Beredet Marie. Sie ist Eure Frau.
Laßt sie's fühlen. Wenn Weiber quer in unsere Unter- 20
nehmungen treten, ist unser Feind im freien Feld sicherer
als sonst in der Burg.

Knecht kommt.

Reichstrupp KNECHT *leise:* Herr, das Reichsfähnlein* ist auf dem
Marsch, grad hieher, sehr schnell. 25

GÖTZ Ich hab sie mit Rutenstreichen geweckt! Wie viel
sind ihrer?

KNECHT Ohngefähr zweihundert. Sie können nicht zwei
Stunden mehr von hier sein.

GÖTZ Noch überm Fluß? 30

KNECHT Ja Herr.

GÖTZ Wenn ich nur funfzig Mann hätte, sie sollten mir
nicht herüber. Hast du Lersen nicht gesehen.

KNECHT Nein Herr.
Richte allen
aus GÖTZ Biet allen* sie sollen sich bereit halten. – Es muß 35

geschieden sein meine Lieben. Weine meine gute Marie, es werden Augenblicke kommen wo du dich freuen wirst. Es ist besser du weinst deinen Hochzeittag, als daß übergroße Freude der Vorbote künftigen Elends wäre. Lebt wohl Marie. Lebt wohl Bruder.

MARIA Ich kann nicht von euch Schwester. Lieber Bruder laß uns. Achtest du meinen Mann so wenig, daß du in dieser Extremität* seine Hülfe verschmähst.

GÖTZ Ja, es ist weit mit mir kommen. Vielleicht bin ich meinem Sturze nahe. Ihr beginnt heut zu leben, und ihr sollt euch von meinem Schicksal trennen. Ich hab eure Pferde zu satteln befohlen. Ihr müßt gleich fort.

MARIA Bruder! Bruder!

ELISABETH *zu Sickingen:* Gebt ihm nach! Geht.

SICKINGEN Liebe Marie, laßt uns gehen.

MARIA Du auch. Mein Herz wird brechen.

GÖTZ So bleib denn. In wenigen Stunden wird meine Burg umringt sein.

MARIA Weh! Weh!

GÖTZ Wir werden uns verteidigen so gut wir können.

MARIA Mutter Gottes hab Erbarmen mit uns!

GÖTZ Und am Ende werden wir sterben, oder uns ergeben. – Du wirst deinen edlen Mann, mit mir in ein Schicksal geweint haben.

MARIA Du marterst mich.

GÖTZ Bleib! Bleib! Wir werden zusammen gefangen werden. Sickingen, ⌜du wirst mit mir in die Grube fallen!⌝ Ich hoffte du solltest mir heraus helfen.

MARIA Wir wollen fort. Schwester. Schwester.

GÖTZ Bringt sie in Sicherheit, und dann erinnert Euch meiner.

SICKINGEN Ich will ihr Bett nicht besteigen, bis ich Euch außer Gefahr weiß.

GÖTZ Schwester – liebe Schwester! *Er küßt sie.*

SICKINGEN Fort fort!

Randglosse: äußersten Notlage

GÖTZ ⌐Noch einen Augenblick⌐ – Ich seh Euch wieder. Tröstet Euch. Wir sehn uns wieder.

Sickingen, Maria ab.

GÖTZ Ich trieb sie, und da sie geht mögt ich sie halten. Elisabeth du bleibst bei mir!   5

ELISABETH Bis in den Tod. *Ab.*

GÖTZ Wen Gott lieb hat, dem geb er so eine Frau.

Georg kommt.

GEORG Sie sind in der Nähe, ich habe sie vom Turm gese-
Spieße, Lanzen   hen. Die Sonne ging auf und ich sah ihre Piken* blinken.   10
Wie ich sie sah, wollt mir's nicht bänger werden, ⌐als einer Katze vor einer Armee Mäuse⌐. Zwar wir spielen die Ratten.

GÖTZ Seht nach den Torriegeln. Verrammelts inwendig mit Balken und Steinen. *Georg ab.* Wir wollen ihre Ge-   15
duld für'n Narren halten. Und ihre Tapferkeit, sollen sie mir an ihren eigenen Nägeln verkäuen. *Trompeter von außen.* Aha! ein rotröckiger Schurke, der uns die Frage vorlegen wird, ob wir Hundsfütter sein wollen. *Er geht ans Fenster.* Was solls?   20

Man hört in der Ferne reden.

GÖTZ *in seinen Bart:* Einen Strick um deinen Hals.

Trompeter redet fort.

GÖTZ Beleidiger der Majestät! Die Aufforderung hat ein Pfaff gemacht.   25

Trompeter endet.

GÖTZ *antwortet:* Mich ergeben! Auf Gnad und Ungnad! Mit wem redet Ihr! Bin ich ein Räuber! Sag deinem Hauptmann: Vor Ihro Kaiserliche Majestät, hab ich, wie immer schuldigen Respekt. Er aber, sags ihm, ⌐er kann   30
mich im Arsch lecken⌐. *schmeißt das Fenster zu.*

⌜Belagerung⌝. Küche

Elisabeth. Götz zu ihr.

GÖTZ Du hast viel Arbeit arme Frau.

ELISABETH Ich wollt ich hätte sie lang. Wir werden
5 schwerlich lang aushalten können.

GÖTZ Wir hatten nicht Zeit uns zu versehen*.

ELISABETH Und die vielen Leute die Ihr zeither gespeist
habt. Mit dem Wein sind wir auch schon auf der Neige.

GÖTZ Wenn wir nur auf einen gewissen Punkt halten*, daß
10 sie Kapitulation vorschlagen. Wir tun ihnen brav* Ab-
bruch. Sie schießen den ganzen Tag und verwunden unsere Mauern und knicken unsere Scheiben. Lerse ist ein
braver Kerl, er schleicht mit seiner Büchse herum, wo
sich einer zu nahe wagt blaff liegt er.

15 KNECHT Kohlen gnädige Frau.

GÖTZ Was gibts.

KNECHT Die Kugeln sind all, wir wollen neue gießen.

GÖTZ Wie stehts Pulver.

KNECHT So ziemlich. Wir sparen unsere Schüsse wohl aus.

20 Saal

Lerse mit einer Kugelform. Knecht mit Kohlen.

LERSE Stell sie daher, und seht wo ihr im Haus ⌜Blei⌝ kriegt.
Inzwischen will ich hier zugreifen. *hebt ein Fenster aus
und schlägt die Scheiben ein.* Alle Vorteile gelten. – So
25 gehts in der Welt, weiß kein Mensch was aus den Dingen
werden kann. Der Glaser der die Scheiben faßte, dachte
gewiß nicht daß das Blei einem seiner Urenkel garstiges
Kopfweh machen könnte, und da mich mein Vater
machte, dachte er nicht welcher Vogel unter dem Him-
30 mel, welcher Wurm auf der Erde mich fressen mögte.
Georg kommt mit einer Dachrinne.

---

mit Vorräten
auszustatten

bis zu einem
bestimmten
Punkt
aushalten

tüchtig

GEORG Da hast du Blei. Wenn du nur mit der Hälfte triffst, ⌜so entgeht keiner der Ihro Majestät ansagen kann:⌝ Herr ⌜wir haben uns prostituiert⌝.

LERSE *haut davon:* Ein brav Stück.

GEORG Der Regen mag sich einen andern Weg suchen, ich 5
bin nicht bang davor, ein braver Reuter und ein rechter Regen mangeln nie eines Pfads.

LERSE *er gießt:* Halt den Löffel *Er geht ans Fenster.* Da
zieht so ein Reichsmusje* mit der Büchse herum, sie denken wir haben uns verschossen. Er soll die Kugel ver- 10
suchen warm, wie sie aus der Pfanne kommt. *Er lädt.*

GEORG *lehnt den Löffel an:* Laß mich sehn.

LERSE *schießt:* Da liegt der Spatz.

GEORG Der schoß vorhin nach mir, *Sie gießen.* wie ich zum Dachfenster hinaus stieg, und die Rinne holen wollte. Er 15
traf eine Taube die nicht weit von mir saß, sie stürzt in die Rinne, ich dankt ihm für den Braten und stieg mit der doppelten Beute wieder herein.

LERSE Nun wollen wir wohl laden, und im ganzen Schloß herum gehen, unser Mittagessen verdienen. 20
Götz kommt.

GÖTZ Bleib Lerse. Ich hab mit dir zu reden! Dich Georg will ich nicht von der Jagd abhalten.
Georg ab.

GÖTZ Sie entbieten mir einen Vertrag. 25

LERSE Ich will zu ihnen hinaus, und hören was es soll.

GÖTZ Es wird sein: ich soll mich auf Bedingungen in ritterlich Gefängnis* stellen.

LERSE Das ist nichts. Wie wärs, wenn sie uns freien Abzug eingestünden, da Ihr doch von Sickingen keinen Ent- 30
satz* erwartet. Wir vergrüben Geld und Silber, wo sie's mit keinen Wünschelruten finden sollten, überließen ihnen das Schloß, und kämen mit Manier* davon.

GÖTZ Sie lassen uns nicht.

LERSE Es kommt auf eine Prob an. Wir wollen um sicher 35
Geleit rufen, und ich will hinaus. *Ab.*

Reichsmon-
sieur

Eine einem
Ritter ange-
messene
Gefangen-
schaft

Ersatz, Hilfe

Anstand

Götz von Berlichingen

Saal

Götz. Elisabeth. Georg. Knechte. Bei Tisch.

GÖTZ So bringt uns die Gefahr zusammen. Laßts euch
schmecken meine Freunde! Vergeßt das trinken nicht.
5 Die Flasche ist leer. Noch eine, liebe Frau.
Elisabeth zückt die Achsel.

GÖTZ Ist keine mehr da?

ELISABETH *leise:* Noch eine, ich hab sie für dich bei Seit
gesetzt.

10 GÖTZ Nicht doch Liebe! Gib sie heraus. Sie brauchen Stärkung, nicht ich, es ist ja meine Sache*.   Streitfall

ELISABETH Holt sie draußen im Schrank!

GÖTZ Es ist die letzte. Und mir ist's als ob wir nicht zu
sparen Ursach hätten. Ich bin lang nicht so vergnügt
15 gewesen. *Er schenkt ein.* Es lebe der Kaiser!

ALLE Er lebe.

GÖTZ Das soll unser vorletztes Wort sein, wenn wir sterben. Ich lieb ihn, denn wir haben einerlei Schicksal. Und
ich bin noch glücklicher als er. Er muß den Reichsstän-
20 den die Mäuse fangen, inzwischen die Ratten seine Besitztümer annagen. Ich weiß er wünscht sich manchmal
lieber tot, als länger die Seele eines so krüpplichen Kör-
pers zu sein. *schenkt ein.* Es geht just noch einmal herum. Und wenn unser Blut anfängt auf die Neige zu ge-
25 hen, wie der Wein in dieser Flasche erst schwach, dann
tropfenweise rinnt. *Er tröpfelt das letzte in sein Glas.*
Was soll unser letztes Wort sein?

GEORG Es lebe die Freiheit!

GÖTZ Es lebe die Freiheit!

30 ALLE Es lebe die Freiheit!

GÖTZ Und wenn die uns überlebt können wir ruhig sterben. Denn wir sehen im Geist unsere Enkel glücklich,
und die Kaiser unsrer Enkel glücklich. Wenn die Diener
der Fürsten so edel und frei dienen wie ihr mir, wenn die
35 Fürsten dem Kaiser dienen wie ich ihm dienen mögte.

GEORG Da müßts viel anders werden.

GÖTZ So viel nicht als es scheinen mögte. Hab ich nicht
unter den Fürsten treffliche Menschen gekannt, und
sollte das Geschlecht ausgestorben sein! Gute Menschen, die in sich und ihren Untertanen glücklich waren. 5
Die einen edlen freien Nachbar neben sich leiden konnten, und ihn weder fürchteten noch beneideten. Denen
das Herz aufging, wenn sie viel ihres Gleichen bei sich zu
Tisch sahen, und nicht erst die Ritter zu Hofschranzen*
umzuschaffen brauchten um mit ihnen zu leben. 10

GEORG Habt Ihr solche Herrn gekannt?

GÖTZ Wohl. Ich erinnere mich zeitlebens, wie der Land-
graf von Hanau eine Jagd gab, und die Fürsten und
Herrn die zugegen waren unter freiem Himmel speisten,
und das Landvolk all herbei lief sie zu sehen. Das war 15
keine Maskerade die er sich selbst zu Ehren angestellt
hatte. Aber die vollen runden Köpfe der Burschen und
Mädels die roten Backen alle, und die wohlhäbigen*
Männer und stattlichen Greise, und alles fröhliche Gesichter, und wie sie Teil nahmen an der Herrlichkeit ih- 20
res Herrn, der auf Gottes Boden unter ihnen sich ergötz-
te.

GEORG Das war ein Herr, vollkommen wie Ihr.

GÖTZ Sollten wir nicht hoffen, daß mehr solcher Fürsten
auf einmal herrschen können, und Verehrung des Kai- 25
sers, Fried und Freundschaft der Nachbarn, und der Untertanen Lieb, der kostbarste Familien Schatz sein wird
der auf Enkel und Urenkel erbt*. Jeder würde das Seinige
erhalten und in sich selbst vermehren, statt daß sie jetzo
nicht zuzunehmen glauben, wenn sie nicht andere ver- 30
derben.

GEORG Würden wir hernach auch reiten?

GÖTZ Wollte Gott es gäbe keine unruhige Köpfe in ganz
Deutschland, wir würden deswegen noch zu tun genug
finden. Wir wollten die Gebürge von Wölfen säubern, 35

kriecherischen
Höflingen

wohlha-
benden

sich vererbt

88

wollten unserm ruhig ackernden Nachbar einen Braten
aus dem Wald holen, und dafür die Suppe mit ihm essen.
Wär uns das nicht genug, wir wollten uns mit unsern
Brüdern gleich ⌜Cherubs mit flammenden Schwertern⌝,
vor die Grenzen des Reichs gegen die Wölfe die Türken,
gegen die Füchse die Franzosen lagern, und zugleich unsers teuern Kaisers sehr ausgesetzte Länder* und die
Ruhe des Ganzen beschützen. Das wäre ein Leben Georg! wenn man seine Haut vor die allgemeine Glückseligkeit setzte.

V. a. Österreich und Ungarn

Georg springt auf.

GÖTZ Wo willst du hin?

GEORG Ach ich vergaß daß wir eingesperrt sind. – Und der
Kaiser hat uns eingesperrt – und unsere Haut davon zu
bringen, setzen wir unsere Haut dran!

GÖTZ Sei gutes Muts.

Lerse kommt.

LERSE Freiheit! Freiheit! Das sind schlechte Menschen, un-
schlüssige bedächtige Esel. Ihr sollt abziehen, mit Ge-
wehr*, Pferden und Rüstung. Proviant sollt ihr dahinten
lassen.

Waffen

GÖTZ Sie werden sich kein Zahnweh dran kauen.

LERSE *heimlich:* Habt Ihr das Silber versteckt?

GÖTZ Nein! Frau geh mit Franzen er hat dir was zu sagen.

Schloßhof

GEORG *im Stall singt:*
> Es fing ein Knab ein Vögelein.
> Hm! Hm!
> Da lacht er in den Käfig 'nein
> Hm! Hm!
> So! So!
> Hm! Hm!

$$\begin{aligned}
&\text{Der freut sich traun}^* \text{ so läppisch} \\
&\qquad\text{Hm! Hm!} \\
&\text{Und griff hinein so täppisch,} \\
&\qquad\text{Hm! Hm!} \\
&\qquad\qquad\text{So! So!} \\
&\qquad\text{Hm! Hm!} \\
&\text{Da flog das Meislein auf ein Haus} \\
&\qquad\text{Hm! Hm!} \\
&\text{Und lacht den dummen Buben aus} \\
&\qquad\text{Hm! Hm!} \\
&\qquad\qquad\text{So! So!} \\
&\qquad\text{Hm! Hm.}
\end{aligned}$$

GÖTZ Wie stehts?

GEORG *führt sein Pferd heraus:* Sie sind gesattelt.

GÖTZ Du bist fix.

GEORG Wie der Vogel aus dem Käfig.

Alle die Belagerte.

GÖTZ Ihr habt eure Büchsen. Nicht doch! Geht hinauf und nehmt die besten aus dem Rüstschrank, es geht in einem hin. Wir wollen voraus reiten.

GEORG   Hm! Hm!

So! So!

Hm! Hm! *Ab.*

Saal

Zwei Knechte am Rüstschrank.

ERSTER KNECHT Ich nehm' die.

ZWEITER KNECHT Ich die. Da ist noch eine schönere.

ERSTER KNECHT Nicht doch. Mach daß du fort kommst.

ZWEITER KNECHT Horch!

ERSTER KNECHT *springt ans Fenster:* Hilf heiliger Gott! sie ermorden unsern Herrn. Er liegt vom Pferd! Georg stürzt!

ZWEITER KNECHT Wo retten wir uns! An der Mauer den
Nußbaum hinunter ins Feld. *Ab.*
ERSTER KNECHT Franz hält sich noch, ich will zu ihm.
Wenn sie sterben mag ich nicht leben. *Ab.*

Vierter Akt

Wirtshaus zu ⌈Heilbronn⌉

Götz.

GÖTZ Ich komme mir vor wie der ⌈böse Geist, den der
Kapuziner in einen Sack beschwur⌉. Ich arbeite mich ab   5
und fruchte mir nichts. Die Meineidigen!
Elisabeth kommt.

GÖTZ Was für Nachrichten Elisabeth von meinen lieben
Getreuen.

ELISABETH Nichts gewisses. Einige sind erstochen, einige   10
Turm liegen im Turn*. Es konnte oder wollte niemand mir sie
näher bezeichnen.

GÖTZ ⌈Ist das Belohnung der Treue! Der kindlichsten Ergebenheit? – Auf daß dir's wohl gehe, und du lang lebest
auf Erden!⌉   15

ELISABETH Lieber Mann, schilt unsern himmlischen Vater
nicht. Sie haben ihren Lohn, er ward mit ihnen geboren,
ein freies edles Herz. Laß sie gefangen sein, sie sind frei!
Abge- Gib auf die deputierten Räte* acht, die großen goldnen
ordneten (des Ketten stehn ihnen zu Gesicht. –   20
Kaisers)

GÖTZ ⌈Wie dem Schwein das Halsband.⌉ Ich mögte Geor-
in Fesseln gen und Franzen geschlossen* sehn!

ELISABETH Es wäre ein Anblick um Engel weinen zu machen.

GÖTZ Ich wollt nicht weinen. Ich wollte die Zähne zusam- 25
men beißen, und an meinem Grimm kauen. In Ketten
meine Augäpfel! Ihr lieben Jungen hättet ihr mich nicht
geliebt! – Ich würde mich nicht satt an ihnen sehen können. – Im Namen des Kaisers ihr Wort nicht zu halten!

ELISABETH Entschlagt Euch dieser Gedanken. Bedenkt   30
daß Ihr vor den Räten erscheinen sollt. Ihr seid nicht
gelaunt, gestellt* ihnen wohl zu begegnen, und ich fürchte alles.
gestimmt

GÖTZ Was wollen sie mir anhaben?

ELISABETH Der Gerichtsbote!

GÖTZ Esel der Gerechtigkeit! Schleppt ihre Säcke zur
Mühle, und ihren Kehrig* aufs Feld. Was gibts?   Kehricht

5 *Gerichtsdiener kommt.*

GERICHTSDIENER Die Herrn Commissarii sind auf dem
Rathause versammlet, und schicken nach Euch.

GÖTZ Ich komme.

GERICHTSDIENER Ich werde Euch bekleiden.

10 GÖTZ Viel Ehre.

ELISABETH Mäßigt Euch.

GÖTZ Sei außer Sorgen. *Ab.*

Rathaus

Kaiserliche Räte. Hauptmann. Ratsherrn von Heilbronn.

15 RATSHERR Wir haben auf Euern Befehl die stärksten und
tapfersten Bürger versammlet, sie warten hier in der
Nähe auf Euern Wink um sich Berlichingens zu bemei-
stern.

ERSTER RAT Wir werden Ihro Kaiserliche Majestät Eure

20 Bereitwilligkeit Ihrem hohen Befehl zu gehorchen, mit
vielem Vergnügen zu rühmen wissen. – Es sind Hand-
werker?

RATSHERR Schmiede, Weinschröter*, Zimmerleute, Män-   Weinfuhrleute
ner mit geübten Fäusten und hier wohl beschlagen*. *Auf*   gut gewapp-

25 *die Brust deutend.*   net

RAT Wohl.

Gerichtsdiener kommt.

GERICHTSDIENER Götz von Berlichingen wartet vor der
Tür.

30 RAT Laßt ihn herein.

Götz kommt.

GÖTZ Gott grüß euch ihr Herrn, was wollt ihr mit mir?

RAT Zuerst daß Ihr bedenkt: wo Ihr seid? und vor wem?

GÖTZ Bei meinem Eid, ich verkenn euch nicht meine Herrn.

RAT Ihr tut Eure Schuldigkeit.

GÖTZ Von ganzem Herzen. 5

RAT Setzt Euch.

GÖTZ Da unten hin! Ich kann stehn. Das Stühlgen riecht so nach armen Sündern*, wie überhaupt die ganze Stube.

zum Tode verurteilten Verbrechern

RAT So steht!

GÖTZ Zur Sache wenn's gefällig ist. 10

RAT Wir werden in der Ordnung verfahren.

GÖTZ Bin's wohl zufrieden, wollt es wär von jeher geschehen.

RAT Ihr wißt wie Ihr auf Gnad und Ungnad in unsere Hände kamt. 15

GÖTZ Was gebt Ihr mir? wenn ich's vergesse.

RAT Wenn ich Euch Bescheidenheit geben könnte, würd ich Eure Sache gut machen.

GÖTZ Gut machen! Wenn Ihr das könntet! Darzu gehört freilich mehr als zum verderben. 20

SCHREIBER Soll ich das all protokollieren.

RAT Was zur Handlung gehört.

GÖTZ Meintwegen dürft Ihr's drucken lassen.

RAT Ihr wart in der Gewalt des Kaisers, dessen väterliche Gnade an den Platz der Majestätischen Gerechtigkeit 25 trat, Euch anstatt eines Kerkers Heilbronn eine seiner geliebten Städte zum Aufenthalt anwies. Ihr verspracht mit einem Eid Euch wie es einem Ritter geziemt zu stellen, und das weitere demütig zu erwarten.

GÖTZ Wohl, und ich bin hier und warte. 30

RAT Und wir sind hier Euch Ihro Kaiserlichen Majestät Gnade und Huld zu verkündigen. Sie verzeiht Euch Eure Übertretungen, spricht Euch von der Acht und aller wohlverdienten Strafe los, welches Ihr mit untertänigem Dank erkennen, und dagegen die Urfehde abschwören* 35 werdet, welche Euch hiermit vorgelesen werden soll.

Götz' Schwur soll dem Wortlaut des ihm vorgelegten Textes folgen.

GÖTZ Ich bin Ihro Majestät treuer Knecht wie immer. Noch ein Wort eh Ihr weiter geht. Meine Leute, wo sind die? Was soll mit ihnen werden?

RAT Das geht Euch nichts an.

5 GÖTZ So wende der Kaiser sein Angesicht von euch wenn ihr in Not steckt. Sie waren meine Gesellen, und sind's. Wo habt ihr sie hingebracht?

RAT Wir sind Euch davon keine Rechnung* schuldig.   Rechenschaft

GÖTZ Ah! Ich dachte nicht, daß ihr nicht einmal zu dem
10 verbunden seid was ihr versprecht, geschweige –

RAT Unsere Kommission ist Euch die Urfehde vorzulegen. Unterwerft Euch dem Kaiser, und Ihr werdet einen Weg finden um Eurer Gesellen Leben und Freiheit zu flehen.

GÖTZ Euern Zettel!

15 RAT Schreiber lest.

SCHREIBER Ich Götz von Berlichingen bekenne öffentlich durch diesen Brief*. Daß da ich mich neulich gegen Kai-   Urkunde ser und Reich rebellischer Weise aufgelehnt –

GÖTZ Das ist nicht wahr. Ich bin kein Rebell, habe gegen
20 Ihro Kaiserliche Majestät nichts verbrochen, und das Reich* geht mich nichts an.   hier: die Reichsstände

RAT Mäßigt Euch und hört weiter.

GÖTZ Ich will nichts weiter hören. Tret einer auf, und zeug! Hab ich wider den Kaiser, wider das Haus Öster-
25 reich nur einen Schritt getan! Hab ich nicht von jeher durch alle Handlungen gewiesen, daß ich besser als ei- ner fühle was Deutschland seinem Regenten schuldig ist, und besonders was die Kleinen, die Ritter und Freien ihrem Kaiser schuldig sind. Ich müßte ein Schurke sein
30 wenn ich mich könnte überreden lassen das zu unter- schreiben.   genau bestimmten Befehl

RAT Und doch haben wir gemessene Ordre* Euch in der Güte zu überreden, oder im Entstehungs-Fall* Euch in   Weigerungs- den Turn zu werfen.   fall

35 GÖTZ In Turn! Mich!

RAT Und daselbst könnt Ihr Euer Schicksal von der Gerechtigkeit erwarten, wenn Ihr es nicht aus den Händen der Gnade empfangen wollt.

GÖTZ In Turn! Ihr mißbraucht die Kaiserliche Gewalt. In Turn! Das ist sein Befehl nicht. Was! mir erst, die Verräter! eine Falle stellen, und ihren Eid, ihr ritterlich Wort zum Speck drin aufzuhängen! Mir dann ritterlich Gefängnis zuzusagen, und die Zusage wieder brechen.

RAT Einem Räuber sind wir keine Treue schuldig.

GÖTZ Trügst du nicht das Ebenbild des Kaisers, das ich in dem gesudeltsten Konterfei* verehre, du solltest mir den Räuber fressen oder dran erwürgen.* Ich bin in einer ehrlichen* Fehd begriffen. Du könntest Gott danken und dich vor der Welt groß machen, wenn du in deinem Leben eine so edle Tat getan hättest, wie die ist, um welcher willen ich gefangen sitze.

Rat winkt dem Ratsherrn, der zieht die Schelle.

GÖTZ Nicht um des leidigen Gewinsts willen, um Land und Leute unbewehrten* Kleinen wegzukapern* bin ich ausgezogen. Meinen Jungen zu befreien, und mich meiner Haut zu wehren! seht ihr was unrechtes dran? Kaiser und Reich hätten unsere Not nicht in ihrem Kopfküssen gefühlt. Ich habe Gott sei Dank noch eine Hand, und habe wohl getan sie zu brauchen.

Bürger treten herein, Stangen in der Hand, Wehren an der Seite.*

GÖTZ Was soll das!

RAT Ihr wollt nicht hören. Fangt ihn.

GÖTZ Ist das die Meinung*! Wer kein Ungrischer Ochs ist, komm mir nicht zu nah. Er soll von dieser meiner rechten eisernen Hand eine solche Ohrfeige kriegen, die ihm Kopfweh, Zahnweh und alles Weh der Erden aus dem Grund kurieren soll. *Sie machen sich an ihn, er schlägt den einen zu Boden und reißt einem andern die Wehr von der Seite, sie weichen.* Kommt! Kommt! Es wäre mir angenehm den tapfersten unter euch kennen zu lernen.

Bildnis

die Bezeichnung »Räuber« zurücknehmen oder an dem Wort ersticken

»Ehrlich«, weil er die Fehde unter Angabe von Gründen angekündigt hat

unbewaffneten

wegzuschnappen

Schwerter

Absicht, Hintergedanke

RAT Gebt Euch.

GÖTZ Mit dem Schwert in der Hand! Wißt Ihr daß es jetzt
nur an mir läge mich durch alle diese Hasenjäger durch-
zuschlagen, und das weite Feld zu gewinnen. Aber ich
5   will Euch lehren wie man Wort hält. Versprecht mir ritterlich Gefängnis, und ich gebe mein Schwert weg und
bin wie vorher Euer Gefangener.

RAT Mit dem Schwert in der Hand, wollt Ihr mit dem Kaiser rechten?

10   GÖTZ Behüte Gott! Nur mit Euch und Eurer edlen Com-
pagnie*. Ihr könnt nach Haus gehn, gute Leute. Vor die
Versäumnis* kriegt ihr nichts, und zu holen ist hier
nichts als Beulen.

RAT Greift ihn. Gibt euch eure Liebe zu eurem Kaiser nicht
15   mehr Mut?

GÖTZ Nicht mehr als ihnen der Kaiser Pflaster gibt die
Wunden zu heilen, die sich ihr Mut holen könnte.
Gerichtsdiener kommt.

GERICHTSDIENER Eben ruft der Türner: es zieht ein Trupp
20   von mehr als zweihunderten nach der Stadt zu. Unversehens sind sie hinter der Weinhöhe hervorgedrungen, und
drohen unsern Mauern.

RATSHERR Weh uns was ist das?
Wache kommt.

25   WACHE Franz von Sickingen hält vor dem Schlag*, und
läßt Euch sagen: er habe gehört wie unwürdig man an
seinem Schwager bundbrüchig geworden seie, wie die
Herrn von Heilbronn allen Vorschub täten. Er verlange
Rechenschaft, sonst wolle er binnen einer Stunde die
30   Stadt an vier Ecken anzünden, und sie der Plünderung
Preis geben.

GÖTZ Braver Schwager!

RAT Tretet ab, Götz. – Was ist zu tun?

RATSHERR Habt Mitleiden mit uns und unserer Bürger-
35   schaft, Sickingen ist unbändig in seinem Zorn, er ist
Mann es zu halten.

Begleitung

Für die verlo-
rene Arbeits-
zeit

Stadttor bzw.
Schlagbaum,
der den
Zugang zur
Stadt versperrt

RAT Sollen wir uns und dem Kaiser die Gerechtsame ver-
geben*.

HAUPTMANN Wenn wir nur Leute hätten sie zu halten. So
aber könnten wir umkommen, und die Sache wär nur
desto schlimmer. Wir gewinnen im Nachgeben. 5

RATSHERR Wir wollen Götzen ansprechen für uns ein gut
Wort einzulegen. Mir ist's als wenn ich die Stadt schon
in Flammen sähe.

RAT Laßt Götz herein.

GÖTZ Was soll's? 10

RAT Du würdest wohl tun, deinen Schwager von seinem
rebellischen Vorhaben abzumahnen. Anstatt dich vom
Verderben zu retten, stürzt er dich tiefer hinein indem er
sich zu deinem Falle gesellt.

GÖTZ *sieht Elisabeth an der Tür, heimlich zu ihr:* Geh hin! 15
Sag ihm: er soll unverzüglich herein brechen, soll hierher
kommen, nur der Stadt kein leids tun. Wenn sich die
Schurken hier widersetzen, soll er Gewalt brauchen. Es
liegt mir nichts dran umzukommen, wenn sie nur all mit
erstochen werden. 20

Ein großer Saal auf dem Rathaus

*Sickingen. Götz. Das ganze Rathaus ist mit Sickingens
Reutern besetzt.*

GÖTZ Das war Hülfe vom Himmel. Wie kommst du so
erwünscht und unvermutet, Schwager. 25

SICKINGEN Ohne Zauberei. Ich hatte zwei drei Boten
ausgeschickt zu hören wie dirs ging. Auf die Nachricht
von ihrem Meineid macht ich mich auf die Wege. Nun
haben wir die Kerls.

GÖTZ Ich verlange nichts als ritterliche Haft. 30

SICKINGEN Du bist zu ehrlich. Dich nicht einmal des Vorteils zu bedienen, den der Rechtschaffene über den

Meineidigen hat. Sie sitzen im Unrecht, und wir wollen
ihnen keine Küssen* unterlegen. Sie haben die Befehle
des Kaisers schändlich mißbraucht. Und wie ich Ihro
Majestät kenne, darfst du sicher auf mehr dringen. Es ist
5   zu wenig.

GÖTZ Ich bin von jeher mit wenigem zufrieden gewesen.

SICKINGEN Und bist von jeher zu kurz kommen. Meine
Meinung ist: sie sollen deine Knechte aus dem Gefängnis, und dich zusamt ihnen auf deinen Eid nach deiner
10   Burg ziehen lassen. Du magst versprechen nicht aus deiner Terminei* zu gehen, und wirst immer besser sein als
hier.

GÖTZ Sie werden sagen: Meine Güter sein dem Kaiser
heimgefallen.

15   SICKINGEN So sagen wir: Du wolltest zur Miete drin wohnen bis sie dir der Kaiser wieder zu Lehn gäbe. Laß sie
sich wenden wie Äle in der Reuse*, sie sollen uns nicht
entschlüpfen. Sie werden von Kaiserlicher Majestät reden, von ihrem Auftrag. Das kann uns einerlei sein. Ich
20   kenn den Kaiser auch und gelte was bei ihm. Er hat von
jeher gewünscht dich unter seiner Armee zu haben. Du
wirst nicht lang auf deinem Schloß sitzen, so wirst du
aufgerufen werden.

GÖTZ Wollte Gott bald, eh ich's fechten verlerne.

25   SICKINGEN Der Mut verlernt sich nicht, wie er sich nicht
lernt. Sorge vor nichts, wenn deine Sachen in der Ordnung sind geh ich an Hof, denn meine ⌜Unternehmung⌝
fängt an reif zu werden. Günstige Aspekten* deuten mir,
brich auf! Es ist mir nichts übrig als die Gesinnung des
30   Kaisers zu sondieren*. Trier und Pfalz* vermuten eher
des Himmels Einfall, als daß ich ihnen übern Kopf kommen werde. Und ich will kommen wie ein Hagelwetter!
Und wenn wir unser Schicksal machen können, so sollst
du bald der Schwager eines Kurfürsten sein. Ich hoffte
35   auf deine Faust bei dieser Unternehmung.

Kissen

Grenzen deines grundherrlichen Besitzes

Fischernetz mit enger Öffnung

Günstige Sternkonstellation erforschen

das Gebiet des Pfalzgrafen

GÖTZ *besieht seine Hand:* O! das deutete der Traum den ich hatte, als ich Tags drauf Marien an Weislingen versprach. Er sagte mir Treu zu, und hielt meine rechte Hand so fest daß sie aus den Armschienen ging, wie abgebrochen. Ach! Ich bin in diesem Augenblick wehr- 5 loser als ich war da sie mir abgeschossen wurde. Weisling! Weisling!

SICKINGEN Vergiß einen Verräter. Wir wollen seine Anschläge vernichten, sein Ansehn untergraben, und Gewissen und Schande sollen ihn zu tod fressen. Ich seh, 10 ich seh im Geiste meine Feinde, deine Feinde niedergestürzt. Götz nur noch ein halb Jahr!

GÖTZ Deine Seele fliegt hoch. Ich weiß nicht, seit einiger Zeit wollen sich in der Meinigen keine fröhliche Aussichten eröffnen – Ich war schon mehr in Unglück, 15 schon einmal gefangen, und so wie mir's jetzt ist war mir's niemals.

Räten
das, was von
Berlichingen
zu tun sei,
diktiert

SICKINGEN Glück macht Mut. Kommt zu denen Perükken*, sie haben lang genug den Vortrag* gehabt, laß uns einmal die Müh übernehmen. *Ab.* 20

⌜Adelheidens Schloß⌝

Adelheid. Weislingen.

ADELHEID Das ist verhaßt.

WEISLINGEN Ich hab die Zähne zusammen gebissen. Ein so schöner Anschlag, so glücklich vollführt, und am Ende 25 ihn auf sein Schloß zu lassen! Der verdammte Sickingen.

ADELHEID Sie hätten's nicht tun sollen.

WEISLINGEN Sie saßen fest. Was konnten sie machen? Sickingen drohte mit Feuer und Schwert, der hochmütige jähzornige Mann. Ich haß ihn. Sein Ansehn nimmt zu 30 wie ein Strom, der nur einmal ein Paar Bäche gefressen hat, die übrigen geben sich von selbst.

ADELHEID Hatten sie keinen Kaiser?

WEISLINGEN Liebe Frau!* Er ist nur der Schatten davon, er wird alt und mißmutig. Wie er hörte was geschehen war, und ich, nebst den übrigen ⌐Regimentsräten⌐ eiferte, sagt er: Laßt ihnen Ruh! Ich kann dem alten Götz wohl das Plätzgen gönnen, und wenn er da still ist was habt ihr über ihn zu klagen? Wir redeten vom Wohl des Staats. O! sagt er: hätt ich von jeher Räte gehabt, die meinen unruhigen Geist mehr auf das Glück einzelner Menschen gewiesen hätten.

Weislingen und Adelheid sind inzwischen verheiratet.

ADELHEID Er verliert den Geist eines Regenten.

WEISLINGEN Wir zogen auf Sickingen los. – Er ist mein treuer Diener, sagt er, hat er's nicht auf meinen Befehl getan, so tat er doch besser meinen Willen als meine Bevollmächtigte, und ich kann's gut heißen, vor oder nach.

ADELHEID Man mögte sich zerreißen.

WEISLINGEN Ich habe deswegen noch nicht alle Hoffnung aufgegeben. Er ist auf sein ritterlich Wort auf sein Schloß gelassen, sich da still zu halten. Das ist ihm unmöglich, wir wollen bald eine Ursach wider ihn haben.

ADELHEID Und desto eher, da wir hoffen können der Kaiser werde bald aus der Welt gehn, und ⌐Carl sein trefflicher Nachfolger⌐ majestätischere Gesinnungen verspricht.

WEISLINGEN Carl! Du hast eine große Idee von seinen Eigenschaften, fast sollte man denken du sähst sie mit andern Augen.

ADELHEID Du beleidigst mich Weislingen. Kennst du mich für das*?

Traust du mir das zu?

WEISLINGEN Ich sagte nichts dich zu beleidigen. Aber schweigen kann ich nicht dazu. Carls ungewöhnliche Aufmerksamkeit für dich beunruhigt mich.

ADELHEID Und mein Betragen?

WEISLINGEN Du bist ein Weib. Ihr haßt keinen der euch hofiert*.

den Hof macht

ADELHEID Aber ihr!

WEISLINGEN Es frißt mich am Herzen der fürchterliche Gedanke! Adelheid!

ADELHEID Kann ich deine Torheit kurieren.

WEISLINGEN Wenn du wolltest! Du könntest dich vom Hof 5 entfernen.

ADELHEID Sag Mittel und Art. Bist du nicht bei Hof? Soll ich dich lassen und meine Freunde um auf meinem Schloß mich mit den Uhus zu unterhalten? Nein Weislingen daraus wird nichts. Beruhige dich, du weißt wie 10 ich dich liebe.

WEISLINGEN Der heilige Anker in diesem Sturm, so lang der Strick nicht reißt. *Ab.*

ADELHEID Fängst du's so an! Das fehlte noch. Die Unternehmungen meines Busens sind zu groß, als daß du ih- 15 nen im Weg stehen solltest. Carl großer trefflicher Mensch, und Kaiser dereinst, und sollte er der einzige sein unter den Männern den der Titel meines Gemahls nicht schmeichelte. Weislingen denke nicht mich zu hin-

sterben dern, sonst mußt du in den Boden*, mein Weg geht über 20 dich hin.

Franz kommt mit einem Brief.

FRANZ Hier gnädige Frau.

ADELHEID Gab dir Carl ihn selbst?

FRANZ Ja. 25

ADELHEID Was hast du? du siehst so kummer voll.

FRANZ Es ist Euer Wille daß ich mich tot schmachten soll, in den Jahren der Hoffnung macht Ihr mich verzweifeln.

ADELHEID Er dauert mich, – und wie wenig kostets mich ihn glücklich zu machen. Sei gutes Muts Junge. Ich fühle 30 deine Lieb und Treu, und werde nie unerkenntlich sein.

FRANZ *beklemmt:* Wenn Ihr das fähig wärt, ich müßte vergehn. Mein Gott, ich habe keine andere Faser an mir, keinen Sinn als Euch zu lieben und zu tun was Euch gefällt. 35

ADELHEID Lieber Junge.

FRANZ Ihr schmeichelt mir. *in Tränen ausbrechend:* Wenn diese Ergebenheit nichts mehr verdient als andere sich vorgezogen zu sehn, als Eure Gedanken alle nach dem Carl gerichtet zu sehn.

ADELHEID Du weißt nicht was du willst, noch weniger was du redst.

FRANZ *mit Verdruß und Zorn mit dem Fuß stampfend:* Ich will auch nicht mehr. Will nicht mehr den Unterhändler abgeben.

ADELHEID Franz! Du vergißt dich.

FRANZ Mich aufzuopfern! Meinen lieben Herrn.

ADELHEID Geh mir aus dem Gesicht.

FRANZ Gnädige Frau!

ADELHEID Geh entdecke deinem lieben Herrn mein Geheimnis. Ich war die Närrin dich für was zu halten das du nicht bist.

FRANZ Liebe gnädige Frau Ihr wißt daß ich Euch liebe.

ADELHEID Und du warst mein Freund, meinem Herzen so nahe. Geh verrat mich!

FRANZ Ich wollt mir ehe das Herz aus dem Leibe reißen. Verzeiht mir gnädige Frau. Mein Herz ist zu voll, meine Sinnen haltens nicht aus.

ADELHEID Lieber warmer Junge. *Sie faßt ihn bei den Händen, zieht ihn zu sich, und ihre Küsse begegnen einander, er fällt ihr weinend an den Hals.*

ADELHEID Laß mich.

FRANZ *erstickend in Tränen an ihrem Hals:* Gott! Gott!

ADELHEID Laß mich, die Mauern sind Verräter. Laß mich. *Sie macht sich los.* Wanke nicht von deiner Lieb und Treu, und der schönste Lohn soll dir werden. *Ab.*

FRANZ Der schönste Lohn! Nur bis dahin laß mich leben! Ich wollte meinen Vater ermorden, der mir diesen Platz streitig machte.

Jaxthaussen

*Götz an einem Tisch. Elisabeth bei ihm mit der Arbeit, es
steht ein Licht auf dem Tisch und Schreibzeug.*

GÖTZ Der Müßiggang will mir gar nicht schmecken, und
meine Beschränkung wird mir von Tag zu Tag enger, ich   5
wollt ich könnt schlafen, oder mir nur einbilden die Ruh
sei was angenehmes.

vollende deine
Lebensbe-
schreibung
ELISABETH So schreib doch deine Geschichte* aus die du
angefangen hast. Gib deinen Freunden ein Zeugnis in
die Hand deine Feinde zu beschämen, verschaff einer   10
Nachwelt edlen Nachkommenschaft* die Freude dich nicht zu verkennen.

GÖTZ Ach! Schreiben ist geschäftiger Müßiggang, es
kommt mir sauer an. Indem ich schreibe was ich getan
habe, ärgere ich mich über den Verlust der Zeit in der ich   15
etwas tun könnte.

ELISABETH *nimmt die Schrift:* Sei nicht wunderlich. Du
bist eben an deiner ersten Gefangenschaft in Heilbronn.

GÖTZ Das war mir von jeher ein fataler Ort.

ELISABETH *liest:* »Da waren selbst einige von den ⌈Bündi-   20
töricht schen⌉, die zu mir sagten: ich habe törig* getan mich
meinen ärgsten Feinden zu stellen, da ich doch vermuten
konnte sie würden nicht glimpflich mit mir umgehn, da
antwortet ich:« Nun was antwortetest du? schreibe weiter.   25

GÖTZ Ich sagte: setz ich so oft meine Haut an anderer Gut
und Geld, sollt ich sie nicht an mein Wort setzen.

ELISABETH Diesen Ruf hast du.

GÖTZ Den sollen sie mir nicht nehmen! Sie haben mir alles
genommen, Gut, Freiheit –   30

ELISABETH Es fällt in die Zeiten wie ich die von Miltenberg
Zwei fiktive
Adels-
geschlechter und Singlingen* in der Wirtstube fand, die mich nicht
kannten. Da hat ich eine Freude als wenn ich einen Sohn
geboren hätte. Sie rühmten dich unter einander, und

sagten: Er ist das Muster eines Ritters, tapfer und edel in
seiner Freiheit, und gelassen und treu im Unglück.

GÖTZ Sie sollen mir einen stellen dem ich mein Wort gebrochen. Und Gott weiß, daß ich mehr geschwitzt hab
5   meinem Nächsten zu dienen als mir, daß ich um den
Namen eines tapfern und treuen Ritters gearbeitet habe,
nicht um hohe Reichtümer und Rang zu gewinnen. Und
Gott sei dank worum ich warb ist mir worden.
Lerse. Georg mit Wildbret.

10 GÖTZ Glück zu brave Jäger!

GEORG Das sind wir aus braven Reutern geworden. Aus
Stiefeln machen sich leicht Pantoffeln.

LERSE Die Jagd ist doch immer was, und eine Art von
Krieg.

15 GEORG Wenn man nur hier zu Land nicht immer mit
Reichsknechten* zu tun hätte. Wißt Ihr gnädiger Herr,   hier wohl:
wie Ihr uns prophezeiet: wenn sich die Welt umkehrte   Hasen
würden wir Jäger werden. Da sind wir's ohne das.

GÖTZ Es kommt auf eins hinaus, wir sind aus unserm Krei-
20   se geruckt.

GEORG Es sind bedenkliche Zeiten. Schon seit acht Tagen
läßt sich ein fürchterlicher Komet sehen, und ganz
Deutschland ist in Angst es bedeute den Tod des Kaisers*   Maximilian I.
der sehr krank ist.   starb 1519.

25 GÖTZ Sehr krank! Unsere Bahn geht zu Ende.

LERSE Und hier in der Nähe gibts noch schrecklichere Veränderungen. ⌈Die Bauern haben einen entsetzlichen Aufstand erregt.⌉

GÖTZ Wo?

30 LERSE Im Herzen von Schwaben. Sie sengen, brennen und
morden. Ich fürchte sie verheeren das ganze Land.

GEORG Einen fürchterlichen Krieg gibts. Es sind schon an
die hundert Ortschaften aufgestanden und täglich mehr.
Der Sturmwind neulich hat ganze Wälder ausgerissen,
35   und kurz darauf hat man in der Gegend wo der Auf-

stand begonnen zwei feurige Schwerter kreuzweis in der Luft gesehen.

GÖTZ Da leiden von meinen guten Herrn und Freunden gewiß unschuldig mit.

GEORG Schade daß wir nicht reiten dürfen. 5

Fünfter Akt

⌐Bauernkrieg⌐. Tumult in einem Dorf
und Plünderung

Weiber und Alte mit Kindern und Gepäcke, Flucht.

5 ALTER Fort, fort, daß wir den Mordhunden entgehen.

WEIB Heiliger Gott, wie blutrot der Himmel ist, die unter-
gehende Sonne blutrot.

MUTTER Das bedeut Feuer.

WEIB Mein Mann! Mein Mann!

10 ALTER Fort! fort! in Wald. *ziehen vorbei.*

Link, Anführer.

LINK Was sich widersetzt niedergestochen. Das Dorf ist
unser. Daß von Früchten nichts umkommt*, nichts zu-   hier: verdirbt
rück bleibt. Plündert rein aus und schnell. Wir zünden

15 gleich an.

Metzler, vom Hügel herunter gelaufen.

METZLER Wie gehts Euch Link?

LINK Drunter und drüber siehst du, du kommst zum Kehr-   Ende;
aus*. Woher?   ursprünglich:
                                                         der letzte Tanz
20 METZLER Von ⌐Weinsperg⌐. Da war ein Fest.   am Ende eines
                                                         Festes
LINK Wie?

METZLER Wir haben sie zusammen gestochen, daß eine
Lust war.

LINK Wen alles?

25 METZLER ⌐Ditrich von Weiler⌐ tanzte vor. Der Fratz! Wir
waren mit hellem wütigem Hauf* herum, und er oben   mit der
auf'm Kirchturn wollt gütlich mit uns handeln. Plaff!   geschlossenen
Schoß ihm einer vorn Kopf. Wir hinauf wie Wetter* und   Hauptmacht
zum Fenster herunter mit dem Kerl.   Blitz

30 LINK Ah!   sich träge
                                                         dahin-
METZLER *zu den Bauern:* Ihr Hund soll ich euch Bein ma-   schleppen,
chen, wie sie haudern* und trenteln* die Esel.   zaudern

                                                         trödeln

LINK Brennt an! sie mögen drinnen braten. Fort! Fahrt zu ihr Schlingel.

METZLER ⌐Darnach führten wir heraus den Helfenstein, den Eltershofen, an die dreizehn von Adel, zusammen auf achtzig. Herausgeführt auf die Ebne gegen Heilbronn.⌐ Das war ein Jubilierens und ein Tumultuierens von unsrigen wie die lange Reih arme reiche Sünder daher zog, einander ansturten*, und die Erd und Himmel. Umringt waren sie ehe sie sichs versahen, und all mit Spießen niedergestochen.

anstarrten

LINK Daß ich nicht dabei war!

METZLER Hab mein Tag so kein Gaudium gehabt.

LINK Fahrt zu! Heraus!

BAUER Alles ist leer.

LINK So brennt an allen Ecken.

METZLER Wird ein hübsch Feuergen geben. Siehst du wie die Kerls übereinander purzelten und quickten wie die Frösch! Es lief mir so warm übers Herz wie ein Glas Branntewein. Da war ein ⌐Rixinger⌐, wenn der Kerl sonst auf die Jagd ritt, mit dem Federbusch und weiten Naslöchern*, und uns vor sich hertrieb mit den Hunden und wie die Hunde. Ich hatt ihn die Zeit nicht gesehen, sein Fratzengesicht fiel mir recht auf. Hasch! den Spieß dem Kerl zwischen die Rippen, da lag er, streckt alle Vier über seine Gesellen. Wie die Hasen beim Treibjagen zuckten die Kerls über einander.

Für Goethe Zeichen der Arroganz, Hochnäsigkeit

LINK Raucht schon brav.

METZLER Dort hinten brennts. Laß uns mit der Beute gelassen zu dem großen Haufen ziehen.

LINK Wo hält er?

erwägen

METZLER Von Heilbronn hierher zu. Sie deliberieren* einen zum Hauptmann, vor dem das Volk all Respect hätt. Denn wir sind doch nur ihres gleichen, das fühlen sie und werden schwürig*.

aufsässig, aufrührerisch

LINK Wen meinen sie?

METZLER Max Stumpf oder Götz von Berlichingen.

LINK Das wär gut gäb auch der Sache einen Schein*,   Anschein,
wenn's der Götz tät, er ist immer für einen rechtschaff-   Anstrich
nen Ritter passiert*. Auf! Auf! wir ziehen nach Heil-   gegolten
5 bronn zu! rufts herum.

METZLER Das Feuer leucht uns noch eine gute Strecke.
Hast du den ⌐großen Kometen⌐ gesehen?

LINK Ja. Das ist ein grausam erschrecklich Zeichen. Wenn
wir die Nacht durchziehen können wir'n recht sehn. Er
10 geht gegen Eins auf.

METZLER Und bleibt nur fünfviertel Stunden. Wie ein gebogner Arm mit einem Schwert sieht er aus, so blut gelb
rot.

LINK Hast du die drei Stern gesehen an des Schwerts Spitze
15 und Seite?

METZLER Und der breite wolkenfärbige Streif, mit tausend
und tausend Striemen wie Spieß, und dazwischen wie
kleine Schwerter.

LINK Mir hats gegraust. Wie das alles so bleichrot, und
20 darunter viel feurige helle Flammen und dazwischen die
grausame Gesichter mit rauchen* Häuptern und Bärten.   rauen

METZLER Hast du die auch gesehen. Und das zwitsert* al-   flimmert
les so durcheinander, als läg's in einem blutigen Meere
und arbeitet durcheinander, daß einem die Sinne ver-
25 gehn.

LINK Auf! Auf! *Ab.*

Feld, man sieht in der Ferne zwei Dörfer brennen und ein
Kloster

Kohl. Wild, Anführer. Max Stumpf. Haufen.

30 MAX STUMPF Ihr könnt nicht verlangen, daß ich euer
Hauptmann sein soll. Für mich und euch wärs nichts
nütze. ⌐Ich bin Pfalzgräfischer Diener⌐, wie sollt ich ge-

gen meinen Herrn führen. Würdet immer wähnen ich
tät nicht von Herzen.

KOHL Wußten wohl du würdest Entschuldigung finden.

Götz. Lerse. Georg kommen.

GÖTZ Was wollt ihr mit mir?   5

KOHL Ihr sollt unser Hauptmann sein.

GÖTZ Soll ich ⌐mein ritterlich Wort dem Kaiser brechen,
und aus meinem Bann gehen.⌐

WILD Das ist keine Entschuldigung.

GÖTZ Und wenn ich ganz frei wäre, und ihr ⌐wollt handeln   10
wie bei Weinsperg⌐ an den Edlen und Herrn, und so fort
hausen wie rings herum das Land brennet und blutet,
und ich sollt euch behülflich sein zu eurem schändlichen
rasenden Wesen, eher sollt ihr mich tot schlagen wie
einen wütigen Hund, als daß ich euer Haupt würde.   15

KOHL Wäre das nicht geschehen es geschähe vielleicht
nimmermehr.

STUMPF Das war eben das Unglück daß sie keinen Führer
hatten den sie geehrt, und ⟨d⟩er ihrer Wut Einhalt tun
können. Nimm die Hauptmannschaft an, ich bitte dich   20
Götz. Die Fürsten werden dir Dank wissen, ganz
Deutschland. Es wird zum Besten und Frommen aller
sein, Menschen und Länder werden geschont werden.

GÖTZ Warum übernimmst du's nicht?

STUMPF Ich hab mich von ihnen losgesagt.   25

KOHL Wir haben nicht Sattelhenkenszeit*, und langer
unnötiger Diskurse. Kurz und gut. Götz sei unser
Hauptmann, oder sieh zu deinem Schloß*, und deiner
Haut. Und hiermit zwei Stunden Bedenkzeit. Bewacht
ihn.   30

GÖTZ Was brauchts das. Ich bin so gut entschlossen – jetzt
als darnach. Warum seid ihr ausgezogen? Eure Rechte
und Freiheiten wieder zu erlangen! Was wütet ihr und
verderbt das Land! Wollt ihr abstehen von allen Übel-
taten, und handeln als wackere Leute, und die wissen   35

Zeit, endlich
den Sattel an
den Nagel zu
hängen

sorge dich um
dein Schloss

was sie wollen, so will ich euch behülflich sein zu euren Forderungen, und auf acht Tag euer Hauptmann sein.

WILD Was geschehen ist ist in der ersten Hitz geschehen, und brauchts deiner nicht uns künftig zu hindern.

5 KOHL Auf ein viertel Jahr wenigstens mußt du uns zusagen.

STUMPF Macht vier Wochen, damit könnt ihr beide zufrieden sein.

GÖTZ Meintwegen.

10 KOHL Eure Hand.

GÖTZ Und gelobt mir den Vertrag den ihr mit mir gemacht, schriftlich an alle Haufen zu senden, bei Strafe ihm streng nachzukommen.

WILD Nun ja! Soll geschehen.

15 GÖTZ So verbind ich mich euch auf vier Wochen.

STUMPF Glück zu. Was du tust, schon unsern gnädigen Herrn den Pfalzgrafen.

KOHL *leise:* Bewacht ihn. ⌜Daß niemand mit ihm rede⌝ außer eurer Gegenwart.

20 GÖTZ Lerse! Kehr* zu meiner Frau. Steh ihr bei. Sie soll bald Nachricht von mir haben. *Götz. Stumpf. Georg. Lerse. Einige Bauern ab.*
Metzler. Link kommen.

Kehr zurück zu

METZLER Was hören wir von einem Vertrag! Was soll der
25 Vertrag!

LINK Es ist schändlich so einen Vertrag einzugehen.

KOHL Wir wissen so gut was wir wollen als ihr, und haben zu tun und zu lassen*.

haben es in unserer Hand, was wir tun oder unterlassen wollen

WILD Das Rasen und Brennen und Morden mußte doch
30 einmal aufhören, heut oder morgen, so haben wir noch einen braven Hauptmann dazu gewonnen.

METZLER Was aufhören! Du Verräter! Warum sind wir da? Uns an unsern Feinden zu rächen, uns empor zu helfen ! – Das hat euch ein Füstenknecht geraten.

35 KOHL Komm Wild, er ist wie ein Vieh. *Ab.*

METZLER Geht nur! Wird euch kein Haufen zustehn*. Die Schurken! Link, wir wollen die andern aufhetzen, ⌜Miltenberg dort drüben anzünden⌝, und wenn's Händel setzt wegen des Vertrags, schlagen wir den Verträgern* zusammen die Köpf ab.   5

LINK Wir haben doch den großen Haufen auf unsrer Seite.

Berg und Tal. Eine Mühle in der Tiefe

· Berg und Tal. Eine Mühle in der Tiefe
Ein Trupp Reuter. Weislingen kommt aus der Mühle mit Franzen und einem Boten.   10

WEISLINGEN Mein Pferd! – Ihr habts den andern Herrn auch angesagt?

BOTE Wenigstens sieben Fähnlein werden mit Euch eintreffen, im Wald hinter Miltenberg. Die Bauern ziehen unten herum. Überall sind Boten ausgeschickt, der ganze Bund* wird in kurzem beisammen sein. Fehlen* kanns nicht, man sagt: es sei Zwist unter ihnen.   15

WEISLINGEN Desto besser. Franz!

FRANZ Gnädiger Herr.

WEISLINGEN Richt es pünktlich* aus. Ich bind es dir auf deine Seele. Gib ihr den Brief. Sie soll von Hof auf mein Schloß! Sogleich! Du sollst sie abreisen sehn, und mirs dann melden.   20

FRANZ Soll geschehen, wie Ihr befehlt.

WEISLINGEN Sag ihr sie soll wollen. *zum Boten:* Führt uns nun den nächsten und besten Weg.   25

BOTE Wir müssen umziehen*. Die Wasser* sind von den entsetzlichen Regen alle ausgetreten*.

Marginal glosses (left column):
beistehen, helfen
beiden Vertragspartnern
Schwäbische Bund
Misslingen
hier: genau
einen Umweg machen
Wasserläufe
über die Ufer getreten

Jaxthaussen

Elisabeth. Lerse.

LERSE Tröstet Euch gnäd'ge Frau!

ELISABETH Ach Lerse, die Tränen stunden ihm in den Au-
5 gen wie er Abschied von mir nahm. Es ist grausam grausam.

LERSE Er wird zurück kehren.

ELISABETH Es ist nicht das. Wenn er auszog rühmlichen
Sieg zu erwerben, da war mir's nicht weh ums Herz. Ich
10 freute mich auf seine Rückkunft vor der mir jetzt bang
ist.

LERSE Ein so edler Mann. –

ELISABETH Nenn ihn nicht so, das macht neu Elend. Die
Bösewichter. Sie drohten ihn zu ermorden und sein
15 Schloß anzuzünden. Wenn er wieder kommen wird. Ich
seh ihn finster finster. Seine Feinde werden lügenhafte
Klagartikel* schmieden und er wird nicht sagen können: Artikel der
nein!   Anklageschrift

LERSE Er wird und kann.

20 ELISABETH Er hat seinen Bann gebrochen. Sag nein!

LERSE Nein, er ward gezwungen, wo ist der Grund ihn zu
verdammen.

ELISABETH Die Bosheit sucht keine Gründe, nur Ursachen.
Er hat sich zu Rebellen, Missetätern, Mördern gesellt,
25 ist an ihrer Spitze gezogen. Sage nein!

LERSE Laßt ab Euch zu quälen, und mich. Haben sie ihm
nicht selbst feierlich zugesagt keine Tathandlung* mehr Gewalttat
zu unternehmen, wie die bei Weinsberg. Hört ich sie
nicht selbst halbreuig sagen: wenn's nicht geschehen
30 wär, geschähs vielleicht nie. Müßten nicht Fürsten und
Herrn ihm Dank wissen, wenn er freiwillig Führer eines
unbändigen Volks geworden wäre, um ihrer Raserei
Einhalt zu tun und so viel Menschen und Besitztümer zu
schonen.

ELISABETH Du bist ein liebevoller Advokat. – Wenn sie ihn
gefangen nähmen, als Rebell behandelten, und sein
graues Haupt – Lerse ich möchte von Sinnen kommen.

LERSE Sende ihrem Körper Schlaf lieber Vater der Menschen, wenn du ihrer Seele keinen Trost geben willst.   5

ELISABETH Georg hat versprochen Nachricht zu bringen.
Er wird auch nicht dürfen wie er will. Sie sind ärger als
gefangen. Ich weiß man bewacht sie wie Feinde. Der
gute Georg! Er wollte nicht von seinem Herrn weichen.

LERSE Das Herz blutete mir wie er mich von sich schickte. 10
Wenn Ihr nicht meiner Hülf bedürftet, alle Gefahren des
schmählichsten Tods sollten mich nicht von ihm getrennt haben.

ELISABETH Ich weiß nicht wo Sickingen ist. Wenn ich nur
Marien einen Boten schicken könnte.   15

LERSE Schreibt nur, ich will dafür sorgen. *Ab.*

Bei einem Dorf

Götz. Georg.

GÖTZ Geschwind zu Pferde Georg, ich sehe Miltenberg
brennen. Halten sie so den Vertrag! Reit hin, sag ihnen   20
die Meinung. Die Mordbrenner! Ich sage mich von ihnen los. Sie sollen einen Zigeuner zum Hauptmann machen, mich nicht. Geschwind Georg.
Georg ab.

GÖTZ Wollt, ich wäre tausend Meilen davon, und läg im   25
tiefsten Turn der in der Türkey steht. Könnt ich mit Ehren von ihnen kommen! Ich fahr ihnen alle Tag durch
den Sinn,* sag ihnen die bittersten Wahrheiten, daß sie
mein müde werden und mich erlassen* sollen.
⌜*Ein Unbekannter.*⌝   30

UNBEKANNTER Gott grüß Euch sehr edler Herr.

GÖTZ Gott dank Euch. Was bringt Ihr? Euren Namen?

UNBEKANNTER Der tut nichts zur Sache. Ich komme Euch
zu sagen daß Euer Kopf in Gefahr ist. Die Anführer sind
müde sich von Euch so harte Worte geben zu lassen,
haben beschlossen Euch aus dem Weg zu räumen. Mäßigt Euch oder seht zu entwischen und Gott gleit Euch.
Ab.

GÖTZ Auf diese Art dein Leben zu lassen Götz und so zu
enden! Es sei drum! So ist mein Tod der Welt das sicher-
ste Zeichen, daß ich nichts gemeines* mit den Hunden Gemeinsames
gehabt habe.
Einige Bauern.

ERSTER BAUER Herr! Herr! Sie sind geschlagen, sie sind
gefangen.

GÖTZ Wer?

ZWEITER BAUER Die Miltenberg verbrannt haben. Es zog
sich ein Bündischer Trupp hinter dem Berg hervor, und
überfiel sie auf einmal.

GÖTZ Sie erwartet ihr Lohn. – O Georg! Georg – Sie haben
ihn mit den Bösewichtern gefangen – Mein Georg! Mein
Georg! –
Anführer kommen.

LINK Auf Herr Hauptmann auf! Es ist nicht säumens Zeit.
Der Feind ist in der Nähe und mächtig.

GÖTZ Wer verbrannte Miltenberg?

METZLER Wenn Ihr Umstände machen wollt, so wird man
Euch weisen wie man keine macht.

KOHL Sorgt für unsere Haut und Eure. Auf! Auf!

GÖTZ *zu Metzler:* Drohst du mir. Du Nichtswürdiger.
Glaubst du daß du mir fürchterlicher bist weil des Grafen von Helfenstein Blut an deinen Kleidern klebt.

METZLER Berlichingen!

GÖTZ Du darfst meinen Namen nennen und meine Kinder
werden sich dessen nicht schämen.

METZLER Mit dir feigen Kerl! Fürstendiener.

*Götz haut ihm über den Kopf daß er stürzt. Die andern
treten darzwischen.*

KOHL Ihr seid rasend. Der Feind bricht auf allen Seiten
'rein, und ihr hadert.

LINK Auf! Auf! *Tumult und Schlacht.*

Weislingen. Reuter.

WEISLINGEN Nach! Nach! Sie fliehen. Laßt euch Regen 5
und Nacht nicht abhalten. Götz ist unter ihnen hör ich.
Wendet Fleiß zu daß ihr ihn erwischt. Er ist schwer verwundet, sagen die unsrigen. *Die Reuter ab.* Und wenn
ich dich habe! – Es ist noch Gnade wenn wir heimlich im
Gefängnis dein Todesurteil vollstrecken. – So verlischt 10
er vor dem Andenken der Menschen, und du kannst
freier atmen töriges Herz. *Ab.*

Nacht, im wilden Wald. Zigeunerlager

Zigeunermutter am Feuer.

MUTTER Flick das Strohdach über der Grube Tochter, gibt 15
in dieser Nacht   hint Nacht* noch Regen genug.

Knab kommt.

KNAB Ein Hamster Mutter. Da! Zwei Feldmäus.

MUTTER Will sie dir abziehen und braten, und sollst eine
Kapp haben von den Fellgen. – Du blutst? 20

KNAB Hamster hat mich bissen.

lodernd, hell   MUTTER Hol mir dürr Holz, daß das Feuer loh* brennt
wenn dein Vater kommt, wird naß sein durch und
durch.

Andre Zigeunerin ein Kind auf dem Rücken. 25

gebettelt   ERSTE ZIGEUNERIN Hast du brav geheischen*.

ZWEITE ZIGEUNERIN Wenig genug. Das Land ist voll Tumult herum daß man seines Lebens nicht sicher ist.
Brennen zwei Dörfer lichterloh.

ERSTE ZIGEUNERIN Ist das dort drunten Brand, der Schein? 30
Seh ihm schon lang zu. Man ist der Feuerzeichen am
vertraut   Himmel zeither so gewohne* worden.

Zigeunerhauptmann, drei Gesellen kommen.

HAUPTMANN Hört ihr den ⌜wilden Jäger⌝?

ERSTE ZIGEUNERIN Er zieht grad über uns hin.

HAUPTMANN Wie die Hunde bellen! Wau! Wau!

5 ZWEITER ZIGEUNER Die Peitschen knallen.

DRITTER ZIGEUNER Die Jäger jauchzen holla ho!

MUTTER Bringt ja des Teufels sein Gepäck.

HAUPTMANN Haben im trüben gefischt, die Bauern rauben selbst, ist's uns wohl vergönnt.

10 ZWEITE ZIGEUNERIN Was hast du Wolf.

WOLF Einen Hasen, da, und einen Hahn. Ein Bratspieß. Ein Bündel Leinwand. Drei Kochlöffel und ein Pferdzaum.

STICKS Ein wullen* Deck hab ich, ein Paar Stiefeln, und | wollene

15 Zunder* und Schwefel. | Zündstoff aus Feuerschwamm

MUTTER Ist alles pudelnaß, wollens trocknen, gebt her.

HAUPTMANN Horch ein Pferd! Geht seht was ist.

Götz zu Pferd.

GÖTZ Gott sei Dank dort seh ich Feuer, sind Zigeuner.

20 Meine Wunden verbluten*, die Feinde hinter her. Heiliger Gott, du endigst gräßlich mit mir. | bluten aus

HAUPTMANN ⌜Ist's Friede⌝ daß du kommst?

GÖTZ Ich flehe Hülfe von euch. Meine Wunden ermatten mich. Helft mir vom Pferd.

25 HAUPTMANN Helf ihm. Ein edler Mann, an Gestalt und Wort.

WOLF *leise:* Es ist Götz von Berlichingen.

HAUPTMANN Seid willkommen. Alles ist Euer was wir haben.

30 GÖTZ Dank Euch.

HAUPTMANN Kommt in mein Zelt.

Hauptmanns Zelt

Hauptmann. Götz.

Wurzel, mit
der die Blutge-
rinnung geför-
dert wird

HAUPTMANN Ruft der Mutter, sie soll Blutwurzel* bringen
und Pflaster.

Götz legt den Harnisch ab.   5

HAUPTMANN Hier ist mein Feiertagswams.

GÖTZ Gott lohns.

Mutter verbind ihn.

HAUPTMANN Ist mir herzlich lieb Euch zu haben.

GÖTZ Kennt Ihr mich?   10

HAUPTMANN Wer sollte Euch nicht kennen. Götz unser Leben und Blut lassen wir vor Euch.

Schricks.

SCHRICKS Kommen durch den Wald Reuter. 'sind Bündi-
sche.   15

Befiehl
Schleichwege

HAUPTMANN Eure Verfolger! Sie sollen nit bis zu Euch
kommen. Auf Schricks! Biete* den andern. Wir kennen
die Schliche* besser als sie, wir schießen sie nieder ehe sie
uns gewahr werden. *Ab.*

hier:
unbeugsam,
rau

GÖTZ *allein:* O Kaiser! Kaiser! Räuber beschützen deine   20
Kinder. *Man hört scharf schießen.* Die wilden Kerls,
starr* und treu!

Zigeunerin.

Zu ergänzen:
uns

ZIGEUNERIN Rettet Euch. Die Feinde überwältigen*.

GÖTZ Wo ist mein Pferd?   25

ZIGEUNERIN Hierbei.

GÖTZ *gürtet sich, und sitzt auf ohne Harnisch:* Zum letz-
tenmal sollen sie meinen Arm fühlen. Ich bin so schwach
noch nicht. *Ab.*

ZIGEUNERIN Er sprengt zu den unsrigen. *Flucht.*   30

WOLF Fort fort! Alles verloren. Unser Hauptmann erschossen. Götz gefangen. *Geheul der Weiber und
Flucht.*

Adelheidens Schlafzimmer

Adelheid mit einem Brief.
ADELHEID Er, oder ich! Der Übermütige! Mir drohn. –
Wir wollen dir vorkommen. Was schleicht durch den
5   Saal. *Es klopft.* Wer draus?
Franz leise.
FRANZ Macht mir auf gnädige Frau.
ADELHEID Franz! Er verdient wohl daß ich ihm aufmache.
Sie läßt ihn ein.
10 FRANZ *fällt ihr um den Hals:* Liebe gnädige Frau.
ADELHEID Unverschämter! Wenn dich jemand gehört hät-
te.
FRANZ O es schläft alles alles.
ADELHEID Was willst du?
15 FRANZ Mich läßt's nicht ruhen. Die Drohungen meines
Herrn, Euer Schicksal, mein Herz.
ADELHEID Er war sehr zornig als du Abschied nahmst?
FRANZ Als* ich ihn nie gesehen. Auf ⌐ihre Güter⌐ soll sie,   Wie
sagt er, sie soll wollen.
20 ADELHEID Und wir folgen?
FRANZ Ich weiß nichts gnädige Frau.
ADELHEID Betrogener töriger Junge, du siehst nicht wo
das hinaus will. Hier weiß er mich in Sicherheit. Denn
lange stehts' ihm schon nach meiner Freiheit. Er will
25   mich auf seine Güter. Dort hat er Gewalt mich zu be-
handeln, wie sein Haß ihm eingibt.
FRANZ Er soll nicht.
ADELHEID Wirst du ihn hindern.
FRANZ Er soll nicht.
30 ADELHEID Ich seh mein ganzes Elend voraus. Von seinem
Schloß wird er mich mit Gewalt reißen, wird mich in ein
Kloster versperren.
FRANZ Hölle und Tod!
ADELHEID Wirst du mich retten?

Eher alles
andere, als
dass das
geschieht!

FRANZ Eh alles!* Alles!

ADELHEID *die weinend ihn umhalst:* Franz, ach uns zu retten!

FRANZ Er soll nieder, ich will ihm den Fuß auf den Nacken
setzen.   5

ADELHEID Keine Wut. Du sollst einen Brief an ihn haben,
voll Demut daß ich gehorche. Und dieses Fläschgen gieß
ihm unter das Getränk.

FRANZ Gebt. Ihr sollt frei sein.

ADELHEID Frei! Wenn du nicht mehr zitternd auf deinen   10
Zehen zu mir schleichen wirst. Nicht mehr ich ängstlich
zu dir sage, brich auf Franz der Morgen kommt.

Heilbronn vorm Turn

Elisabeth. Lerse.

LERSE Gott nehm das Elend von Euch gnädige Frau. Marie   15
ist hier.

ELISABETH Gott sei Dank. Lerse wir sind in entsetzliches
Elend versunken. Da ist's nun wie mir alles ahndete,
Meuterer
gefangen, als Meuter* Missetäter ⌐in den tiefsten Turn
geworfen⌐.   20

LERSE Ich weiß alles.

ELISABETH Nichts nichts weißt du, der Jammer ist zu groß!
Sein Alter, seine Wunden, ein schleichend Fieber, und
mehr als alles das, die Finsternis seiner Seelen, daß es so
mit ihm enden soll.   25

Weislingen ist
also mit
besonderen
Vollmachten
vom Staat
ausgestattet.
LERSE Auch, und daß der Weislingen Kommissar* ist.

ELISABETH Weislingen!

LERSE Man hat mit unerhörten Exekutionen verfahren.
Metzler ist lebendig verbrannt, zu hunderten ⌐gerädert,
gespießt, geköpft, geviertelt⌐. Das Land umher gleicht   30
Metzgerei
einer Metzge* wo Menschenfleisch wohlfeil ist.

ELISABETH Weislingen Kommissar! O Gott ein Strahl von

Hoffnung. Marie soll mir zu ihm, er kann ihr nichts abschlagen. Er hatte immer ein weiches Herz, und wenn er sie sehen wird, die er so liebte, die so elend durch ihn ist. Wo ist sie?

5 LERSE Noch im Wirtshaus.

ELISABETH Führe mich zu ihr. Sie muß gleich fort. Ich fürchte alles.

Weislingens Schloß

Weislingen.

10 WEISLINGEN Ich bin so krank, so schwach. Alle meine Gebeine sind hohl. Ein elendes Fieber hat das Mark ausgefressen. Keine Ruh und Rast, weder Tag noch Nacht. Im halben Schlummer giftige Träume. Die vorige Nacht begegnete ich Götzen im Wald. Er zog sein Schwert und
15 forderte mich heraus. Ich faßte nach meinem, die Hand versagte mir. Da stieß ers in die Scheide, sah mich verächtlich an und ging hinter mich. – Er ist gefangen und ich zittere vor ihm. Elender Mensch! Dein Wort hat ihn zum Tode verurteilt und du bebst vor seiner Traumge-
20 stalt wie ein Missetäter. – Und soll er sterben? – Götz! Götz! – Wir Menschen führen uns nicht selbst, bösen Geistern ist Macht über uns gelassen, daß sie ihren höllischen Mutwillen an unserm Verderben üben. *Er setzt sich.* – Matt! Matt! Wie sind meine Nägel so blau. – Ein
25 kalter kalter verzehrender Schweiß lähmt mir jedes Glied. Es dreht mir alles vorm Gesicht. Könnt ich schlafen. Ach –

Marie tritt auf.

WEISLINGEN Jesus Marie! – Laß mir Ruh! Laß mir Ruh! –
30 Die Gestalt fehlte noch! – Sie stirbt, Marie stirbt und zeigt sich mir an*. – Verlaß mich seliger Geist, ich bin elend gnug.

erscheint mir in ihrer Todesstunde

MARIE Weislingen ich bin kein Geist. Ich bin Marie.

WEISLINGEN Das ist ihre Stimme.

MARIE Ich komme meines Bruders Leben von dir zu erflehen, er ist unschuldig so strafbar er scheint.

WEISLINGEN Still Marie. Du Engel des Himmels bringst 5
die Qualen der Hölle mit dir. Rede nicht fort.

MARIE Und mein Bruder soll sterben? Weislingen es ist entsetzlich daß ich dir zu sagen brauche: er ist unschuldig, daß ich jammern muß dich von dem abscheulichsten Mord zurück zu halten. Deine Seele ist bis in ihre inner- 10
ste Tiefen von feindseligen Mächten besessen. Das ist Adelbert!

WEISLINGEN Du siehst der verzehrende Atem des Tods hat mich angehaucht, meine Kraft sinkt nach dem Grabe. Ich stürbe als ein Elender, und du kommst mich in Ver- 15
zweiflung zu stürzen. Wenn ich reden könnte, dein höchster Haß würde in Mitleid und Jammer zerschmelzen. Oh! Marie! Marie!

stirbt an einer
Krankheit MARIE Mein Bruder, Weislingen verkranket* im Gefängnis. Seine schwere Wunden, sein Alter. Und wenn du 20
fähig wärst sein graues Haupt – Weislingen wir würden verzweifeln.

WEISLINGEN Genug. *Er zieht die Schelle.*
Franz in äußerster Bewegung.

FRANZ Gnädiger Herr. 25

WEISLINGEN Die Papiere dort Franz!
Franz bringt sie.

WEISLINGEN *reißt ein Paket auf und zeigt Marie ein Papier:* Hier ist deines Bruders Todesurteil unterschrieben.

MARIE Gott im Himmel! 30

WEISLINGEN Und so zerreiß ich's. Er lebt. Aber kann ich
hier: heilen wieder schaffen* was ich zerstört habe! Weine nicht so Franz! Guter Junge dir geht mein Elend tief zu Herzen. *Franz wirft sich vor ihm nieder und faßt seine Knie.*

MARIE *vor sich:* Er ist sehr krank. Sein Anblick zerreißt mir 35 das Herz. Wie liebt ich ihn, und nun ich ihm nahe, fühl ich wie lebhaft.

WEISLINGEN Franz steh auf und laß das Weinen. Ich kann wieder aufkommen. Hoffnung ist bei den Lebenden.

FRANZ Ihr werdet nicht. Ihr müßt sterben.

WEISLINGEN Ich muß.

FRANZ *außer sich:* Gift. Gift. Von Eurem Weibe. Ich. Ich. *Er rennt davon.*

WEISLINGEN Marie geh ihm nach. Er verzweifelt. *Marie ab.*

WEISLINGEN Gift von meinem Weibe! Weh! Weh! Ich fühls. Marter und Tod.

MARIE *inwendig:* Hülfe! Hülfe!

WEISLINGEN *will aufstehn:* Gott, vermag ich das nicht.

MARIE *kommt:* Er ist hin. Zum Saalfenster hinaus, stürzt er wütend in den Mayn hinunter.

WEISLINGEN Ihm ist wohl. Dein Bruder ist außer Gefahr. Die andere Kommissaren, Seckendorf besonders sind seine Freunde. Ritterlich Gefängnis werden sie ihm auf sein Wort gleich gewähren. Leb wohl Marie und geh.

MARIE Ich will bei dir bleiben, armer Verlaßner.

WEISLINGEN Wohl verlassen und arm. Du bist ein furchtbarer Rächer Gott! Mein Weib. –

MARIE Entschlage dich dieser Gedanken. Kehr dein Herz zu dem Barmherzigen.

WEISLINGEN Geh liebe Seele, überlaß mich meinem Elend. Entsetzlich! Auch deine Gegenwart Marie der letzte Trost ist Qual.

MARIE *vor sich:* Stärke mich Gott, meine Seele erliegt mit der Seinigen.

WEISLINGEN Weh! Weh! Gift von meinem Weibe. Mein Franz verführt durch die Abscheuliche. Wie sie wartet, horcht auf den Boten, der ihr die Nachricht brächte: er ist tot. Und du Marie. Marie warum bist du gekommen? daß du jede schlafende Erinnerung meiner Sünden wecktest. Verlaß mich! Verlaß mich! Daß ich sterbe.

MARIE Laß mich bleiben. Du bist allein. Denk ich sei deine
Beschützerin Wärterin*. Vergiß alles. Vergesse dir Gott so alles, wie
ich dir alles vergesse.

WEISLINGEN Du Seele voll Liebe bete für mich, bete für
mich. Mein Herz ist verschlossen. 5

MARIE Er wird sich deiner erbarmen. – Du bist matt.

die Erlösung
im Tod finden WEISLINGEN Ich sterbe, sterbe und kann nicht ersterben*.
Und in dem fürchterlichen Streit des Lebens und Tods
sind die Qualen der Hölle.

hier: Strahl MARIE Erbarmer erbarme dich seiner. Nur Einen Blick* 10
deiner Liebe an sein Herz, daß es sich zum Trost öffne,
und sein Geist Hoffnung, Lebenshoffnung in den Tod
hinüber bringe.

In einem finstern engen Gewölb

Femgericht, zu
dessen
Sitzungen nur
Eingeweihte
Zugang
haben. *Die Richter des Heimlichen Gerichts*, alle vermummt.* 15

ÄLTESTER Richter des heimlichen Gerichts, schwurt auf
Strang und Schwert unsträflich zu sein, zu richten im
Verborgenen, zu strafen im Verborgenen Gott gleich.
⌜Sind eure Herzen rein⌝ und eure Hände, hebt die Arme
empor, ruft über die Missetäter. Wehe! Wehe! 20

ALLE Wehe! Wehe!

ÄLTESTER Rufer beginne das Gericht.

RUFER Ich Rufer rufe die Klag gegen den Missetäter. Des
Herz rein ist, dessen Hände rein sind zu schwören auf
Strang und Schwert, der klage bei Strang und Schwert! 25
klage! klage!

KLÄGER *tritt vor:* Mein Herz ist rein von Missetat, meine
Hände von unschuldigem Blut. Verzeih mir Gott böse
Gedanken und hemme den Weg zum Willen. Ich hebe
meine Hand auf und klage! klage! klage! 30

ÄLTESTER Wen klagst du an?

KLÄGER Klage an auf Strang und Schwert Adelheiden von

Weislingen. Sie hat Ehebruchs sich schuldig gemacht, ihren Mann vergiftet durch ihren Knaben. Der Knab hat sich selbst gerichtet, der Mann ist tot.

ÄLTESTER Schwörst du zu dem Gott der Wahrheit, daß du Wahrheit klagst?

KLÄGER Ich schwöre.

ÄLTESTER Würde es falsch befunden, beutst* du deinen   *bietest* Hals der Strafe des Mords und des Ehebruchs?

KLÄGER Ich biete.

ÄLTESTER Eure Stimmen. *Sie reden heimlich zu ihm.*

KLÄGER Richter des heimlichen Gerichts, was ist euer Urteil über Adelheiden von Weislingen, bezüchtigt des Ehebruchs und Mords.

ÄLTESTER Sterben soll sie! Sterben des bittern doppelten Tods. Mit Strang und Dolch, büßen doppelt doppelte Missetat. Streckt eure Hände empor, und rufet Weh über sie! Weh! Weh! In die Hände des Rächers.

ALLE Weh! Weh! Weh!

ÄLTESTER Rächer! Rächer tritt auf.

Rächer tritt vor.

ÄLTESTER Faß hier Strang und Schwert. Sie zu tilgen von dem Angesicht des Himmels, binnen acht Tage Zeit. Wo du sie findest nieder mit ihr in Staub. Richter die ihr richtet im Verborgenen und strafet im Verborgenen Gott gleich, bewahrt euer Herz für Missetat und eure Hände vor unschuldigem Blut.

Hof einer Herberge

Marie. Lerse.

MARIE Die Pferde haben gnug gerastet. Wir wollen fort Lerse.

LERSE Ruht doch bis an Morgen. Die Nacht ist gar zu unfreundlich.

MARIE Lerse ich habe keine Ruh bis ich meinen Bruder
gesehen habe. Laß uns fort. Das Wetter hellt sich aus,*
wir haben einen schönen Tag zu gewarten.

Sinngemäß: Es
wird ganz hell

LERSE Wie Ihr befehlt.

Heilbronn im Turn

Götz. Elisabeth.

ELISABETH Ich bitte dich lieber Mann rede mit mir. Dein
Stillschweigen ängstet mich. Du verglühst in dir selbst.
Komm laß uns nach deinen Wunden sehen, sie bessern
sich um vieles. In der mutlosen Finsternis erkenn ich
dich nicht mehr.

GÖTZ Suchtest du den Götz? Der ist lang hin. Sie haben mich
nach und nach verstümmelt, meine Hand, meine Freiheit,
Güter und guten Namen. Mein Kopf was ist an dem? –
Was hört Ihr von Georgen? Ist Lerse nach Georgen?

ELISABETH Ja Lieber! Richtet Euch auf, es kann sich vieles
wenden.

GÖTZ ⌐Wen Gott niederschlägt⌐, der richtet sich selbst
nicht auf. Ich weiß am besten was auf meinen Schuldern
liegt. Unglück bin ich gewohnt zu dulden. Und jetzt ist's
nicht Weislingen allein, nicht die Bauern allein, nicht der
Tod des Kaisers und meine Wunden. – Es ist alles zusammen. ⌐Meine Stunde ist kommen.⌐ Ich hoffte sie sollte
sein wie mein Leben. ⌐Sein Will geschehe.⌐

ELISABETH Willt du nicht was essen?

GÖTZ Nichts meine Frau. Sieh wie die Sonne draußen
scheint.

ELISABETH Ein schöner Frühlingstag.

GÖTZ Meine Liebe, wenn du den Wächter bereden könn-
test mich in sein klein Gärtgen zu lassen auf eine halbe
Stunde, daß ich der lieben Sonne genösse, des heitern
Himmels und der reinen Luft.

ELISABETH Gleich! und er wirds wohl tun.

Gärtgen am Turn

Marie. Lerse.

MARIE Geh hinein und sieh wie's steht. *Lerse ab.*
Elisabeth. Wächter

5 ELISABETH Gott vergelt Euch die Lieb und Treu an meinem
Herrn. *Wächter ab.* Marie was bringst du.

MARIE Meines Bruders Sicherheit. Ach aber mein Herz ist
zerrissen. Weislingen ist tot, vergiftet von seinem Weibe.
Mein Mann ist in Gefahr. Die Fürsten werden ihm zu
10 mächtig, man sagt er sei eingeschlossen und belagert.

ELISABETH Glaubt dem Gerüchte nicht. Und laßt Götzen
nichts merken.

MARIE Wie stehts um ihn?

ELISABETH Ich fürchtete er würde deine Rückkunft nicht
15 erleben. ⌈Die Hand des Herrn⌉ liegt schwer auf ihm. Und
Georg ist tot.

MARIE Georg! der goldne Junge!

ELISABETH Als die Nichtswürdigen Miltenberg verbrannten, sandte ihn sein Herr ihnen Einhalt zu tun, da fiel ein
20 Trupp Bündischer auf sie los. Georg! hätten sie sich alle
gehalten wie er, sie hätten all das gute Gewissen haben
müssen. Viel wurden erstochen, und Georg mit, er starb
einen Reuterstod.

MARIE Weiß es Götz?

25 ELISABETH Wir verbergens vor ihm. Er fragt mich zehnmal
des Tags, und schickt mich zehnmal des Tags zu forschen
was Georg macht. Ich fürchte, seinem Herzen diesen
letzten Stoß zu geben.

MARIE O Gott, was sind die Hoffnungen dieser Erden.

30 *Götz. Lerse. Wächter.*

GÖTZ Allmächtiger Gott. Wie wohl ist's einem unter deinem Himmel. Wie frei! Die Bäume treiben Knospen und
alle Welt hofft. Lebt wohl meine Lieben ⌈meine Wurzeln
sind abgehauen⌉, meine Kraft sinkt nach dem Grabe.

ELISABETH Darf ich Lersen nach deinem Sohn ins Kloster
schicken, daß du ihn noch einmal siehst und segnest.

GÖTZ Laß ihn er ist heiliger als ich, er braucht meinen Segen nicht. – An unserm Hochzeittag Elisabeth ahndete
mirs nicht, daß ich so sterben würde. – Mein alter Vater 5
segnete uns, und eine Nachkommenschaft von edlen
tapfern Söhnen, quoll aus seinem Gebet. – Du hast ihn
nicht erhört, und ich bin der letzte. – Lerse dein Angesicht freut mich in der Stunde des Tods mehr als im mutigsten Gefecht. Damals führte mein Geist den eurigen, 10
jetzt häl⟨t⟩st du mich aufrecht. Ach daß ich Georgen
noch einmal sähe, mich an seinem Blick wärmte! – Ihr
seht zur Erden und weint – Er ist tot – Georg ist tot. –
Stirb Götz – Du hast dich selbst überlebt, die Edlen überlebt. – Wie starb er? – Ach fingen sie ihn unter den 15
Mordbrennern, und er ist hingerichtet?

ELISABETH Nein er wurde bei Miltenberg erstochen. Er
wehrte sich wie ein Löw um seine Freiheit.

GÖTZ Gott sei Dank. Er war der beste Junge unter der
Sonne und tapfer. – ⌈Löse meine Seele nun.⌉ – Arme 20
Frau. Ich lasse dich in einer verderbten Welt. ⌈Lerse verlaß sie nicht⌉ – ⌈Schließt eure Herzen sorgfältiger als eure
Tore.⌉ Es kommen die Zeiten des Betrugs, es ist ihm Freiheit gegeben. Die Nichtswürdigen werden regieren mit
List, und der Edle wird in ihre Netze fallen. Marie gebe 25
dir Gott deinen Mann wieder. Möge er nicht so tief fallen als er hoch gestiegen ist. Selbitz starb, und der gute
Kaiser, und mein Georg. – Gebt mir einen Trunk Wasser. – Himmlische Luft. – Freiheit! Freiheit! *Er stirbt.*

ELISABETH Nur droben droben bei dir. ⌈Die Welt ist ein 30
Gefängnis.⌉

MARIE Edler Mann! Edler Mann! Wehe dem Jahrhundert
das dich von sich stieß.

Nachwelt LERSE Wehe der Nachkommenschaft* die dich verkennt.

Anhang

Goethe schrieb die erste Fassung des *Götz*-Dramas 1771; 1773 arbeitete er sein Stück *Geschichte Gottfriedens von Berlichingen mit der eisernen Hand, dramatisiert* völlig um. In den ersten vier Akten wurden einzelne Szenen ver
5 ändert. Die radikalste Umarbeitung erfuhr allerdings der fünfte Akt. Um einen Einblick in die Umarbeitung des Stükkes zu ermöglichen, werden im Folgenden einige Szenen aus dem Zweiten und Dritten Aufzug und der vollständige Fünfte Aufzug in seiner ursprünglichen Fassung abge
10 druckt. Die Szene »Elisabeth, Marie in Jaxthaussen« (S. 131 f.) wurde in der Fassung von 1773 gestrichen. Sie befand sich ursprünglich nach der Szene »Adelheidens Zimmer« (s. S. 52 ff.). Das dann wiedergegebene Gespräch »Adelhaid, Weislingen in Bamberg« (S. 134–136) wird in
15 der späteren Fassung durch die Dialogpartie S. 59, 17–60,34 ersetzt. Die Szene auf dem Reichstag (S. 137 f.) findet sich nur in der ersten Fassung, und zwar zu Beginn des Dritten Aufzuges.

Zweiter Aufzug

20 Jaxthaussen

Elisabeth. Marie
MARIE Kann sich mein Bruder entschließen den Jungen in's Kloster zu tun.
ELIS. Er muß. Denke nur selbst welche Figur würde Carl
25 dereinst als Ritter spielen.
MARIE Eine recht edle, erhabne Rolle.
ELIS. Vielleicht in ein Paa⟨r⟩ Hundert Jahren wenn das Menscheng⟨esch⟩lecht recht tief herunter gekommen sein wird. Jetzo da der Besitz unsrer Güter so unsicher
30 ist, müssen wir Männer zu Hausvätern haben. Carl

wenn er eine Frau nähm, könnte sie nicht mehr Frau sein
als er.

MARIE Mein Bruder wird mit unter ungehalten auf mich
sein, er gab mir immer viel Schuld an des Knabens Ge-
mütsart. 5

ELIS. Das war sonst. Jetzo sieht er deutlich ein daß es
Anlage Geist* beim Jungen ist nicht Beispiel. Wie ich so klein
war sagte er neulich, Hundert solche Tanten hätten mich
nicht abgehalten Pferde in die Schwemm zu reiten, und
im Stall zu residieren. Der Junge soll in's Kloster. 10

MARIE Ich kann es nicht ganz billigen. Sollte denn in der
Welt kein Platz für ihn sein.

ELIS. Nein meine liebe. Schwache, passen an keinen Platz
in der Welt, sie müßten denn Spitzbuben sein. Deswegen
bleiben die Frauen wenn sie gescheut sind zu Hause, und 15
Weichlinge kriechen ins Kloster. Wenn mein Mann aus-
reit es ist mir gar nicht bang. Wenn Carl auszöge ich
würde in ewigen Ängsten sein. Er ist sicherer in der Kutte
als unter dem Harnisch.

MARIE Mein Weislingen ist auch sanfter Natur, und doch 20
hat er ein edles Herz.

ELIS. Ja! ja! Dank ers meinem Mann daß er ihn noch bei
Zeiten gerettet hat. Dergleichen Menschen sind gar übel
dran, selten haben sie Stärke der Versuchung zu wider-
stehn, und niemals Kraft sich vom Übel zu erlösen. 25

MARIE Dafür beten wir um beides.

ELIS. Nur dann reflektiert Gott auf ein Gebet, wenn all
unsre Kräfte gespannt sind, und wir doch, das weder zu
tragen noch zu heben vermögen was uns aufgelegt ist. In
dem Falle wovon wir sprechen, gähnt meistenteils eine 30
mißmutige Faulheit ein halbes Seufzergen. Lieber Gott
schaff mir den Apfel dort vom Tisch her! Ich mag nicht
aufstehn. Schafft er ihn nicht, nun so ist ein Glück daß
wir keinen Hunger haben. Noch einmal gegähnt, und
dann eingeschlafen. 35

MARIE Ich wünschte Ihr gewöhntet Euch an, von heiligen
Sachen anständiger zu reden.

ELIS. Was ist heilig. Wenn ich mich erst putzen und in die
Kirche gehn soll um mit Gott und von Gott zu reden.
Wenn er nicht an jeder Kleinigkeit teil nimmt die mir
wichtig vorkommt, wenn er nicht so gut Spaß als Ernst
vertragen kann, wenn beides aus einem treuen liebevollen Herzen kommt. So ist er mein Gott nicht. Und doch
weiß ich daß er mein Gott ist.

MARIE Ihr wißt viel.

ELIS. Nach dem man's nimmt. Viel und wenig, und immer
was ich brauche. Hört Ihr die Glocke?

MARIE Zur Vesper. Ihr geht nicht mit.

ELIS. Ich muß das Hemd fertig nähen, das ist auch Gottes-
dienst. Viel Erbauung.

MAR. Ich will für Euch beten.

ELIS. Bet für dich und deinen Bräutigam.

MAR. Was.

ELIS. Ein gläubig Vater unser und die letzten bitten doppelt.

MAR. Ihr könnt s nicht lassen.

ELIS. Macht daß Ihr bald wiederkommt, Ihr müßt mir
heute zu Nacht kochen. *Ab.*

Zweiter Aufzug

⟨Bamberg⟩

Adelhaid. Weislingen

ADELH. Noch ein Paar Worte so sollt Ihr Abschied haben!
Ich dacht: es ist Gärung. Wehe dem Berlichingen, daß er   5
diesen Sauerteig herein warf. Ich dacht: er hat sich neue,
noch unentwickelte Kräfte gefühlt da er sich an einem
großen Feind maß, es arbeitet jetzo in seiner Seele, die
äußere Ruhe ist ein Zeichen der innern Würksamkeit.

WEIS. Du hast dich nicht geirrt es arbeitete hier und bläht   10
sich noch.

ADELH. Die Fäulnis arbeitet auch. Aber zu welchem
Zweck! Wenn es das ist, wie ich fürchte, so laß mich
keinen Zeugen abgeben, ich würde der Natur fluchen
daß Sie ihre Kräfte so mißbraucht.   15

WEIS. Ich will Euch aus den Augen gehn.

ADELH. Nicht, bis alle Hoffnung verloren ist. Die Einsam-
keit ist in diesen Umständen gefährlich. Armer Mensch.
Ihr seid so mißmutig wie einer dem sein erstes Mädgen
untreu wird, und eben darum geb ich Euch nicht auf.   20
Gebt mir die Hand, verzeiht mir was ich aus Liebe gesagt habe.

WEIS. Zauberin.

ADELH. Wär ich's Ihr solltet ein anderer Mann sein.
Schämt Euch, wenn's die Welt sähe! Um einer elenden   25
Ursache Willen. Die Ihr Euch gewiß nicht selbst gestehn
mögt. Wie ich ein klein Mädgen war ich weiß es noch
auf einen Punkt, machte mir meine Mutter ein schönes
Hofkleid war rosenfarb. Ich machte der Fürstin von Anhalt die Aufwartung, da war eine Fräulein die hatte ein   30
Kleid an war feuerfarb. Das hätt ich auch haben mögen,
und weil ich meins hatte achtet ichs geringer, und ward

unleidsam*, und wollte mein rosenfarbnes Kleid nicht   unleidlich
anziehen weil ich kein feuerfarbnes hatte. Seht das ist
Euer Fall. Ich dachte du hast gewiß das schönste Kleid,
und wie ich andre sah die mir gleich waren, das neckte*   ärgerte
5   mich. Weisling Ihr wolltet der erste sein, und der einzige.
Das geht in einen gewissen Kreis. Aber unglücklicher
Weise kamt Ihr hinaus, fandet wie die Natur mit viel
Gewichtern ihre Maschine treibt. Und das ärgerte Euch.
Spielt nicht das Kind. Wenn er die Geige spielt wollen
10   wir die Flöte blasen, eine Virtuosität ist die andre wert.

WEIS. Hilf ihr mein Genius! Adelheid! Das Schicksal hat
mich in eine Grube geworfen, ich seh den Himmel über
mir, und seufze nach Freiheit. Deine Hand.

ADEL. Du bist befreit, denn du willst. Der elendste Zu-
15   stand ist: nichts wollen können. Fühle dich, und du bist
alles was du warst. Kannst du leben Adelbert und einen
mächtigen Nebenbuhler blühen sehn. Frißt nicht ⌐die
magerste Ähre⌐ seines Wohlstandes deine fettsten. Indem sie ringsumher verkündet, Adelbert wagt nicht
20   mich auszureißen. Sein Dasein ist ein Monument deiner
Schwäche. Auf! Zerstörs da es noch Zeit ist. Leben und
leben lassen ist ein Sprüchelgen für Weiber. Und man
nennt dich einen Mann.

WEIS. Und ich wills sein. Wehe dir Gottfried! wenn das
25   Glück meiner Adelhaid Nebenbuhlerin ist. Alte Freundschaft, Gefälligkeit, und die alte Frau Menschenliebe,
hatten meine Entschließungen mit Zauberformeln nie-
dergeschläfert, du hast den Zauber aufgelöst. Und nun,
gleich entfesselten Winden über das ruhende Meer! du
30   sollst an die Felsen Schiff, und von da in Abgrund, und
wenn ich mir die Backen drüber zersprengen sollte.

ADELH. So hör ich Euch gern.

WEISL. Der Kaiser hält einen Reichstag zu Augsburg*. Ich   Im Herbst
1518
will hin und du sollst sehen Adelh.⟨eid⟩ ob ich nicht
35   mehr bin als der Schatten eines Manns.

ADELH. Mich deucht ich sehe einen auferstandnen ver-
klärten Heiligen in dir. In deinen Augen glüht ein Feuer,
das deine Feinde verzehren wird. Komm Adelb.⟨ert⟩
zum Bischof. Komm Victoria ist ein Weib, sie wirft sich
dem tapfersten in die Arme. *Ab.*   5

Dritter Aufzug

Der Reichstag zu Augsburg

Kaiser Maximilian, Maynz, Bamberg, Anhalt, Nassau,
Weislingen, andre Herren

5   MAX. Ich will euch die Köpfe zurecht setzen! Wofür bin ich
Kaiser. Soll ich nur Strohmann sein, und die Vögel von
euern Gärten scheuchen, keinen eignen Willen haben,
bildets euch nicht ein. Ich will eine Kontribution von
Geld und Mannschaft ⌐wider den Türcken⌐, das will ich

10   sag ich euch und keiner unterstehe sich darwider zu reden.

⌐MAYNZ⌐ Es müßte der kühnste Rebell sein der einer geheiligten Majestät in's Angesicht widersprechen, und in die
⌐Flammen ihres Grimmes⌐ treten wollte. Auch weichen

15   wir vor Eurer Stimme wie ⌐Israel vor dem Donner auf
Sinai⌐. Seht wie die Fürsten umherstehen getroffen wie
von einem unvermuteten Strafgerichte. Sie stehen, und
gehn in sich selbst zurück, und suchen wie sie es verdient
haben. Und verdient müssen wir's haben, obgleich un-

20   wissend. Ew Majest.⟨ät⟩ verlangen einen Türkenzug.
Und so lang ich hier sitze, erinnr ich mich keinen der
nein gesagt hätte. Waren nicht alle willig alle! – Es ist
Jahr und Tag wie Ihro Majestät es zum erstenmal vor-
trugen, Sie stimmten all ein die Fürsten und in ihren

25   Augen leuchtete ein Feuer denen Feinden ein schröckli-
ches Meteor. Ihr Geist flog mutig schon nach den Ung-
rischen Grenzen, als er auf einmal durch ein jämmer-
liches Wehklagen zurück gehalten wurde. Es waren die
Stimmen ihrer Weiber ihrer unmündigen Söhne die

30   ⌐gleich Schafen in der Wüste mörderischen Wölfen Preis
gegeben⌐ waren. Würde nicht ⌐Elias selbst auf dem feurigen Wagen⌐, da ihn feurige Rosse zur herrlichkeit des

Herren führten in diesem Falle sich zurück nach der Erde gesehnt haben. Sie baten flehentlich um die Sicherheit ihrer Häuser ihrer Familien, um mit freiem und ganzem Herzen dem Fluge des Reichsadlers folgen zu können. Es ist Eure Maj.⟨estät⟩ nicht unbekannt, inwiefern 5 der Landfriede, die Achtserklärungen, das Kammergericht bisher diesem Übel abgeholfen hat. Wir sind noch wo wir waren, und vielleicht übler dran. Wohl denkende Ritter gehorchen Ew Maj⟨estät⟩ befehlen begeben sich zur Ruhe und dadurch wird unruhigen Seelen der 10 Kampfplatz überlassen, die sich auf eine ausgelaßne Weise herumtummeln und die Hoffnungsvollsten Saaten zertreten. Doch ich weiß. Ew Maj.⟨estät⟩ zu gehorchen, wird jeder gern sein liebstes hintansetzen. Auf meine Freunde. Auf gegen die Feinde des Reichs und der 15 Christenheit. Ihr seht wie nötig unser großer Kaiser es findet einem größern Verlust mit einem kleinern vorzubeugen. Auf verlaßt eure Besitztümer eure Weiber eure Kinder und zeigt in einem unerhörten Beispiel die Stärke der Deutschen Lehnspflicht, und eure Ergebenheit für 20 euern erhabnen Monarchen. Kommt ihr zurück und findet eure Schlösser verheert, euer Geschlecht vertrieben, eure Besitztümer öde! O so denkt der Krieg den ihr an den Grenzen führtet, habe in dem Herzen des Reichs gebrannt, und ihr habet der allgemeinen Ruh und 25 Glückseligkeit die eurige aufgeopfert, die Ruinen eurer Schlösser werden künftigen Zeiten herrliche Denkmale sein, und laut ausrufen; so gehorchten sie ihrer Pflicht, und so geschah ihres Kaisers Wille.

KAISER Ich gehe euch euern Entschließungen zu überlas- 30 sen. Und wenn ihr dann sagt: ich Hab euch gezwungen, so lügt ihr.

Fünfter Aufzug

Nacht. Wilder Wald

Zigeunerinnen beim Feuer kochen.

ÄLTSTE ZIG. Im Nebel Geriesel im tiefen Schnee,
5   Im Wilden Wald in der Winternacht.
              Ich hör der Wölfe Hungergeheul,
              Ich hör der Eule schrein.

ALLE   Wille wau wau wau
              Wille wo wo wo
10 EINE   Wite hu.

ALT. ZIG.   Mein Mann der schoß ein' Katz am Zaun,
              War Anne der Nachbarin schwarze liebe
              Katz.
              Da kamen des Nachts sieben Werwölf zu mir,
15   Warn sieben sieben Weiber vom Dorf.

ALLE   Wille wau pp.

ALTE Z.   Ich kannt sie all, ich kannt sie wohl
              S war Anne mit Ursel und Kett
              Und Reupel und Bärbel und Lies und Gret,
20   Sie heulten im Kreis mich an.

ALLE   Wille wau.

ALTE ZIG. Da nannt ich sie all beim Namen laut
              Was willst du Anne was willst du Kett.
              Da rüttelten sie sich. Da schüttelten sie sich.
25   Und liefen und heulten davon.

ALLE   Wille wau pp.

1ᵀᴱ. Brauner Sohn, schwarzer Sohn, kommst du, was
bringst du.

SOHN Einen Hasen Mutter da! – Einen Hamster. Ich bin
30 naß durch und durch.

MUTTER Wärm dich am Feuer, trocken dich.

SOHN 's is Tauwetter. Zwischen die Felsen klettert ich, da

kam der Strom, der Schnee strom schoß mir um die
Bein', ich watet, und stieg und watet.

M. Die Nacht is finster.

SOHN Ich kam herab ins tiefe Tal, sprang auf das trockne,
längst am Bach schlich ich her, das Irrlicht saß im   5
Sumpfgebüsch ich schwieg und schaudert nicht, und
ging vorbei.

M. Du wirst dein Vater Junge, ich fand dich hinterm dürren Zaun im tiefen November im Harz.

Hauptmann. 4 Zig.⟨euner⟩   10

H. Hört ihr den wilden Jäger.

1. ZIG. Er zieht grad über uns hin.

H. Das Hundegebell, wau! wau!

2. ZIG. Das Peitschen geknall!

3. ZIG. Das Jagdgeheul holla ho! holla ho.   15

ZIG.RIN Wo habt ihr den kleinen Jungen meinen Wolf.

HAUPT. Der Jäger gestern lernt ihn ein fein Waidmanns
Stückgen, Reuter zu verführen* daß sie meinen sie wären
beisammen und sind weit aus einander. Er lag die halb
Nacht auf der Erd bis er Pferde hörte er ist auf die Straß 20
hinaus. Gebt was zu essen. *Sie sitzen ums Feuer und
essen.*

ZIG. Horch ein Pferd.

ADELH. *allein zu Pferd:* Hilf heilige Mutter Gottes wo bin
ich, wo sind meine Reuter! Das geht nicht mit rechten   25
Dingen zu. Ein Feuer! Heilige Mutter Gottes walte walte.

Ein Zig.⟨euner⟩ und die Alte gehn auf sie los. Sei gegrüßt
Blanke Mueter!* Wo kommst du her. Komm an unsern
Herd komm an unsern Tisch, nimm vorlieb wie du's   30
findst.

AD. Habt Barmherzigkeit. Ich bin verirrt, meine Reuter
sind verschwunden.

HAUPT. *zu'n andern:* Wolf hat sein Probstück brav gemacht. *laut:* Komm komm und fürcht nichts. Ich bin der 35

Hauptmann des armen Völkleins. Wir tun niemanden Leids, wir säuberns Land vom Ungeziefer, essen Hamster Wieseln und Feldmäus. Wir wohnen an der Erd, und schlafen auf der Erd, und verlangen nichts von euern Fürsten als den dürren Boden auf eine Nacht, darauf wir geboren sind, nicht sie.

ZIGRIN Setz dich blanke Mueter, auf den dürren Stamm ans Feuer. Ein harter Sitz. Da hast du die Deck in die ich wickle, setz dich drauf.

ADELH. Behaltet Euer Kleid.

ZIGRIN Es friert uns nicht, gingen wir nackend und bloß. Es schauert uns nicht vorm Schneegestöber, wenn die Wölfe heulen, und Spenster* krächzen, wenn's Irrlicht kommt und der feurige Mann. Blanke Mueter, schöne Mueter sei ruhig du bist in guter Hand.

ADELH. Wolltet ihr nicht ein Paar ausschicken, meinen Knaben zu suchen und meine Knechte. Ich will euch reichlich belohnen.

HAUPTM. Gern! Gern! *heimlich:* geht hin und sucht Wolfen, ich biet ihm er soll den Zauber auftun*.

ZIGRIN Gib mir deine Hand, seh mich an, Blanke Mueter schöne Mueter daß ich dir sage die Wahrheit die gute Wahrheit.

Adelh.⟨eid⟩ reicht ihr die Hand.

ZIGRIN Ihr seid vom Hof – Geht an Hof! Es ehren und lieben Euch Fürsten und Herrn. Bl⟨anke⟩ M⟨ueter⟩ sch⟨öne⟩ M⟨ueter⟩ ich sag dir die Wahrheit, die gute Wahrheit.

ADELH. Ihr lügt nicht.

ZIGRIN Drei Männer kriegt Ihr. Den ersten habt Ihr – Habt Ihr den zweiten so kriegt ihr den Dritten auch. Blanke Mueter pp.

ADELH. Ich hoff's nicht.

ZIG. Kinder Kinder! schöne Kinder seh ich, wie die Mueter wie der Vater. Edel. Schön. Blanke Mueter pp.

(margin notes) Gespenster

lösen

ADELH. Diesmal verfehlt Ihr sie ich hab keine Kinder.

ZIG. Kinder seh ich schöne Kinder, mit dem letzten Mann
dem schönsten Mann. Blanke Mueter pp.

Viel Feind habt Ihr, viel Feind kriegt Ihr. Ein's steht Euch
im Weg, jetzt liebt Ihrs. Blanke Mueter pp.   5

ADELH. Schlimme Wahrheit.

Sohn setzt sich nah zur Adelheid, sie rückt.

ZIGRIN Das ist mein Sohn! Seh ihn an! Haare wie ein
Dornstrauch, Augen wie's Irrlicht auf der Heide. Meine
Seel freut sich wenn ich ihn seh. Seine Zähn wie Helfen-   10
bein. Da ich ihn gebar druckt ich ihm das Nasbein ein.
Wie er stolz und wild sieht. Du gefällst ihm Blanke Mue-
ter.

AD. Ihr macht mir bang.

ZIGRIN Er tut dir nichts. Bei Weibern ist er mild wie ein   15
Lamm, und reißend wie ein Wolf in der Gefahr. Künste
kann er wie der ältste. Er macht daß dem Jäger die Buchs
versagt daß's Wasser nicht löscht daß Feuer nit brennt.
Sieh ihn an blanke Mueter du gefallst ihm. Laß ab Sohn
du ängstest sie – Schenk uns was Blanke Mueter wir sind   20
arm. Schenk uns was.

ADEL. Da habt ihr meinen Beutel.

HAUPTM. Ich mag ihn nicht, wir sind keine Räuber. Gib ihr
was aus dem Beutel für die gute Wahrheit. Gib mir was
für die andern die gegangen sind. Und behalt den Beutel.   25
Adelh.⟨eid⟩ gibt.

hier: lehren ZIGRIN Ich will dich was lernen*. *Sie redet heimlich. Sohn
nähert sich der Adelh.⟨eid.⟩* – Und wirfs in fließend Wasser. Wer dir im Weg steht Mann oder Weib, er muß sich
verzehren, und verzehren und sterben.   30

ADELH. Mir graust.

Sohn rückt näher Ad.⟨elheid⟩ will aufstehn. Er hält sie.

ADELH. Um Gotteswillen Laßt mich.

SOHN *beißt die Zähne zu sammen und hält sie:* Du bist
schön.   35

ADELH. Wehrt Euerm Sohn Mutter.

ZIG Er tut dir kein Leids.

ADELH. *will los, Zig.⟨euner⟩ faßt sie mit beiden Armen,*
und will sie küssen. Adelh.⟨eid⟩ schreit: Ai!

5   *Franz, Sickingen*, Reuter*   Tritt hier völlig
    Zig.⟨euner⟩ läßt los.   unmotiviert
                                                        auf.

FRANZ *springt vom Pferd:* Sie ists! Sie ists! *Er läuft zu ihr*
fällt vor ihr nieder und küßt ihr die Hände.

ADELH. Willkommen Franz. *Franz fällt in Ohnmacht*

10 *ohne daß Sies merkt.*

SICKINGEN Sehr edle Frau, ich find Euch in fürchterlicher
    Gesellschaft.

ADELH. Sie ist menschenfreundlicher als sie aussieht. Und
    doch edler Ritter erscheint Ihr mir wie ein heiliger des

15 Himmels erwünscht wie unverhofft.

SICK. Und ich find Euch wie einen Engel, der sich in eine
    Gesellschaft verdammter Geister herabließ sie zu trö-
    sten.

ADELH. Franz! Wehe helft ihm! Er stirbt.

20 *Zig.⟨euner⟩ eilen hinzu.*

ALTE ZIG. Laßt mich.

SICK. Eine gleiche Angst hab ich nie gesehen, als der Knab
    um Euch hatte, der Schmerz war mit seiner Seele so
    vereinigt, daß plötzliche Freude die ihn vertreiben woll-

25 te den Geist zugleich mit ausjagte.

FRANZ Wo ist sie. Sie bringen sie um! ihr garstigen Leute.
    Wo ist sie.

ADEL. Sei ruhig, ich bin da.

FR. *nimmt ihre Hand:* Seid Ihrs. Liebe gnädge Frau Ihr seht

30 noch einmal so schön, in der schröckligen Nacht, bei
    dem ängstlichen Feuer. Ach wie lieb hab ich Euch.

SICKING. *zum Hauptm.⟨ann⟩:* Wer seid Ihr.

H. Ich bin Johann von Löwenstain aus ⌈klein Egypten⌉
    Hauptmann des armen Volks der Zigeuner. Fragt die

35 edle Frau wie wir verirrten begegnen. Wir selbst irren in

der Welt herum, verlangen nichts von euch als wüste
Heide dürres Gesträuch zum Aufenthalt auf eine Nacht,
und Luft und Wasser.

SICK. Das begehrt ihr, und das andre nehmt ihr.

H. Wer uns was schenkt dem nehmen wir nichts. Dem gei- 5
zigen Bauern holen wir die Enten, er schickt uns fort da
wir um ein Stück Brot bettelten. Wir säuberns Land vom
Ungeziefer, und löschen den Brand im Dorf, wir geben
der Kuh die Milch wieder, vertreiben Warzen und Hüh-
neraugen, unsre Weiber sagen die Wahrheit, die gute 10
Wahrheit.

SICK. Will einer um ein Trinkgeld den Weg nach dem nächsten Dorfe zeigen. Ihr werdet der Ruhe nötig haben
gnädge Frau, und Euer Knab einiger Verpflegung. Darf
ich Euch bis in die Herberge begleiten. 15

ADELH. Ihr kommt meiner Bitte zu vor. Darf ich fragen
wohin Euer Weg geht.

SICK. Nach Augsb⟨urg⟩.

AD. Das ist der meinige.

SICK. Ihr mögt also wollen oder nicht so habt Ihr einen 20
Knecht mehr in Eurem Gefolge.

ADEL. Einen erwünschten Gesellschafter an meiner Seite.

FRANZ *vor sich:* Was will nun der!

ADELH. Wir wollen aufsitzen Franz. Lebt wohl ihr fürchterliche Wandrer, ich dank euch für freu⟨n⟩dliche Bewir- 25
tung.

HAUPT. Wenn man uns Unrecht tut führt unser Wort, Ihr
seid groß bei Hofe.

ALTE Alle Gute geister geleiten dich blanke Mueter, denk
an mich wenn dirs geht wie ich gesprochen hab. 30
Sick.⟨ingen⟩ hält Adelh.⟨eid⟩ den Steigbügel.

FRANZ *drängt ihn Weg:* Das ist meine Sache Herr Ritter.

Ansprüche SICK. *lächelt:* Du machst Prätensionen*. Er hilft Ad.⟨el-
heid⟩ aufs Pferd.*

FR. *heiml.⟨ich⟩:* Der ist unausstehlich. 35

ADELH. Adieu.

Vice Versa:* Lebt wohl. Gott geleit euch. Adieu. *Ab.* Gegenseitig

Nacht. Eine halbverfallne Kapelle
auf einem Kirchhof

5 *Anführer der Bauern Rebellion.*

GEORG METZLER VON BALLENBERG *kommt:* Wir haben
sie! Ich hab sie!

HANS LINCK Brav! Brav! Wen alles.

GEORG METZLER Otten von Helfenstein, Nagel von Elters-
10 hofen – laßt mich die übrigen vergessen. Ich hab Otten
von Helfenstein!

JAKOB KÖHL Wo hast du sie.

METZLER Ich sperrt sie ins Beinhäusel nahe hierbei, und
stellt meine Leute davor. Sie mögen sich mit den Schä-
15 deln besprechen. Es sind gewiß von denen Unglückseli-
gen drunter die ihre Tyrannei zu Tode gequält hat. Brüder wie ich den Helfenstein in meinen Händen hatte, ich
kann euch nicht sagen wie mir war! Als hätt ich die Sonn
in meiner Hand und könnte Ball mit spielen.

20 LINCK Bist du noch der Meinung, daß man sie morgen ermorden soll.

METZLER Morgen. Heute noch es ist schon über mitternacht. Seht wie die Gebürge von der widerscheinenden
Glut ihrer Schlösser in glühendes Blut getaucht daherum
25 liegen. Sonne komm, Sonne komm! Wenn dein erster
gebrochner Strahl rot dämmert und sich mit dem fürchterlichen Schein der Flamme vereinigt. Dann wollen wir
sie hinaus führen, mit Blutroten Gesichtern wollen wir
dastehn, und unsre Spieße sollen, sollen aus hundert
30 Wunden ihr Blut zapfen. Nicht ihr Blut! Unser Blut. Sie
gebens nur wieder wie Blutigel. Ha. Keiner ziele nach
dem Herzen. Sie sollen verbluten, wenn ich sie ein Jahr

hundert bluten sähe meine Rache würde nicht gesättigt. O Mein Bruder! mein Bruder! Er ließ dich in der Verzweiflung sterben! Armer Unglücklicher, die Flammen des Fegfeuers quälen dich rings um. Aber du sollst tropfen der Linderung haben, alle seine Blutstropfen. Ich 5 will meine Hände drein tauchen. Und wenn die Sonne heraufgeht, Soll sie zugleich sehen mich mit seinem Blute und die Felsen durch die Flamme seiner Besitztümer gefärbt.

WACHE Ein Weib ist draus, mit einem Kind auf dem Arme. 10 Sie jammert und will zu den Hauptleuten.

LINCK Schickt sie fort.

METZLER Nein Brüder laßt sie herein. Wer sie auch ist ihr Jammern soll wie ein Käuzgen den schnellen Tod ihres Mannes verkünden. 15

Gemahlin. Sohn

⟨GEMAHLIN⟩ Gebt mir meinen Mann. Laßt mich ihn sehen. *Der Knabe schreit.* Sei ruhig Junge. Das was dir fürchterlich scheint ist ein Himmel gegen meiner Qual. Gebt mir meinen Mann ihr Männer. Um Gottes Barmherzig- 20 keit willen.

MET⟨Z⟩LER Barmherzigkeit. Nenne das Wort nicht. Wer ist dein Mann.

GEMAHLIN Otto –

Sprich METZLER Nenn* ihn nicht aus den verruchten Namen. Ich 25 möchte von Sinnen kommen, und deinen Knaben hier wider den geheiligten Altar schmettern.

GEMA⟨H⟩L. *zu den andern:* Sind eure Eingeweide auch eisern wie eure Kleider. Rührt euch mein Jammer nicht.

METZLER Barmherzigkeit. Das soll das Losungswort sein 30 wenn wir sie morden.

GEM. Wehe! Wehe!

METZL. Wie der giftige Drache, dein Mann, meinen armen Bruder, und noch drei Unglückliche in den tiefsten Turn warf. Weil sie mit Hungricher Seele seinen Wald eines 35

Hirsches beraubt hatten ihre armen Kinder und Weiber
zu speisen. – Wir jammerten und baten. So kniete die
arme Frau wie du kniest, und so stund der Wütrich wie
ich stehe –

5   Ich wollte diesen Platz nicht um einen Stuhl im Himmel
tauschen – Da flehten wir auch Barmherzigkeit, und
mehr als ein Knabe jammerte drein. – Damals lernt ich
was ich übe – Er stund der Abscheu* wie ein ehrener   Scheusal
Teufel, stund er und grinste uns an. Verfaulen sollen sie

10 lebendig und verhungern im Turn knirscht er. Damal
war kein Gott für uns im Himmel, jetzt soll auch keiner
für ihn sein.

GEM. Ich umfaß Eure Knie gebt mir ihn wieder.

METZLER Top! Wenn Ihr mir meinen Bruder wieder-
15 schafft. *Er stößt sie weg, knirscht und hält die Stirne mit
beiden Händen.* Halt es aus o mein Gehirn diese wüten-
de Freude. Bis ich sein Blut habe fließen sehen, dann
reiß. An der Erde seine geliebte Frau – Weh! Bruder das
ist tausen⟨d Seel⟩messen wert.

20 GEM. Laßt mich sie sehn. Mein Jam⟨mer⟩ wird mich verzehren.

METZL. Komm *Er nimmt sie bei der Hand und führt sie an
die Mauer.* Lege dein Ohr hier wider du wirst sie ächzen
hören, in dem Gewölbe hierbei auf Todengebein ist ihre

25 Ruhstätt. – Du hörst nichts. Ihr Jammer ist ein frühlings-
lüftgen – – – Er lag im Tiefen Turn und seine Gesellen bei
ihm. Ich kam des Nachts, und lehnt mein Ohr an. Da
hört ich sie heulen ich rief und sie hörten mich nicht.
Drei Nacht kam ich ich zerkratzte die Mauer mit Nägeln

30 und zerbiß sie mit Zähnen. – Die vierte hört ich nichts
mehr nicht mehr. Keinen Schrei kein Äch⟨zen⟩. Ich
horchte auf das Ächzen das Schrein wie ein Mädgen auf
die Stimm ihres Geliebten – Der Tod war stumm – ich
wälzte mir an der Erde und riß sie auf, und warf mich in

35 Dornsträucher, und fluchte bis der Morgen kam. Heiße
höllenheiße Flüche – über das Mördergeschlecht.

GEMA⟨H⟩L. *wirft sich vor ihn an die erde:* Gib mir meinen
Mann.
Metzler tritt nach ihr.
GEMA⟨H⟩L. Weh mir.
KÖHL Steh auf und geht. Es ist Raserei sich in den Pfad   5
seines Grimms zu werfen.
GEM. Es hört kein Gott mehr.
METZL. Wohl wohl. Hätte er damals gehört ein schneller
Blitz hätte deine Türne niedergebrannt, und hätte mir
die Wonne geraubt selbst selbst in deinen Gemächern   10
herum zu sengen. Sieh da hinaus wies Glüht. Kleiner
Junge sieh das schöne Feuergen – Ah.
KOHL Geht! geht! Eure Gege⟨n⟩wart nährt seine Rache.
Gem.⟨ahlin⟩ ab.
LINCK Ich sinne drauf Bruder wenn sie tot sind was wir   15
weitern vornehmen.
KOHL Wir müssen suchen der Sache einen Schein zu geben.
LINCK Ich dachte ob wir nicht Gottfrieden von Berlichin-
gen zum Hauptmann machen sollten. Es fehlt uns ein
Anführer, von Kriegserfahrenheit und Ansehn.   20
KOHL Er wirds nicht tun.
METZLER Wir wollens ihn lernen. Bring ihm den Dolch an
die Haut. Und den Feuerbrand ans Dach, er wird sich
geschwind entschließen.
LINCK Er würde uns von großem Nutzen sein.   25
METZLER Er soll. Wir sind einmal im Metzeln, es kommt
mir auf einen mehr nicht an. Sieh! Sieh! Es dämmert.
Der Osten Färbt sich bleich. *Er nimmt seinen Spieß.*
Auf! Ihre Seelen sollen mit dem Morgennebel steigen.
Und dann. Stürm stürm Winterwind, und zerreiß sie,   30
und heul sie tausend Jahr um den erdkreis herum und
noch tausend, bis die Welt in Flammen aufgeht, und
dann mitten mitten mit Ihnen ins Feuer. *Ab.*

Adelhaidens Vorzimmer

FRANZ *mit einem Briefe:* Sie liebt mich nicht mehr, der
verdammte Sickingen hat mich verdrängt. Ich haß ihn,
und soll ihm den Brief bringen, o daß ich das Papier
5   vergiften könnte. Ich soll ihn heute Nacht heimlich zu
ihr führen. In die Hölle! – Wenn sie mir liebkost weiß ich
voraus, sie will mich zahm machen, dann sagt sie hinten
drein, lieber Franz tu dies tu das. Ich kanns ihr nicht
abschlagen, und rasend mögt ich werden indem ich ihr
10   folge – Ich will nicht gehen, soll ich meinen Herren meinen guten Herrn verraten, der mich liebt wie seinen jün-
gern Bruder, um eines wankelmütigen Weibs willen.

ADELH. *kommt:* Du bist noch nicht weg.

FRANZ Werd auch nicht gehen, da habt Ihr Euern Brief
15   wieder.

ADELH. Was kommt dir ein.

FR. Soll ich ein Verräter an meinem guten Herren sein.

ADELH. Wo bist du das Gewissen so geschwind begegnet.
Deinen Herrn verraten! Welche Grille. Du tust ihm ei-
20   nen wahren Dienst. Indem Sicking und er öffentlich getrennt sind, und er doch von großem Gewicht ist bleibt
keine Kommunikations Art mit ihm übrig als die, ihm
heimlich zu schreiben und heimlich mit ihm zu reden.

FRANZ Um Mitternacht in Eurem Schlafzimmer. Es mag
25   ein recht politischer Kommunikations Punkt sein der
euch zusammen bringt.

ADELH. *imponierend:* Franz.

FR. Und mich zum Unterhändler zu machen.

ADELH. Gib mir den Brief wieder. Ich hielt dich für was
30   anders.

FR. Gnädge Frau.

ADELH. Gib! gib! Du wirst unnütz. Und kannst gehn, und
nach Belieben meine Geheimnisse verraten. Deinem guten Herrn, und wem du willst. Ich war die Närrin dich

für was zu halten was du nicht bist. Gib mir den Brief
und geh.

FR. Liebe gnädge Frau zürnt nicht. Ihr wißt daß ich Euch
liebe.

ADELH. Und ich hielt dich – du weißts! das hat dich über- 5
mütig gemacht. Du warst mein Freund, meinem Herzen
so nah. Geh nur geh, gib mir den Brief, und belohne
mein Vertrauen mit Verrat.

FR. Laßt mich ich will Euch gehorchen, eh wollt ich mir
das Herz aus dem Leibe reißen, als den ersten Buchsta- 10
ben Eures Geheimnisses verschwätzen*. Liebe Frau. –
Wenn diese Ergebenheit nichts mehr verdient als andre
sich vorgezogen zu sehen –

ADELH. Du weißt nicht was du willst, noch weniger was
du redst. Wanke nicht von deiner Lieb und Treu. – Und 15
der schönste Lohn soll dir werden. *Ab.*

FR. Der schönste Lohn. Ich fliege! Wenn sie Wort hält! Das
würd ein Jahrtausend vergangner Höllenqualen, in einem Augenwink* aus meiner Seele verdrängen. *Ab.*

Jaxthaussen 20

Elisabeth. Lersee

LERS. Tröstet Euch gnädge Frau!

ELIS. Ach Lersee, die Tränen stunden ihm in den Augen
wie er Abschied von mir nahm. Es ist grausam, grausam! 25

LERS. Er wird zurückkehren.

ELIS. Es ist nicht das. Wenn er auszog rühmlichen Sieg zu
erwerben, da war mirs nicht bang um's Herz. Ich freute
mich auf seine Rückkunft. Vor der mir jetzt bang ist.

LERS. Ein so edler Mann – 30

ELIS. Nenn ihn nicht so das macht neu elend. Die Bösewichter sie drohten ihn zu ermorden und sein Schloß zu

Gottfried von Berlichingen (Auszüge)

seinem Scheiterhaufen zu machen. Wenn er wiederkommen wird. Ich sehe ihn finster finster. Seine Feinde werden lügenhafte Klag Artikel schmieden, und er wird nicht sagen können, nein!

5 LERS. Er wird, und kann.

ELIS. Er hat seinen Bann gebrochen. Sag nein.

LERS. Nein! Er ward gezwungen, wo ist der Grund ihn zu verdammen.

ELIS. Die Bosheit sucht keine Gründe nur Ursachen, nur
10 Winke. Er hat sich zu Rebellen, Missetätern Mördern gesellt, ist an ihrer Spitze gezogen. Sage nein!

LERSE Laßt ab Euch zu quälen, und mich. Haben sie ihm nicht selbst feierlich zugesagt, keine Tathandlungen mehr zu unternehmen wie die bei Weinsberg. Hörtet Ihr
15 sie nicht selbst, halb reuig sagen, wenn nicht geschehen wär geschähs vielleicht nie. Müssen nicht Fürsten und Herren ihm dank sagen, wenn er freiwillig Führer eines unbändigen Volks geworden wäre um ihrer Raserei einhalt zu tun, und soviel Menschen und Besitztümer zu
20 schonen.

ELIS. Du bist ein liebevoller Advokat. – Wenn sie ihn gefangen nähmen, als Rebell behandelten, und sein graues Haupt – Lersee ich mögte von Sinnen kommen.

LERSE Sende ihrem Körper Schlaf lieber Vater der Men-
25 schen wenn du ihrer Seele keinen Trost geben willst.

ELIS. Georg hat uns versprochen, Nachricht zu senden. Er wird auch nicht dürfen wie er will. Sie sind ärger als gefangen. Ich weiß man bewacht sie wie Feinde. Der gute Georg. Er wollte nicht von seinem Herren weichen.

30 LERS. Das Herz blutete mir wie ich ihnen vom Turn nachsah. Wenn Ihr nicht meiner Hülfe bedürftet. Alle Strafen einer kalten feigen Mordsucht, sollten mich nicht zurückgehalten haben.

ELIS. Ich weiß nicht wo Sickingen ist. Wenn ich nur Ma-
35 rien einen Boten schicken könnte.

LERS. Schreibt nur, ich will dafür sorgen. *Elis.⟨abeth⟩ ab.*

LERS. Wenn du nicht das Gegengewicht hältst, Gott im
Himmel, so sinkt unsre Schale unaufhaltsam in Abgrund. *Ab.*

Bei einem Dorf 5

Gottfr.⟨ied.⟩ Georg

GOTTF. Geschwind zu Pferde Gorg ich sehe Miltenberg
brennen. Das ist wider den Vertrag. Die Mordbrenner.
Sagt i⟨c⟩h ihnen nicht zu, ihnen zu ihren rechten und
Freiheiten behülflich zu sein, Wenn sie von allen Tätlich- 10
keiten abstehen, und ihre grundlose unnütze Wut in
zweckmäßigen Zorn verkehren wollen. Reit hin und sag
ihnen die Meinung, sag ich sei nicht an mein Versprechen gebunden wenn sie das ihrige so scheußlich ver-
nachlässigen. *Georg ab.* Wollt ich wär tausend meil da- 15
von. Wer sich in die Gesellschaft des Teufels begibt, ist so
gut als versengt, sein Element ist das Feuer. Könnt ich
mit Ehren von ihnen kommen. Ich sage ihnen alle Tage
die bittersten Wahrheiten und fahr ihnen durch den
Sinn. Daß sie meiner satt werden sollen. Aus dem Feg- 20
feuer würd keiner mehr nach Rettung seufzen als ich aus
dieser Schlinge.

EIN UNBEKANNTER *tritt auf:* Gott grüß Euch sehr edler
Herr.

GOTTF. Gott dank Euch. Was bringt Ihr. Euern Namen. 25

UNB. Der tut nichts zur Sache. Ich komm Euch zu sagen
daß Euer Kopf in Gefahr ist. Die Anführer müde, sich
von Euch so harte Worte geben zu lassen, haben beschlossen Euch aus dem Wege zu räumen. Denn Ihr steht
ihnen im Weg. Mäßigt Euch, oder seht zu entwischen. 30
Und Gott geleit Euch. *Ab.*

GOTTF. Hört! Noch ein Wort – Auf diese Art mein Leben

zu lassen – Gottfr.⟨ied⟩ Gottfr.⟨ied⟩ du wolltest dem jäm-
merlichen Tod entgehen, die Flamme löschen die deine
Burg zu verzehren drohte. Du hast dich in ein abscheuli-
ches Feuer gestürzt das zugleich dich und deinen Namen
5 verzehren wird – Wollte Gott verzehren.

Einige Bauern

1. B. Herr! herr! sie sind geschlagen sie sind gefangen.

GOTTF. Wer!

2. B. Die Miltenberg verbrannt haben, es zog sich ein bün-
10   discher Trupp hinter dem Berg her und überfiel sie auf
     einmal.

GOTTF. Sie erwartet ihr Lohn. – O Georg Georg! – Sie ha-
     ben ihn mit den Bösewichtern gefangen. – Mein Gorg!
     Mein Gorg –!

15 *Anführer treten auf.*

LINCK Auf herr Hauptmann auf. Es ist nicht säumens Zeit.
     Der Feind ist in der Nähe und mächtig.

GOTTF. Wer verbrannte Miltenberg.

METZLER Wenn Ihr Umstände machen wollt, so werden
20   wir Euch weisen wie man keine macht.

KOHL Sorgt für unsre Haut und Eure. Auf! auf!

GOTTF. *zu Metzl.⟨er⟩:* Droht ihr mir. Du nichtswürdiger
     glaubst du daß du mir fürchterlicher bist weil noch des
     Grafen von Helfenstein Blut an deinen Kleidern klebt.
25   Es ekelt mir vor dir, ich verabscheue dich wie eine ge-
     fleckte Kröte.

METZLER Berlichingen.

GOTTF. Du darfst mich beim Namen nennen. Und meine
     Kinder werden sich dessen nicht schämen, wenn deiner
30   du Bösewicht wie der Name des Teufels, nur zu flüchen
     und zu Verwünschung tönen wird.

KOHL Verderbt eure Zeit nicht mit unglücklichem Streit.
     Ihr arbeitet dem Feinde vor.

GOTTF. Er mir drohen. Der bellende Hund! Das
35   schlech⟨t⟩ste Weib würde seinen Zorn aushöhnen. Der

Feige dessen Galle wie ein bösartiges Geschwür innerlich herumfrißt, weil seine Natur nicht Kraft genug hat
sie auf einmal von sich zu stoßen. Pfui über dich! Es
stinkt es stinkt um dich von faulen aufgebrochnen Beulen, daß die himmlische Luft sich die Nase zu halten 5
mögte.

KOHL Geht Metzler, zu Euerm Trupp.
Unsre halten schon hinterm Dorf. Wir müssen Auf und
abziehen, um es zu keiner Schlacht kommen zu lassen.

BERLICH. Wenn der Teufel ihn zu holen kommt nehmt 10
euch in acht daß er nicht einen von euch im Dunkeln
erwischt. Und ihr seid wert seine Gebrüder in der Hölle
zu sein, da ihr euch zu Gesellen seiner scheußlichen Taten macht. Was! eure Freiheiten eure Gerechtigkeiten
wieder zu erlangen, begeht ihr Taten, die der Gerechtig- 15
keit so laut in die Ohren brüllen, daß sie vor euerm Flehen taub werden muß. Meine Zeit geht zu ende. Und ich
will meines Wegs.

LINCK Du sollst. Denn wir sind deiner Herzlich müd, wir
hielten, dich für einen edlern freiern Mann, für einen 20
Feind der Unterdrückung, nun sehen wir daß du ein
Sklave der Fürsten bist, und kein Mann für uns, Wenn
deine Zeit um ist sollst du fort.

GOTTF. In Gottes Namen, und der mag richten, und alles
zum besten kehren. Und wenn ihr durchschlupft, so darf 25
der Teufel Erlösung hoffen.

Nacht. Adelhaidens Vorzimmer

FRANZ *in einem Sessel auf den Tisch gelehnt, schlafend.*
Das Licht brennt dunkel. Im Schlaf: Nein! Nein! *Er*
fährt auf: Ah! – Sie sind noch beisammen. – Für Wut 30
mögt ich mich selbst auffressen. Du konntest schlafen.
Sieh! deine Missetat verfolgt dich in den tiefsten

Schlummer. Elender Nichtswürdiger du machst den Wächter zu ihren Verbrechen. Ein Geräusch. Auf auf daß die Sonne eure ehbrecherische Stirnen nicht beleuchte.

5 *Adelhaid. Sickingen*

ADELH. Du gehst! Ein harter Stand für mich, denn ich verlor noch nichts was ich so liebte.

SICKING. Und ich nahm noch von keiner Adelhaid Abschied.

10 ADELH. Wenn ich wüßte das sollte das letztemal sein ich wollte dich Trutz dem Verrätrischen Tage in meinen Armen festhalten. Sicking vergiß mich nicht. Meine Liebe tat zu viel für dich rechens ihr nicht zum Fehler an. Und wenns ein Fehler war so laß mich in der Folge Ent-
15 schuldigung für ihn finden.

SICKING. Ein Fehler der mich zu einem Gott machte. Leb wohl, du wohnst hier mitten unter den stolzesten Unternehmungen!

ADELH. Ein Edler Platz.

20 SICK. Du wärst einen Thron wert.

ADELH. Ich würde nicht schöner ruhen als hier. *Sie legt ihre Hand auf seine Brust er küßt sie.*

SICK. Wende deine Augen sonst kann ich nicht von der Stelle.

25 ADELH. Geht möge jeder von meinen Gedanken die ich Euch nachsende ein Engel sein, und Euch geleiten und beistehn.

SICK. Lebt wohl. *Ab.*

ADELH. Das ist ein Mann. Weisling ist ein Schatten gegen
30 ihn. Schicksal, Schicksal warum hast du mich an einen Elenden geschmiedet. – Schicksal! Sind wirs nicht selbst. Und weissagte mir die Zigeunerin nicht den dritten Mann den schönsten Mann! – Es steht Euch eins im Weg ihr liebts noch! – Und lehrte sie mich nicht durch gehei-
35 me Künste meinen Feind vom Erdboden weghauchen.

Er ist mein Feind, er stellt sich zwischen mich und mein
Glück. Du mußt nieder in Boden hinein, mein Weg geht
über dich weg.

Weis.⟨lingen.⟩ Adelh.⟨heid⟩

ADELH. So früh.   5

WEIS. Seit drei Tagen und Nächten kenn ich keinen Unterschied von früh und spat. Diesen Augenblick stirbt unser Kaiser, und große Veränderungen drohen herein.
Eben krieg ich einen Brief mit der Nachricht, daß der
Bäurische Aufruhr durch eine ⌈entscheidende Schlacht⌉   10
gedämpft sei, die Rädelsführer sind gefangen und Gottfried von Berlichingen unter ihnen.

AD. Ah.

WEIS. Der Bund ersucht mich. Die Stelle des ersten Commissarius in dieser Sache zu übernehmen, damit er nicht   15
scheine sein eigner Richter sein zu wollen.

ADELH. Und du übernimmst.

WEIS. Nicht gern, ich wollte den reichlich belohnen der
mir die Nachricht von Gottfrieds Tode brächte, – ihn
selbst zu verdammen –   20

ADELH. Hast du nicht das Herz.

WEIS. Ich hab's nicht so bös.

ADELH. Du bist von jeher der Elenden einer gewesen, die
weder zum Bösen noch zum Guten einige Kraft haben.

WEIS. Und wie du gemacht wurdest wetteten Gott und der   25
Teufel um's Meisterstück. Die Himmlische Weisheit bil-

engelhaften   dete diesen englischen* Körper und beschenkte ihn mit
einem übermenschlichen Genius, Da kam der Teufel mit
einem Tröpfgen höllischen Feuers, das wir mit einem
Schwachen Wort Haß nennen – Aus jedem Tröpfgen   30
quillt ein Meer von Glut. – Und warf s in dein Herz –
und gewann. *Ab.*

ADELH. Geh nur. Das fehlte noch daß er sich zu überheben
anfängt. Wir wollens ihm wehren. Gottfried soll aus der
Welt da befrei ich Sickingen von einem leidigen Bande.   35

Und dann Weislingen mach dich zur Ruhe gefaßt du bist
zu ein fauler Geselle, als daß ich auf der Reise länger
dich fortschleppen solle. Lieg! Lieg! Versteck dich unter
den Boden du Feiger. Es dürfen tausend Herolde, drei
5   Schritte von dir, tausend herausforderungen herab
trompeten, und du kannst in ehren außenbleiben. *Ab.*

Kerker

Gottfried. Elis.⟨abeth⟩

ELIS. Ich bitte dich rede mit mir lieber Mann, dein still-
10   schweigen ängstigt mich. Du verglühst in dir selbst. Ach
ich wollte lieber die Flammen in meinen Gemächern sich
begegnen, als diese tiefe Verzweiflung dein Gehirn
durchschleichen sehen. Rede mit mir laß mich deine
Wunden verbinden wir wollen sehen ob sie besser ge-
15   worden sind, daß nur deine Seele durch die geringste
Tätigkeit, durch eine dämmernde Hoffnung, und wenns
Abenddämmerung wäre, aus sich selbst heraus gerissen
werde.

GOTTFR. Sie haben mich nach und nach verstümmelt mei-
20   ne Hand meine Freiheit, Güter, und guten Namen. Das
schlech⟨t⟩ste haben sie zuletzt aufbehalten, meinen
Kopf, was ist der ohne das andre.

ELIS. Welch eine mutlose Finsternis! Ich finde dich nicht
mehr.

25 GOTTF. Wen suchtest du. Doch nicht Gottfrieden von Berlichingen. Der ist lang hin. Das Feuer des Neids hat seine
Dächer verbrannt sie sind übereinander gestürzt, und
haben die Mauern mit erschlagen, das verwuchs mit
Epheu, und die Bauern führten Steine davon den Grund
30   ihrer Häuser damit zu legen. Wölfe wohnten im Gesträuch, und die Eule sitzt in der Mauer, du findest hier
nur ein verfallen Gewölb eines stolzen schlosses worin
der Geist seines Alten Besitzers ächzend herumgleitet.

ELIS. Lieber Mann Lersee wird bald kommen.

GOTTFR. Glaubst du.

ELIS. Ich erzählts Euch ja gestern.

GOTTFR. Ich weiß nichts davon.

ELIS. Du merkst nicht auf wenn ich rede. Ich ging zu einem 5
der Kais:⟨erlichen⟩ Regiments Räte, und bat ihn Ler-
seens Bann aufzutun. Du seist arm und alt und unglücklich, der einzige Diener sei dir blieben. Er hieß mich wieder kommen, und da sagt er mir zu, er soll los auf Urfehde sich auf Marientag* nach Augsb.⟨urg⟩ zustellen. 10
Der Rat von Hailbr.⟨onn⟩ hab den Auftr.⟨ag⟩ ihn schwören zu lassen. Ich schrieb ihm.

GOTTF. Ich werde Freud haben ihn zu sehn, Auf Marie
Himmelfahrt nach Augsb.⟨urg.⟩ Bis dahin werd ich sein
nicht mehr bedürfen. 15

ELIS. Richtet Euch auf. Es kann alles sich wenden.

GOTTF. Wen Gott niederschlägt, der richtet sich selbst
nicht wieder auf. Ich weiß am besten was auf meinen
Schultern liegt. Es ist nicht das Unglück. Ich habe viel
gelitten. Liebe Frau wenn so von allen Seiten die Wider- 20
wärtigkeit⟨en⟩ hereindringen und ohne Verbindung unter sich selbst auf einen Punkt dringen, dann dann fühlt
man den Geist der sie zusammen bewegt. Es ist nicht
Weislingen allein, Es sind nicht die Bauern allein es ist
nicht der Tod des Kaisers allein. Es sind sie alle zusam- 25
men. Meine Stunde ist kommen. Ich hoffte nicht daß es
eine der Wintermitternächtlichsten sein sollte.

Vorm Gefängnis

Lersee. Elis.⟨abeth⟩

LERS. Gott nehm das Elend von Euch. Marie ist hier. 30

ELIS. Marie.

LERS. Auf Euern Befehl bracht ich ihr Nachricht von al-

Mariä Himmel-
fahrt am
15. August

lem. Sie antwortete mir nichts als Lersee ich geh mit dir. Sie ängstet sich ihren Bruder zu sehen. Ach gnädge Frau ich fürcht alles. Weislingen ist erster Commissarius und man hat schon mit unerhörten Ex⟨ek⟩utionen den An-
5 fang gemacht. Jörg Metzler ist lebendig verbrannt, die andern gerädert enthauptet, geviertteilt. Das land rings umher gleich einer Metzge wo menschenfleisch wohlfeil ist.

ELIS. Weisl.⟨ingen⟩ Commissar. Wo ist Sickingen.

10 LERS. Ihr hörtet nichts von seiner Unternehmung. So bald der Kaiser die Augen zugetan hatte griff er nach den Waffen und überfiel Trier unversehens. Es ist eine schröckliche Bewegung im Reich über das.

ELIS. Weisl.⟨ingen⟩ Commissar. Ein Strahl! ein Strahl von
15 Hoffnung. Wo ist Marie.

LERS. Im Wirtshause.

ELIS. Führe mich zu ihr.

Weisl.⟨ingens⟩ Schloß

ADELH. Es ist getan. Es ist getan. Er hat Gottfriedens To-
20 desurteil unterschrieben; und schon trägt das fließende Wasser auch seine Lebenskräfte der Verwesung entge- gen. Schwarze Mutter, wenn du mich betrogen hättest, wenn deine Sympathien leeres Gaukelspiel wären. Gift! Gift! – Du Fluch des Himmels der du unsichtbar um
25 Missetäter schwebst, und die Luft vergiftest die sie ein- ziehen, stehe meinen Zaubermitteln bei, verzehre ver- zehre diesen Weislingen, den Verräter an der ganzen Welt. Rette mich aus seinen toten Umarmungen, und laß meinen Sickingen seiner Wünsche teilhaftig werden,
30 und mich des meinigen. Siege Siege würdigster schönster Mann, den schönsten Sieg! Und dann flieg in meine Ar- me, die heißeste Brust des Überwinders, soll an diesem Busen noch erwärmter werden.

FRANZ Die Pferde sind gesattelt.

AD. Gut. Ich muß noch von meinem Mann Abschied nehmen. Was hast du, du siehst so kummervoll.

FRANZ Es ist Euer Wille daß ich mich tot schmachten soll.
In den Jahren der Hoffnungen macht Ihr mich verzwei- 5
feln.

ADELH. Er dauert mich. Es kostet mich nichts ihn glücklich zu machen. Franz du rechenst deine Die⟨n⟩ste hoch
an.

FR. Meine Dienste für nichts gnädge Frau. Aber meine Lie- 10
be, kann ich nicht geringer schatzen als mich selbst denn
sie füllt mich ganz ganz.

ADELH. Begleitst du mich.

FR. Wenn Ihrs befehlt.

ADELH. Komm nur mit. *Ab.* 15

FR. Sie lächelt. Unglücklicher Junge, so führt sie dich herum. Meine Hoffnung krümmt sich, und kann nicht ersterben. Sie ist ich selbst, ach muß ich ihr nicht Arzenei
und Speisen reichen. *Ab.*

⟨Wirtshaus⟩ 20

Elis.⟨abeth.⟩ Marie

ELIS. Ich bitte dich Marie tus. Wenns was geringers wäre
als deines Bruders leben, wollt ich dich abhalten, diesen
Menschen wiederzusehen. Er ist der oberste Commissarius und kann alles. 25

MAR. Wie wird mirs sein wenn er mich verächtlich fort-
schickt.

ELIS. Er wirds nicht tun. Er hatte von jeher ein zu weiches
Herz, und der Anblick dessen dem wir unrecht getan
haben, im Elend, hat so was greifendes*, daß die 30
menschliche Natur ihm nicht widersteht.

MAR. Was wird Sickingen sagen.

etwas Ergrei-
fendes

ELIS. Billigen wird ers. Und tät er's nicht so war das Leben
deines Bruders wohl ein sauers* Wort von deinem Man-
ne wert.

unfreundli-ches

MAR. Ich habe zwei Reuter. Ich will fort. Laß mich Gott-
5 fr.⟨ieden⟩ erst sehen.

ELIS. Nein! Nein! Ich fürchte jeden Augenblick. Geh liebe,
und sieh ihn Jahre lang. Er ist der edelste unter den Menschen. *Ab.*

Adelhaidens Schloß

10 *Adelhaid. Franz in ihren Armen*

ADELH. Verlaß mich Franz, der Wächter singt auf dem
Turn, heimlich schleicht der Tag heran. Daß niemand
erwache und in den Busen unsers Geheimnisses verrate.

FR. Soll ich fort. O das geht über alle Höllenstrafen die
15 glückseligkeit des Himmels nur einen kleinen Augenblick zu genießen. ⌈Tausend Jahre sind nur eine halbe
Nacht.⌉ Wie haß ich den Tag. Lägen wir in jener uran-
fänglichen Nacht, eh das Licht geboren ward. Oh. Ich
würde an deinem busen der ewigen Götter einer sein, die
20 in brütender Liebeswärme in sich selbst wohnten, und in
einem Punkte die Keime von tausend Welten gebaren,
und die Glut der Seligkeiten von tausend Welten auf einen Punkt fühlten.

ADEL. Verlaß mich kleiner Schwärmer.

25 FR. Der schwärmt wer nichts fühlt, und schlägt mit seinen
Flügeln den Leeren Raum, ich bin so in Freude versunken daß sich keine Nerve rühren kann.

ADELH. Geh. Die Knechte stehen früh auf.

FRANZ Laßt mich! Reißt mich nicht so auf einmal aus der
30 Hitze in den Frost. Die leere Erinnerung würde mich
rasend machen.

ADELH. Wenn sich nicht hoffnung zu ihr gesellte.

FR. Hoffnung – du schön Wort. Ich hatt sie ganz vergessen. Die Fülle des Genusses ließ keiner Hoffnung Platz. – Das ist das erstemal in meinem leben daß ich hoffe. Das andre waren Maulwurfs Ahndungen. – Es tagt. – Ich will fort! – *Er umarmt sie.* So ist kein Ort der Seligkeit im Himmel. Ich wollte meinen Vater ermorden wenn er mir diesen Platz streitig machte. *Ab.* 5

ADELH. Ich habe mich hoch ins Meer gewagt, und der Sturm fängt an fürchterlich zu brausen. Zurück ist kein Weg! Weh weh! Ich muß eines den Wellen preis geben um das andre zu retten. Die leidenschaft dieses Knaben, droht meinen Hoffnungen. – Könnte er mich in Sickingens armen sehen, er der glaubt, ich habe alles in ihm vergessen weil ich ihm eine Gunst schenkte in der er sich ganz vergaß. – Du mußt fort – du würdest deinen Vater ermorden – Du mußt fort. Eben der Zauber-Gift der deinen Herren zum Grab führt, soll dich ihm hinter drein bringen. Er soll. – Wenn's nicht fürchterlicher ist zu sterben als einem dazu zu verhelfen. So tu ich euch kein Leids. Es war eine Zeit wo mir graute. So sind alle Sachen wenn sie in die Nähe treten, alltäglich. *Ab.* 10 15 20

Weis.⟨lingens⟩ Schloß. Gegen Morgen

WEISL. Ich bin so krank, so schwach. Alle meine Gebeine sind hohl. Ein elendes fieber hat das Mark ausgefressen. Keine Ruh und Rast, weder Tag noch Nacht. Im halben Schlummer giftige Träume. Die vorige Nacht begegnete ich Gottfrieden im Walde. Er zog sein Schwert und forderte mich heraus. Ich hatte das herz nicht, nach meinem zu greifen, hatte nicht die Kraft. Da stieß ers in die Scheide, sah mich verächtlich an, und ging vorbei. – Er ist Gefangen und ich zittre vor ihm. Elender Mensch. Sein Kopf hängt an meinem Wort, und ich bebte vor 25 30

Gottfried von Berlichingen (Auszüge)

seiner Traumgestalt wie ein Missetäter. Gottfr.⟨ied⟩
Gottf.⟨ried.⟩ – Wir Menschen führen uns nicht selbst.
Bösen Geistern ist Macht über uns gelassen, daß sie ihren Höllischen Mutwillen an unserm Verderben üben *Er*
5 *sezt sich.* – Matt! Matt! Wie sind meine Nägel so blau –
Ein kalter kalter verzehrender Schweiß lähmt mir jedes
Glied. Es dreht mir alles vorm Gesicht. Könnt ich schlafen. Ah – *Marie tritt auf.* Jesus Marie! – Laß mir Ruh!
laß mir Ruh! – Seliger Geist quäle mich nicht! – die Ge-
10 stalt fehlte noch! – Sie stirbt, Marie stirbt und zeigt sich
mir an. – Verlaß mich seliger Geist, ich bin elend genug.
MARIE Weisl.⟨ingen⟩ ich bin kein Geist. Ich bin Marie.
AD.⟨ELBERT⟩ Das ⟨ist⟩ ihre Stimme.
MARIE Ich komme meines Bruders Leben von dir zu erfle-
15 hen, er ist unschuldig, so strafbar er scheint.
WEIS. Still Marie. Du Engel des Himmels bringst die Qualen der Hölle mit dir. Rede nicht fort.
MARIE Und mein Bruder soll sterben. Weisl.⟨ingen⟩ es ist
entsetzlich, daß ich dir zu sagen brauche, er ist unschul-
20 dig. Daß ich jamm⟨ern⟩ muß deine Hand von dem abscheulichsten Mord zurückzuhalten. Deine Seele ist bis
in ihre innerste Tiefen von Feindseligen Mächten besessen. Das ist Adelbert!
WEIS. Du sieh⟨s⟩t, der verzehrende Atem des Tods hat mich
25 angehaucht, meine Kraft sinkt nach dem Grabe. Ich
stürbe als ein Elender und du kommst mich in Verzweiflung zu stürzen. Wenn ich reden könnte. Dein höchster
Haß würde in sanftesten Jammer zerschmelzen Oh!
Marie! Marie! *Er geht nach seinen Tisch.* Hier ist das
30 Todesurteil deines Bruders, unterschrieben.
MAR. Heiliger Gott.
WEIS. Und hier zerreiß ich s. Meine letzten Kräfte sollen
um seine Befreiung ringen. *Er setzt sich zu schreiben.*
Könnt ich, könnt ich retten, was ich ins Verderben stürz-
35 te.

MAR. *vor sich:* Er ist sehr krank. Sein Anblick zerreißt mir das Herz. Wie liebt ich ihn! Und wie ich sein Angesicht sehe fühl ich wie lebhaft. Er hatte meine ganze Liebe er hat mein volles Mitleiden. *Weis⟨lingen⟩ zieht die Schelle. Fräulein kommt weinend.* 5

WEIS. Ein Licht. Bist du allein da. Wo ist Franz wo die andern!

FR. Ach Herr.

MAR. Wie ich herein kam sah ich niemanden außer dem Torwächter. 10

FRÄUL. Sie haben diese Nacht geraubt was sie kriegen konnten den Torwächter mit Dolchen genötigt aufzuschließen und sind davon.

WEIS. Danke Dir Gott ich soll noch büßen eh ich sterbe. Und Franz. 15

FR. Nennt ihn nicht, es dringt mir durch die seele. Ein noch schröckliche⟨r⟩s Fieber als Euch ermattet, wirft ihn auf seinem Lager herum, bald rast er an den Wänden hinauf als wenn an der Decke seine Glückseligkeit gehaftet wäre, bald wirft er sich auf den Boden mit rollen⟨den⟩ Au- 20 gen schröcklich schröcklich. Dann wird er still und matt, und blickt mir mit Tränen in den Augen, und seufzt – und – nennt Eure Gemahlin.

WEIS. Er hing sehr an ihr.

MARIE Es ist traurig. 25

FR. Es ist mehr als das. Eine weise Frau aus dem Dorfe die ich herauf rief, Beteuerte seine Lebenskräfte seien mit schröcklichen Zauberformeln mit der Verwesung gepaart, er müsse sich verzehren und sterben. –

WEIS. Aberglauben. 30

FR. Wollte Gott. Aber mein Herz sagt mir daß sie nicht lügt. Ich sagte ihr Euern zustand sie schwur das nämliche, und sagte Ihr müßt verzehren und sterben.

WEIS. Das fühle ich. Es sei nun⟨?⟩ durch Wunderbaren unbegreiflichen Zusammenhang der Natur oder durch 35

Höllische Kräfte. Das ist wahr vor weniger Zeit war ich
frisch und Gesund. Ein Licht. –

Fr.⟨äulein⟩ ab.

Alles was ich kann enthält dieser Brief. Gib ihn dem von
Seckendorf dem Regiments Rat in seine Hände er war
immer mir entgegen, ein Herz voll Liebe. Was sein kann
wird sein. – Du bist zu einer grausamen Szene Gekommen. Verlassen von aller Welt, im Elend der jämmerlich-
sten Krankheit, beraubt ⟨von⟩ denen auf die ich traute –
Siehst du ich bin gesunken, tief tief.

MAR. Gott richt Euch auf.

WEIS. Der hat lang sein Antlitz von mir Gewendet. Ich bin
meinen eignen Weg gegangen den Weg zum Verderben.

Fr.⟨äulein⟩ mit Licht

WEIS. Ist der Bote noch nicht zurück den ich nach meiner
Frau sendete. Gott ich bin ganz allein mit dir armem
Mädgen

FR. Ach Gnädger Herr.

WEIS. Was hast du.

FR. Ach sie wird nicht kommen.

WEIS. Adelhaid. Woher weiß⟨t⟩ dus.

FR. Laßt mich's Euch verschweigen.

WEIS. Rede der Tod ist nah und die Hölle mir, was kann
mich tiefer stoßen.

FR. Sie wartet auf Euern Tod. Sie liebt Euch nicht.

WEIS. Das letzte fühlt ich lang, das erste vermutet ich. Marie siegle du, ich bin zu schwach.

FR. Sie haßt Euch, sie wünscht Euren Tod. Denn sie brennt
für den edlen von Sickingen sie liebt ihn bis zur Raserei.
Und Euer Tod –

WEIS. Marie! Marie! Du bist gerächt!

MARIE Meinen Mann.

FR. Ists Euer Mann *vor sich:* wie lieb ist mirs daß ich nicht
mehr gesagt habe.

WEIS. Nimm deinen Brief und geh liebe Seele. Geh aus der
nachbarschaft dieser Hölle.

MARIE Ich will bei dir bleiben armer Verlaßner.

WEIS. Ich bitte dich geh. Elend! Elend! ganz allein. Zu sterben von niemanden gepflegt von niemanden beweint.
Schon die Freudenfeste nach seinem Tod vorsummen
hören. Und den letzten einzigen Trost. Marie deine Ge- 5
genwart. Ich muß dich weg bitten. Das ist mehr Qual als
alles.

MAR. Laß mich. Ich will deiner warten. Denk ich sei ein⟨e⟩
Warterin dieses Mädgens Schwester. Vergiß alles. Vergesse dir Gott so alles wie ich dir alles vergessen. 10

WEIS. Du Seele Voll Liebe bete für mich bete für mich.
Mein Herz ist verschlossen. Sogar ich fühle nur elend in
deiner Liebe.

MAR. Er wird sich deiner Erbarmen. – Du bist matt.

WEIS. Ich sterbe sterbe und kann nicht ersterben. Und in 15
dem fürchterlichen Streit des Lebens und Tods zerrissen
schmeck ich die Qualen der Hölle all vor.

M. Erbarmer erbarme dich seiner. Nur einen liebevollen
blick in sein Herz. Daß es sich zum Trost öffne, und Sein
Geist Hoffnung Lebens Hoffnung in den ewige⟨n⟩ Tod 20
hinüber bringe.

Ein kleines unterirdsches Gewölb.
Das heimliche Gericht

*Sieben Richter um einen schwarzbedeckten tisch, worauf
ein Schwert und Strang, sitzend, auf jeder Seite sieben Un-* 25
*terrichter stehend, alle in weißen langen Kleidern ver-
mummt.*

I. OBER RICHT. Ihr Richter des heimlichen Gerichts, die
ihr schwurt auf Strang und Schwert, unsträflich zu sein,
und zu richten im verborgnen, und zu strafen im ver- 30
borgenen, Gott gleich. ⌜Sind eure Herzen rein, und eure
Hände,⌝ so hebt die Arme empor, und ruft über die Missetäter Wehe! Wehe!

ALLE *mit emporgehobnen Armen:* Wehe! Wehe!

1. OBERR. Rufer beginne das Gericht.

1. UNTERRICHTER *tritt vor:* Ich Rufer rufe die Klag gegen
den Missetäter. Wessen Herz rein ist, und dessen Hände
5 rein sind zu schwören auf Strang und Schwert, der klage
bei Strang und Schwert, klage! klage.

EIN 2. UNTERRICHT. *tritt auf:* Mein Herz ist rein von Missetat und meine Hände von unschuldigen Blut, Verzeih
mir Gott böse Gedanken, und hemm den⟨en⟩ den Weg
10 zum Willen. Ich hebe meine hand auf, und klage! klage!
klage!

1. OBERR. Wen klagst du an.

KLÄGER Ich klag an auf Strang und Schwert Adelhaiden
von Weislingen. Sie hat Ehebruchs sich schuldig ge-
15 macht, und ihren Mann samt seinem Knaben durch geheime verzehrende Mittel zum Tode gesaugt. Der Mann
ist Tot, der Knab stirbt.

1. OBR. Schwörst du zu dem Gott der Wahrheit, daß du
wahrheit klagst.

20 KLÄGER Ich schwöre.

1. OBR. Würde es falsch befunden, beutst du deinen Hals
der Strafe des Mords und des Ehbruchs.

KLÄGE⟨R⟩ Ich biete!

2. OBER. Eure Stimmen. *Er steht auf.*
25 *Erst treten die 6 Oberrichter darau⟨f⟩ die sieben Unterrichter der rechten dann die sieben der linken zu ihm
und reden heimlich. Er setzt sich.*

KLÄG. Richter des Heimlichen gerichts was ist euer urteil
über Adelhaiden von Weisl.⟨ingen⟩ bezüchtiget des
30 Ehbruchs und Mords.

OBER. Sterben soll sie! Sterben des bittern Tods. Mit
Strang und Dolch. Büßen Doppelt Doppelte Missetat.
Streckt eure Händ empor, und ruft weh über sie wehe
weh. Und übergebt sie den händen des Rächers.

35 ALLE Weh Weh Weh.

OBER. Rächer Rächer tritt auf. *Der letzte links.* Faß hier Strang und Schwert. Sie zu tilgen von dem Angesichte des Himmels, binnen 8 tage Zeit. Wo du sie findest nieder mit ihr in Staub, du oder deine Gehülfen. Richter die ihr richtet im verborgenen Gott gleich, bewahrt euer 5 Herz für Missetat und eure Hände vor unschuldigem Blut.

Wirtshaus

Marie. Lersee

M. Endlich komm ich und bringe Trost guter Mann. Führe 10 mich zu meinem Bruder.

LERSEE Wenn Ihr ein Engel des himmels wärt und ein Wunderevangelium verkündigtet, Dann wollt ich sagen willkommen. Solang Euer Trost auf dieser Erde geboren ist, so lang ist er ein irdischer Arzt, dessen Kunst just in 15 dem Augenblick fehlt, wo man seiner Hülfe am meisten bedarf.

MARIE Bring ich nichts wenn ich sage Weislingen ist tot, durch ihn und in ihm Gottfriedens Todesurteil und Gericht zerrissen. Und wenn ich hier einen Zettel darlege, 20 der von Seiten der Kaiserlichen Kommission Gottfriedens Gefängnis erleichtert.

LERSE Müßt ich dir nicht dagegenrufen Gorg ist tot.

MAR. Georg der goldne Junge. Wie starb er.

LERSEE Als die Nichtswürdigen Miltenberg verbrannten, 25 sandt ihn sein Herr ihnen Einhalt zu tun, da fiel ein Trupp Bündischer auf sie los. Georg! Hätten sie sich alle gewehrt wie er! – Sie hätten alle das gute Gewissen haben müssen. Viele retteten sich durch die Flucht, viele Gefangen, einige erstochen. Und unter den letzten blieb 30 Gorg. Er starb einen Reuter tod. O daß ich ihm hätte die Augen zu drücken, und hören können wie sein letztes Wort Euern Bruder segnete.

MAR. Weiß es Gottfr.⟨ied?⟩

LERSEE Wir verbergens vor ihm. Er fragt mich zehenmal
und schickt mich zehenmal des Tags zu forschen was
Georg macht. Ich fürchte seinem Herzen diesen letzten
5 Stoß zu geben. Denn ach muß ichs Euch sagen Marie,
sein alter schwer verwundeter Körper hat nicht Kräfte
genug einem druckenden Gefängnis, und dem mächtigen Kummer zu widerstehen, der ihn mit allen ⌈Otter-
zungen⌉ anfällt. Ich glaubte nicht daß er Eure Rückkunft
10 erleben würde.

M. O Gott sind denn die Hoffnungen dieser Erde Irrlich-
ter, die unsrer zu spotten, und uns zu verführen, mut-
willig in ängstlicher Finsternis, einen freundlichen
Strahl zu senden, scheinen. Bring mich zu ihm.

15 Adelhaidens Schlafzimmer

⟨ADELHAID⟩ Daß es Morgen wäre! Mein Blut wird wie von
seltsamen Ahndungen herumgetrieben, und der Sturm
vertreibt den ruhigen Wandrer Schlaf. Ich bin müd daß
ich weinen mögte, und meine Begierde nach Ruhe, zählt
20 jeden Augenblick der ewigen Nacht, und sie wird im
fortschreiten länger. Es ist alles so dunkel. Kein Stern am
Himmel! Düster, stürmisch! In einer solchen Mitternacht fand ich dich Sickingen in einer solchen Nacht
hatt ich dich in meinen Armen. Meine Lampe mangelt
25 Öls. Es ist ängstlich in der Finsternis zu wachen. *Sie zieht
die Schelle.* Mag ein Knecht seinen Schlaf verlassen Ich
bin so allein. Die mächtigsten Leidenschaften waren
meiner Seele Gesellschaft genug! Daß ich in der fürch-
terlichsten Hölle nicht allein gewesen wäre. Sie schlafen
30 auf einmal und ich stehe nackend, wie ein Missetäter vor
Gericht. – Ich ließ mein Mädgen – Ob Weislingen tot ist.
– *Sie zieht die Schelle.* Es hört niemand, Der Schlaf hält

ihnen die Ohren zu! Ob Franz tot ist – es war ein lieber junge – *Sie setzt sich an Tisch.* Sicking.⟨en⟩ Sickingen. *Sie schläft ein.*

FRANZ *zeigt sich an:* Adelhaid!

MÖRDER *kommt unterm Bett hervor:* Endlich schläft sie, 5
sie hat mir die Zeit lang gemacht.

GEIST Adelhaid! *Verschwindet.*

ADELH. *erwacht:* Ich sah ihn! Er rang mit der Todesangst!
Er rief mir! rief mir! Seine Blicke waren hohl und liebe-
voll – Mörder! Mörder! 10

MÖRDER Rufe nicht! Du rufst dem Tod! Rache Geister halten der Hülfe die Ohren zu.

ADELH. Willst du mein Gold. Meine Juwelen nimm sie laß
mir das Leben.

MÖRD. Ich bin kein Räuber. Finsternis hat Finsternis ge- 15
richtet, und du mußt sterben!

ADEL. Wehe! Wehe!

MÖRD. Über deinen Kopf. Wenn die scheußliche Gestalten
deiner Taten, dich nicht zur Hölle hinab schröcken, so
blick auf, blick auf zum Rächer im Himmel, und bitt mit 20
dem Opfer genug zu haben, das ich ihm bringe.

ADELH. Laß mich leben! Was hab ich dir getan ich umfaß
deine Füße.

MÖRDER *vor sich:* Ein Königliches Weib. Welcher Blick
welche Stimme. In ihren Armen würd ich elender ein 25
Gott sein. – Wenn ich sie täuschte! – Und sie bleibt doch
in meiner Gewalt! –

ADEL. Er scheint bewegt.

MÖRD. Adelh.⟨eid⟩ du erweichst mich. Willst du mir zuge-
stehn. 30

ADELH. Was.

MÖRD. Was ein Mann verlangen kann, von einer schönen
Frau! in tiefer Nacht.

ADELH. *vor sich:* Mein Maß ist voll. Laster und Schande
haben mich wie Flammen der Hölle mit teuflischen Ar- 35

Gottfried von Berlichingen (Auszüge)

men umfaßt. Ich büße büße. Umsonst suchst du laster
mit laster, Schande mit Schande zu tilgen. Die scheuß-
lichste Entehrung und der schmählichste tod, in einem
Höllenbild vor meinen Augen.

5 MÖRD. Entschließe dich.

AD. *steht auf:* Ein Strahl von Rettung. *Sie geht nach dem
Bette er folgt ihr sie zieht einen Dolch von häupten, und
sticht ihn.*

MÖRDER Bis ans Ende Verräterin. *Er fällt über sie her und
10 erdrosselt sie.* Die Schlange. *Er gibt ihr mit dem Dolch
Stiche.* A⟨u⟩ch ich blute. So bezahlt sich dein blutig Ge-
lüst – Du bist nicht der erste – Gott machtest du sie so
schön, und konntest du sie nicht gut machen. *Ab.*

Ein Gärtgen am Gefängnis

15 *Gottfr.⟨ied.⟩ Elis.⟨abeth.⟩ Lersee*

GOTTFR. Tragt mich hier unter diesen Baum, daß ich noch
einmal die Luft der Freiheit aus voller Brust in mich sau-
ge, und sterbe.

ELIS. Darf ich Lerseen nach deinem Sohn ins Kloster schik-
20 ken daß du ihn noch einmal sähst und segnetest.

GOTTFR. Laß ihn er ist heiliger als ich, er braucht meinen
Segen nicht. – An unserm Hochzeittag Elis.⟨abeth⟩ ahndete mirs nicht, daß ich so sterben würde – Mein alter
Vater segnete uns, und eine Nachkommenschaft von ed-
25 len tapfern Söhnen quoll aus seinem Gebet. – Du hast
ihn nicht erhört, und ich bin der letzte. – Lersee dein
Angesicht freut mich in der Stunde des Tods, mehr als im
mutigsten Gefecht. Damals führte mein Geist den Eurigen, jetzt hältst du mich aufrecht. Ach daß ich Georgen
30 noch einmal sähe, mich an seinem Blick wärmte! – Ihr
seht zur Erde und weint – Er ist tot. – Georg ist tot. –
Stirb Gottfried – Du hast dich selbst überlebt, die edlen

überlebt. – Wie starb er – Ach fingen sie ihn unter den Mordbrennern, und er ist hingerichtet.

ELIS. Nein, er wurde bei Miltenberg erstochen, er wehrte sich wie ein Löw, um seine Freiheit.

GOTTF. Gott sei Dank. Sein Tod war Belohnung – Auch 5
war er der beste Junge unter der Sonne und tapfer. – Laß meine Seele nun – Arme Frau. Ich lasse dich in einer nichtswürdigen Welt. Lersee verlaß sie nicht – Verschließt eure Herzen sorgfältiger als eure Türen. Es kommen die Zeiten des Betrugs, es ist ihm Freiheit ge- 10
geben. Die Schwachen werden regieren, mit List, und der Tapfre wird in die Netze fallen womit die Feigheit die Pfade verwebt. Gebe dir Gott deinen Mann wieder. Möge er nicht so tief fallen als er hoch gestiegen ist. Selbitz starb, und der gute Kaiser und mein Georg. – 15
Gebt mir einen Trunk wasser. – Himmlische Luft – Freiheit. Freiheit! *Er stirbt.*

ELIS. Nur droben droben bei dir. ⌈Die Welt ist Gefängnis.⌉

MAR. Edler edler Mann. Wehe dem Jahrhundert das dich von sich stieß. 20

LERS. Wehe der Nachkommenschaft die dich verkennt.

Kommentar

Zeittafel zum historischen Götz

um 1480 Geburt Gottfrieds von Berlichingen zu Jagsthausen als Sohn Kilians von Berlichingen und Margarethas von Thüngen.

1494 Gottfried wächst im Dienst Konrads von Berlichingen, eines Vetters Kilians von Berlichingen und zugleich Rat des Markgrafen von Brandenburg-Ansbach, auf.

1495 Götz nimmt in dessen Gefolge am Reichstag von Worms teil, wo ein Erlass eines ›Allgemeinen Landfriedens‹ das Reichskammergericht an die Stelle der Fehde setzt. Götz nimmt im Dienst des Landgrafen an mehreren Kriegszügen teil.

1497 Nach dem Tod Konrads von Berlichingen tritt Götz in die Dienste Friedrichs IV. von Brandenburg-Ansbach.

1498 Teilnahme am Feldzug nach Hochburgund.

1499 Teilnahme am Schweizer Krieg.

1502 Kampf gegen Nürnberg im Gefolge des Markgrafen Kasimir von Brandenburg.

1504 Verlust der rechten Hand im Landshuter Erbfolgekrieg, die durch eine kunstvoll gefertigte eiserne ersetzt wird.

1509–11 Fehde gegen Köln, dessen Anlass der dem Stuttgarter Schneider Sindelfinger vorenthaltene Preis in einem Schützenwettbewerb ist.

1512 Fehde Götz' und einiger Verbündeter gegen Nürnberg, in deren Verlauf die Reichsacht über ihn und die Freunde verhängt wird.

1514 Götz und seine Verbündeten werden gegen die Zahlung von 14 000 Gulden aus der Acht gelöst.

1518 Erneute Ächtung wegen Unterstützung Franz von Sickingens.

1519 Kampf an der Seite Herzog Ulrichs von Württemberg gegen den Schwäbischen Bund. Maximilian I. stirbt, sein Enkel Karl I. von Spanien wird als Karl V. Kaiser.

1519–22 Götz gerät in Gefangenschaft der Stadt Heilbronn.

1522 Nachdem Götz Urfehde geschworen hat, zieht er sich auf seine Burg Hornberg am Neckar zurück.

1525 Der ›Odenwälder Haufen‹ zwingt Götz im Bauernkrieg zur Übernahme der Hauptmannschaft. Der an der Sache der Bauern innerlich nicht Beteiligte verlässt seine Schar vor der Entscheidungsschlacht. Zunächst Freispruch durch das Reichskammergericht (1526).

1528 Götz gerät in erneute Gefangenschaft des Schwäbischen Bundes und wird erst 1530 gegen einen demütigenden Urfehdeschwur und das Versprechen, 25 000 fl. zu zahlen und auf seiner Burg Hornberg zu verbleiben, entlassen. Götz ist nunmehr jahrelang in seiner Bewegungsfreiheit eingeschränkt (Aufhebung des Hausarrests 1540) und verbringt den Rest seines Lebens – von Feldzügen in kaiserlichen Diensten.

1542 nach Ungarn (Türkenkrieg)

1544 nach Frankreich abgesehen – als Gutsherr auf Burg Hornberg.

1557 Beginn der Niederschrift seiner Autobiographie.

1562 Götz stirbt am 23. Juli; Karl V. war bereits gestorben.

Entstehungs- und Textgeschichte

Am Ende des vierten Aktes, gleich zu Beginn der Szene ›Jaxthaussen‹ entspinnt sich folgender Dialog zwischen Elisabeth und Götz, der an einem Tisch, auf dem sich Licht und Schreibzeug finden, sitzt:
»GÖTZ: Der Müßiggang will mir gar nicht schmecken, und meine Beschränkung wird mir von Tag zu Tag enger; ich wollt ich könnt schlafen, oder mir nur einbilden die Ruh sei was angenehmes.
ELISABETH: So schreib doch deine Geschichte aus die du angefangen hast. Gib deinen Freunden ein Zeugnis in die Hand deine Feinde zu beschämen, verschaff einer edlen Nachkommenschaft die Freude dich nicht zu verkennen.
GÖTZ: Ach! Schreiben ist geschäftiger Müßiggang, es kommt mir sauer an. Indem ich schreibe was ich getan habe, ärgere ich mich über den Verlust der Zeit in der ich etwas tun könnte« (S. 104,4–16).
Ein Echo dieser Dialogpartie zwischen Götz und seiner Frau findet sich an exponierter Stelle. Am Ende des Stückes nämlich stehen drei Äußerungen, die in ihrem lakonischen und apodiktischen Ton gleichsam drei Schlussstriche unter das Drama ziehen: Auf den Ausruf des sterbenden Götz: »Gebt mir einen Trunk Wasser. – Himmlische Luft – Freiheit! Freiheit!« (S. 128,28–29), antwortet Elisabeth: »Nur droben droben bei dir. Die Welt ist ein Gefängnis«, während Maria, gewissermaßen das vorläufige Resümee des Stückes ziehend, sagt: »Edler Mann! Edler Mann! Wehe dem Jahrhundert das dich von sich stieß!« (S. 128,32–33). Und Lerse sekundiert ihr in seinem Schlusswort, das wiederum wie ein Rekurs auf Elisabeths Aussage am Ende des vierten Aktes (s. S. 104,10–12) erscheint: »Wehe der Nachkommenschaft die dich verkennt!« (S. 128,34).
Was wie ein Nachklang innerhalb des Dramas wirkt, ist zugleich ein Widerhall von Ausführungen Goethes, als er den *Götz* konzipierte. In einem Brief an seinen Straßburger Mentor Johann Daniel Salzmann (1722–1812) vom 28. November 1771 legt er sich Rechenschaft über seine Arbeit an dem Stück ab. Er deutet

an, welchen Zweck er damit verfolge, und er reflektiert – wie später sein Titelheld im Drama – über das Verhältnis von Freiheit und Einkerkerung, Schreiben und Tat, Wirksamkeit und Wirkungslosigkeit:

»Ich dramatisire die Geschichte eines der edelsten Deutschen, rette das Andencken eines braven Mannes, und die viele Arbeit die mich's kostet, macht mir einen wahren Zeitvertreib, den ich hier so nöthig habe, denn es ist traurig an einem Ort zu leben wo unsre ganze Wircksamkeit in sich selbst summen muß« (zit. nach: *Der junge Goethe in seiner Zeit*, Bd. 1, S. 649).

Dieses erste erhaltene Briefzeugnis ist sehr aufschlussreich, denn an einer anderen Stelle desselben Briefes ist davon die Rede, dass es Salzmann nicht wenig vergnügen werde, wenn ihm, sobald die Arbeit am Drama abgeschlossen sei, »ein edler Vorfahr im Leben« dargestellt werde, den er bislang nur von dem »Grabsteine« (ebd.) her kenne. Mit dieser Bemerkung spielt Goethe auf die autobiographischen Aufzeichnungen des historischen Götz (1480–1562) an, die erst 1731 von dem Juristen Georg Tobias Pistorius (1666–1745) im Nürnberger Verlag Adam Jonathan Felßecker unter dem ausladenden Titel: *Lebens-Beschreibung Herrn Gözens von Berlichingen, Zugenannt mit der Eisern Hand, Eines zu Zeiten Kaysers Maximiliani I. und Caroli V. kühnen und tapfern Reichs-Cavaliers* herausgegeben worden war. Das Titelkupfer dieses Buches bildet nämlich Götz' Grabstein ab, der den vor dem Kreuz knienden Ritter zeigt.

Lebens-Beschreibung als Quelle des Götz — Diese ihm vorliegende Quelle wollte Goethe dramatisieren, nachdem er von ihr schon bei der ersten Lektüre spontan angetan war. Er wollte aus dem toten Buchstaben wieder lebendige Bilder entstehen, das, was Grabstein geworden war, erneut sprechen lassen. So sollte das Andenken an einen der edelsten Deutschen gerettet werden, wie er Salzmann schreibt. Einer edlen Nachkommenschaft musste die Möglichkeit eingeräumt werden, einen Edlen zu erkennen. Für Götz, den – wie Maria im Drama sagen wird – aus dem Jahrhundert Verstoßenen, musste ein neuer Platz in der Gesellschaft zurückerobert werden.

Aber auch dies lässt sich dem Brief an Salzmann entnehmen: Goethe, zu der Zeit seines Frankfurter Aufenthaltes, teilt mit seiner dramatisierten Gestalt die Erfahrung des Eingekerkertseins und der Wirkungslosigkeit. Während aber für Götz in dieser Situation das Schreiben zum geschäftigen Müßiggang wird, verspricht sich Goethe davon durchaus Wirksamkeit, und sei es im Sinne eines heilsamen Schocks für die (Spieß-)Bürger, wie einem anderen Zeugnis aus der Entstehungszeit des *Götz* zu entnehmen ist: Einem Bericht von Goethes Mutter zufolge soll – so der englische Jurist Henry Crab Robinson (1775–1867), von dem die Aufzeichnung stammt – Goethe eines Abends begeistert nach Hause gekommen sein und ausgerufen haben: »Oh mother, I have found such a book in the public library, and I will make a play of it! What great eyes the Philistines will make at the Knight with the Iron-hand! That's glorious – The Iron-hand!« (zit. nach Neuhaus 1973, S. 112).

Diese Kampfansage an die Philister ergibt sich allerdings keineswegs so ohne weiteres aus Götz' eigener *Lebens-Beschreibung*, denn er selbst hatte in seiner Autobiographie lediglich davon gesprochen, dass er seinen

»Erben und Nachkommen, auch andern guten Herren und Freunden zu Ehren und Gefallen, [. . .] [seine] Sachen und Händel [. . .] auf das kürzeste zusammen ziehen und in Schrifften verfassen wolle [. . .] um der Ursachen willen, [. . .] weil etliche [. . .] [seiner] Mißgönner etwan aus Neid und Haß, oder vielleicht aus Unwissenheit, gerne [. . .] Handlung, die [er sein] Tag geführt, zum ärgsten und übelsten auslegen wollen, denen [er] dann hierinnen zu begegnen, und den wahren Grund an den Tag zu bringen fürgenommen« (zit. nach ebd., S. 105).

Götz kam es also erklärtermaßen nicht darauf an, »einigen Ruhm oder grossen Nahmen« mit seinen Aufzeichnungen zu gewinnen, er wollte ausschließlich seine Taten rechtfertigen. Wenn Goethe dagegen versucht, das Andenken eines edlen Mannes aufrechtzuerhalten, dann mag er dieses Motiv in einem kurzen Passus in der Vorrede zur 1731 erschienenen Ausgabe der Götz'schen Autobiographie vorgefunden haben. Der Herausgeber Pistorius verweist dort darauf, dass mit der »Publicirung dieser Geschichts-Erzehlung« des »verstorbenen Herrn von Berlichingen, als eines besonders behertzten und muthigen Ritters, Gedächtnus zu perennisiren« sei (ebd.).

Die zitierten Textstellen aus der Autobiographie und aus der

Vorrede dürften Goethe also kaum dazu angeregt haben, Götz als einen Antiphilister zu deuten, dessen wahre Größe sich gegen die Gemeinheit und Spießbürgerlichkeit seiner Umgebung durchsetzen müsse. Ein solches Verständnis könnte womöglich seine Lektüre der Abhandlung *Von dem Faustrecht* (1770) des Diplomaten und politischen Schriftstellers Justus Möser (1720–1794) nahegelegt haben, die zuerst in den *Osnabrückischen Intelligenzblättern nebst den nützlichen Beiträgen* abgedruckt war und später als 54. Stück in die *Patriotischen Phantasien* unter dem Titel *Der hohe Stil der Kunst unter den Deutschen* aufgenommen wurde. Gleich zu Anfang dieses Artikels heißt es: »Die Zeiten des Faustrechts in Deutschland scheinen mir allemal diejenigen gewesen zu sein, worin unsre Nation das größte Gefühl der Ehre, die mehrste körperliche Tugend und eine eigne Nationalgröße gezeiget hat. Die feigen Geschichtsschreiber hinter den Klostermauern und die bequemen Gelehrten in Schlafmützen mögen sie noch so sehr verachten und verschreien: so muß doch jeder Kenner das Faustrecht des 12ten und 13ten Jahrhunderts als ein Kunstwerk des höchsten Stils bewundern; und unsre Nation [. . .] sollte billig diese große Periode studieren und das Genie und den Geist kennen lernen, welcher nicht in Stein und Marmor, sondern am Menschen selbst arbeitete und sowohl seine Empfindungen als seine Stärke auf eine Art veredelte, wovon wir uns jetzt kaum Begriffe machen können« (zit. nach: *Patriotische Phantasien*. Hg. v. S. Sudhof. Stuttgart 1970, S. 65 f.).

Bei Möser taucht das Motiv auf, das auch bei Goethes Konzeption für den *Götz* mitbestimmend gewesen sein mag, denn Möser kontrastiert die mittelalterliche Größe gegen die Bequemlichkeit und Feigheit seiner Zeit und setzt das Gefühl der Ehre gegen das der schlafmützigen Gelehrsamkeit. Und noch ein anderer Hinweis lässt sich dem Möser-Zitat entnehmen: Möser bewundert die Menschen des Mittelalters, statt sich über sie erheben, und er sah in den Zeiten des Faustrechts eine eigene Nationalgröße. Dem *Götz*-Stoff wohnte also die Möglichkeit inne, wenn man ihn historisierte bzw. – wie Goethe es in *Dichtung und Wahrheit* (III,13) nannte – wenn man durch ihn in die »historische Behandlungsart getrieben wurde« (*Sämtliche Werke.*

Frankfurter Ausgabe. Bd. 14, S. 620), ein Stück für die Nation zu verfassen, ihr zu helfen, sich ihrer Identität zu vergewissern.

Mit diesem Anliegen reihte sich Goethe in die zahlreichen Versuche der Etablierung einer Nationalliteratur ein, die bis dato die kuriosesten Blüten getrieben hatten: So war er beispielsweise bei der Eröffnung des neuerbauten Leipziger Theaters am 10. Oktober 1766 mit Johann Elias Schlegels (1719–1749) Drama *Hermann* (1743) konfrontiert worden. Man wollte »ein Deutsches Theater und auch mit einem patriotischen Stück anfangen, und wählte, oder vielmehr man nahm hiezu den *Herrmann* von Schlegel, der nun freilich, ungeachtet aller Tierhäute und anderer animalischen Attribute, sehr trocken ablief; und ich, der ich gegen alles was mir nicht gefiel oder mißfiel mich sogleich in eine praktische Opposition setzte, dachte nach, was man bei so einer Gelegenheit hätte tun sollen. Ich glaubte einzusehen, daß [solche Stücke] in Zeit und Gesinnung zu weit von uns abläsgen, und suchte nach bedeutenden Gegenständen in der spätern Zeit, und so war dieses der Weg auf dem ich einige Jahre später zu Götz von Berlichingen gelangte« (»Paralipomena zu *Dichtung und Wahrheit*«, ebd., S. 963 ff.).

Ein ganz ähnliches Urteil fällte Goethe auch über die Wiederbelebungsversuche einer Nationaldichtung, wie sie durch Friedrich Gottlieb Klopstocks (1724–1803) Bardengesänge oder Karl Friedrich Kretschmanns (1738–1809) und Johann Michael Kosmas Denis' (1729–1800) Bardenpoesie allzu künstlich vorgelegt worden war.

Goethe suchte demnach nach einem Nationalstoff, der sich in Zeit und Gesinnung nicht so weit von der Gegenwart entfernen durfte, dass jede Vermittlung bzw. Identifikation mit ihr unmöglich war. Hier wird schon deutlich, weshalb Goethe glaubte, in dem Götz-Stoff die richtige Vorlage gefunden zu haben, stellte doch die Zeit des Götz eine »bedeutende Weltepoche« dar, einen »Wendepunkt der Staatengeschichte« (ebd., S. 834), an dem sich Vergangenes und Gegenwärtiges treffen bzw. Altes und Züge der Moderne sich mischen, Konflikte heraufbeschwören und somit Geschichte als einen Prozess erkennen lassen. Nationalstoff

Dass Goethe einen Stoff aus dem späten Mittelalter bevorzugte, mag auch damit zusammenhängen, dass diese Epoche zu seiner Neues Verständnis des Mittelalters

Zeit nicht mehr als ein bizarres, unaufgeklärtes, dunkles Zeitalter missverstanden wurde. Der Literaturreformator Johann Jakob Bodmer (1698–1783) hatte mittelalterliche Dichtung wieder zugänglich gemacht; Goethe selbst hatte während seines Straßburger Aufenthaltes angesichts des gotischen Münsters im wahrsten Sinne des Wortes eine neue ›Einstellung‹ zu den Kunstwerken jener Zeit gefunden. Hinzu kam, dass an der Straßburger Universität, an der Goethe gerade erst seine Studien abgeschlossen hatte, die deutsche Tradition bewusst gepflegt wurde, nachdem die Stadt 1681 an Frankreich übergeben worden war. Dort wurden nämlich »seit dem Ende des 17. Jahrhunderts deutsche mittelalterliche Rechts- und Geschichtsquellen und Dichtungen gesammelt, herausgegeben und wissenschaftlich-philologisch erforscht« (Neuhaus 1973, S. 126). Anregungen, sich der Welt des Mittelalters besonders im Elsässischen anzunehmen, verdankte Goethe in indirekter Weise auch Johann Daniel Schöpflin (1694–1771), Professor der Geschichte, Beredsamkeit und Staatsrechtslehre an der Straßburger Universität, bekannt v. a. durch sein Werk *Alsatia illustrata* (1751–1761), eine historisch-geographische und kulturgeschichtliche Darstellung des Elsass. Jedoch noch unmittelbarer als von Schöpflin lernte Goethe von dessen Schülern Christoph Wilhelm Koch (1737–1813) und Jeremias Jakob Oberlin (1735–1806). Oberlin war es, wie Goethe in *Dichtung und Wahrheit* darlegt, der ihn »zu den Denkmälern der Mittelzeit hinwies und mit den daher noch übrigen Ruinen und Resten, Siegeln und Dokumenten bekannt machte, ja [ihm] eine Neigung zu den Minnesingern und Heldendichtern einzuflößen suchte« (a.a.O., S. 521). Sich mit dem Mittelalter zu beschäftigen, war also für Goethe nichts Neues: »Die dunkleren Jahrhunderte der deutschen Geschichte hatten von jeher meine Wißbegierde und Einbildungskraft beschäftigt« (ebd., S. 570), heißt es in *Dichtung und Wahrheit* an anderer Stelle, wo er auf die Entstehung des *Götz* zu sprechen kommt. Seine rechtsgeschichtlichen Studien sollten ihm hierbei zugute kommen, und er sollte sie gerade in Hinsicht auf die Konzeption des *Götz* noch vertiefen:

»Der Gedanke, den Götz von Berlichingen in seiner Zeitumgebung zu dramatisieren, war mir höchlich lieb und wert. Ich las die Hauptschriftsteller fleißig; dem Werke *De Pace publica* von Datt widmete ich alle Aufmerksamkeit; ich hatte es emsig durchstudiert, und mir jene seltsamen Einzelnheiten möglichst veranschaulicht« (ebd.).

Das von Goethe erwähnte Buch von Johann Philipp Datt (1654–1722) behandelt die Maßnahmen zur Durchführung der »pax publica«, des allgemeinen Landfriedens, durch die Abschaffung der Fehden und die Einsetzung von Gerichten. In dieser Publikation fand er auch eine Darstellung des Femgerichts, von der er für den *Götz* profitieren sollte. Die Darstellung der Geschichte des Reichskammergerichts konnte er, wenn auch nicht für den *Götz*, so für seinen nächsten Wirkungskreis am Reichskammergericht nutzen, da er nunmehr »Wetzlar besuchen sollte. Ich war geschichtlich vorbereitet genug: denn das Kammergericht war doch auch in Gefolge des Landfriedens entstanden, und die Geschichte desselben konnte für einen bedeutenden Leitfaden durch die verworrenen deutschen Ereignisse gelten« (ebd.). Neben dem so lobend erwähnten Werk von Datt bediente sich Goethe bei der Konzeption seines *Götz* v. a. noch zweier weiterer Werke: *Grundriß der Staatsveränderungen des teutschen Reichs* (1764) des Strafrechtsgelehrten und Historikers Johann Stephan Pütter (1725–1807) und Achilles Augustus von Lersners (1662–1732) *Chronika der Reichsstadt Frankfurt* (1734), die ihm ebenfalls zu einem Einblick in die Rechtspraxis des 16. Jahrhunderts verhalfen.

Möser propagierte in seinen von Goethe hochgeschätzten Schriften eine landständische Verfassung und regionale Verwaltungseinheiten. Er war insofern im wahrsten Sinne des Wortes ein Konservativer, weil er alte deutsche Freiheiten zu konservieren oder in Erinnerung zu rufen versuchte. Er pochte auf das Recht von Tradition, auf die Unantastbarkeit regionaler Vielfalt und bodenständischer Herrschaftsformen, weil er in seinen konservativen Anschauungen ein Kampfmittel gegen die politischen, sozialen und sittengemäßen Uniformierungstendenzen des aufgeklärten Absolutismus sah. So gewann er eine gänzlich neue Vorstellung vom Mittelalter. Die Sturm-und-Drang-Autoren stimmten mit ihm in dieser politischen Aufwertung des Mittelalters überein, allen voran Johann Gottfried Herder (1744–

J. Ph. Datts *De Pace publica*

Weitere Quellen

Politische Aufwertung des Mittelalters

1803), der wiederum Goethe in diesem Sinne unterrichtete. Wie er über das Mittelalter dachte, dürfte er Goethe während des gemeinsamen Straßburger Aufenthaltes offenbart haben. Kurz nach Erscheinen des *Götz* legt er in seinem Werk *Auch eine Philosophie der Geschichte zur Bildung der Menschheit* sein Bekenntnis zum Mittelalter ab, das er dem polizierten, d. h. verwaltungsuniformierten absolutistischen Staat entgegensetzt:

»Die dunkeln Seiten dieses Zeitraums [des Mittelalters] stehn in allen Büchern: jeder klassische Schöndenker, der die Polizierung unsres Jahrhunderts fürs non plus ultra der Menschheit hält, hat Gelegenheit, ganze Jahrhunderte auf Barbarei, elendes Staatsrecht, Aberglauben und Dummheit, Mangel der Sitten und Abgeschmacktheit zu schmälen. [. . .] Da [im Mittelalter] lag in diesen dem Scheine nach gewaltsamen Auftritten und Verbindungen oft ein Festes, Bindendes, Edles, und Großherrliches, das wir mit unseren Gottlob! feinen Sitten, aufgelösten Zünften und dafür gebundenen Ländern und angeborner Klugheit und Völkerliebe bis ans Ende der Erde, fürwahr weder fühlen noch kaum mehr fühlen können. Siehe, du spottest über die damalige Knechtschaft, über die rohen Landsitze des Adels, über die vielen kleinen Inseln und Unterabteilungen und was davon abhing – preisest nichts so sehr als die Auflösung dieser Bande und weißt kein größeres Gut, was je der Menschheit geschehen, als da Europa und mit ihm die Welt frei wurde. Frei wurde? süßer Träumer! [. . .] die sogenannten rohen Landsitze hinderten das üppige ungesunde Zunehmen der Städte, dieser Abgründe für die Lebenskräfte der Menschheit: der Mangel des Handels und der Feinheit verhinderte Ausgelassenheit und erhielt simple Menschheit. [. . .] Die rohen Zünfte und Freiherrlichkeiten [. . .] wehrten der ärgsten Plage der Menschheit, dem Land- und Seelenjoche, unter das offenbar, seitdem alle Inseln aufgelöst sind, alles mit froh und freiem Mute sinkt« (zit. nach: Peter Müller (Hg.): *Sturm und Drang. Weltanschauliche und ästhetische Schriften.* Bd. 1. Berlin 1979, S. 329 f.).

Goethe war also mit Götz' Biographie vertraut und malte sich dessen Welt in seiner Phantasie immer wieder aus. So nimmt es nicht wunder, wenn er über die eigentliche Niederschrift seines Dramas in *Dichtung und Wahrheit* zu sagen weiß, dass er sich zunächst mit seiner Schwester Cornelia (1750–1777) über sein Projekt unterhalten habe, »ohne nur irgend zum Werke zu schreiten«, bis sie ihn gedrängt habe, sich »nicht immer mit Worten in die Luft zu ergehen, sondern endlich einmal das was [ihm] so gegenwärtig wäre, auf das Papier festzubringen«. Durch diesen Antrieb bestimmt, »fing ich eines Morgens zu schreiben an, ohne daß ich einen Entwurf oder Plan vorher aufgesetzt hätte. Ich schrieb die ersten Szenen, und Abends wurden sie Cornelien vorgelesen. Sie schenkte ihnen vielen Beifall, jedoch nur bedingt, indem sie zweifelte, daß ich so fortfahren würde, ja sie äußerte sogar einen entschiedenen Unglauben an meine Beharrlichkeit. Dieses reizte mich nur um so mehr, ich fuhr den nächsten Tag fort, und so den dritten; die Hoffnung wuchs bei den täglichen Mitteilungen, auch mir ward alles von Schritt zu Schritt lebendiger, indem mir ohnehin der Stoff durchaus eigen geworden; und so hielt ich mich ununterbrochen ans Werk, das ich geradeswegs verfolgte, ohne weder rückwärts, noch rechts, noch links zu sehn, und in etwa sechs Wochen hatte ich das Vergnügen, das Manuskript geheftet zu erblicken« (a.a.O., S. 620 f.).

Einfluss der Schwester Cornelia

Die knapp sechs Wochen umfassende Entstehungszeit des *Götz* könnte den Eindruck erwecken, die Entstehung des Dramas sei ein genialer Wurf binnen kürzester Zeit gewesen. Dabei bliebe indes unberücksichtigt, dass Goethe, bevor er das Drama verfasste, es in seinem Kopf wohl schon weitgehend entworfen hatte und dank seiner enormen Konzentrationskraft und aufgrund eines phänomenalen Gedächtnisses das so Konzipierte niederschreiben konnte. Gleich nach der Fertigstellung dürfte Goethe jedoch schon ein Unbehagen überkommen sein, denn er hatte wohl bemerkt, dass er mit seinem Wurf die Dramenform in einem für seine Zeitgenossen provokativen Maße revolutioniert und – so Christoph Martin Wieland (1733–1813) – »ein schönes Ungeheuer« geboren hatte (zit. nach: Neuhaus 1973, S. 138).

Es mag sein, dass die Scheu vor diesem »schönsten, interessantesten Monstrum«, wie es der Gießener Kritiker Christian Heinrich Schmid (1746–1800) später in seiner Rezension nennen sollte (ebd., S. 136), Goethe noch bei der oben zitierten Passage aus *Dichtung und Wahrheit* mit die Feder gelenkt hat, sicher

aber ist, dass der die Übersendung des Dramas in Manuskript-
form begleitende Brief an Herder gewissermaßen als eine Vor-
warnung gedacht war, das Stück erst einmal als »Skizzo« zu
bewerten, um Anregungen für eine »radikale Wiedergeburt« des
Textes zu geben, wenn er »zum Leben eingehn soll« (zit. nach:
Der junge Goethe in seiner Zeit. Bd. 1, a.a.O., S. 650). Wie
Goethes Schwester Cornelia durch stetes Drängen wohl der Mo-
tor der Niederschrift genannt werden darf, ist Herder bei der
Dramenkonzeption der immer schon mitgedachte Richter über
den Entwurf gewesen, denn seine Auffassung von Geschichte,
sein Bild des Mittelalters, das er Goethe in Straßburg entfaltet
hatte, dürfte bei der Niederschrift des *Götz* mitgestaltend ge-

Brief an Herder

wirkt haben. Anfang 1772 schreibt Goethe also an Herder,
nachdem er im November/Dezember des vorausgegangenen
Jahres die *Geschichte Gottfriedens von Berlichingen mit der eisernen Hand* abgeschlossen hatte:
»Das Resultat meiner hiesigen Einsiedeley, kriegen Sie hier, in
einem Skizzo, das zwar mit dem Pinsel auf die Leinewand geworfen, an einigen Orten sogar einigermassen ausgemahlt, und
doch weiter nichts als Skizzo ist. Keine Rechenschafft geb ich
Ihnen, lieber Mann, von meiner Arbeit, noch sag ich meine iet-
zige Emfindungen darüber, da ich aufgestanden und in die Ferne
getreten binn, es würde aussehn als wollt ich Ihr Urteil leiten,
weil ich fürchtet es wandelte an einen Plaz wo ich's nicht
wünschte. Das aber darf ich sagen, dass ich recht mit Zuversicht
arbeitete, die beste Krafft meiner Seele dran wendete, weil ich[s]
taht um Sie drüber zu fragen, und wusste, ihr Urteil wird mir
nicht nur über dieses Stück die Augen öffnen. [...] Auch unter-
nehm ich keine Veränderung biss ich Ihre Stimme höre, denn ich
weiss doch, dass als dann radikale Wiedergeburt geschehen
muss, wenn es zum Leben eingehn soll« (ebd.).
Das Urteil Herders liegt nicht schriftlich vor. Allenfalls aus Goethes Antwortschreiben kann man erschließen, dass Herder Goethe wohl vorgeworfen hat, alles in seinem Drama sei zu sehr
gedacht und Shakespeare habe ihn ganz verdorben, d. h., Herder
dürfte sich missfällig über die lockere Szenenführung und -ver-
knüpfung, den Verlust der Einheit des dramatischen Gefüges
und über die sprachlich gewagten Wendungen geäußert haben.

Goethe setzte sich umgehend an die Um- und Überarbeitung des *Götz*, der wohl entgegen den Äußerungen aus späteren Jahren durchaus für den Druck gedacht war.

Es war v. a. sein Freund Johann Heinrich Merck (1741–1791), dem er wie Herder Einsicht in die ursprüngliche Fassung gewährt hatte, der den Druck der überarbeiteten Fassung betrieb. Er erlöste Goethe von dessen »Säumen und Zaudern« (*Dichtung und Wahrheit*, a.a.O., S. 622). Mercks »technisch-merkantilische Lust« wurde rege, und er schlug vor, »dieses seltsame und auffallende Werk auf eigne Kosten herauszugeben«, da er sich davon einen »guten Vorteil« (ebd., S. 623) versprach:

»Genug, es ward ausgemacht, daß ich [Goethe] das Papier anschaffen, er aber für den Druck sorgen solle. [. . .] Wir vollendeten das Werk, und es ward in vielen Paketen versendet. Nun dauerte es nicht lange, so entstand überall eine große Bewegung; das Aufsehn das es machte, ward allgemein. Weil wir aber, bei unsern beschränkten Verhältnissen die Exemplare nicht schnell genug nach allen Orten zu verteilen vermochten, so erschien plötzlich ein Nachdruck; und da überdies gegen unsere Aussendung freilich sobald keine Erstattung, am allerwenigsten eine bare, zurück erfolgen konnte: so war ich, als Haussohn, dessen Kasse in reichlichen Umständen sein konnte, zu einer Zeit, wo man mir von allen Seiten her viel Aufmerksamkeit, ja sogar vielen Beifall erwies, höchst verlegen, wie ich nur das Papier bezahlen sollte, auf welchem ich die Welt mit meinem Talent bekannt gemacht hatte. Merck, der sich schon eher zu helfen wußte, hegte dagegen die besten Hoffnungen, daß sich nächstens alles wieder ins Gleiche stellen würde; ich bin aber nichts davon gewahr worden« (ebd., S. 623 f.).

Der Nachdruck, von dem Goethe hier spricht, veranlasste im darauffolgenden Jahre (1774) eine »Zwote Auflage« durch Goethe und Merck. Ihr folgten wiederum verschiedene Nachdrucke, von denen der so genannte »Himburgsche«, ein Raubdruck des Berliner Verlegers Christian Friedrich Himburg (1733–1801) aus dem Jahr 1775, die Textgrundlage für den *Götz* in den Schriften von 1787 bildete.

Ob bei Goethe selbst oder bei seinen Rezensenten, immer wieder ist, wenn die Rede auf den *Götz* kommt, auch die Rede von William Shakespeare (1564–1616); so auch an den einschlägigen Stellen in *Dichtung und Wahrheit.* Jene Passage über den *Götz* beginnt charakteristischer Weise mit den Worten: »Durch die fortdauernde Teilnahme an Shakespeares Werken hatte ich mir den Geist so ausgeweitet, daß mir der enge Bühnenraum und die kurze, einer Vorstellung zugemessene Zeit keineswegs hinlänglich schienen, um etwas Bedeutendes vorzutragen« (ebd., S. 620).

Shakespeare war 1771 längst kein Geheimtipp mehr, denn seit Ende des 16. und v. a. im 17. Jahrhundert machten zunächst englische und dann zunehmend auch deutsche Wanderbühnen die deutschen Zuschauer auf Jahrmärkten mit seinen Stücken oder dem, was sie nach ihrer Bearbeitung davon übrig ließen, bekannt. Einen gravierenden Einschnitt in der Shakespeare-Rezeption in Deutschland bildeten jedoch zwei literarische Ereignisse: zum einen Christoph Martin Wielands Prosaübertragung von 22 Stücken des englischen Dramatikers (1762–1766), zum anderen – neben Johann Elias Schlegels 1741 vorgelegter Abhandlung *Vergleichung Shakespeares und Andreas Gryphs* – Gotthold Ephraim Lessings (1729–1781) Urteil über den genialen Shakespeare im »17. Literaturbrief« vom 16. Februar 1759. Lessing setzte hier Shakespeare gegen Johann Christoph Gottsched (1700–1781) und seine an Frankreich orientierte Dramenform ab: »Wenn man die Meisterstücke des Shakespeare, mit einigen bescheidenen Veränderungen, unsern Deutschen übersetzt hätte, ich weiß gewiß, es würde von bessern Folgen gewesen sein, als daß man sie mit dem Corneille und Racine so bekannt gemacht hat.« Heinrich Wilhelm von Gerstenberg (1737–1823) und v. a. Herder stimmten in die Shakespeare-Begeisterung mit ein, und Herder regte Goethe in Straßburg an, Shakespeare auf seine Weise noch einmal neu zu entdecken.

Goethes Rede auf Shakespeare

In der Zeit, da sich Goethe mit dem *Götz*-Entwurf beschäftigte, verfasste er seinen pathetischen Lobgesang »Zum Schäkespears Tag«. Er konzipierte diese Rede für seine Shakespeare-Feier anlässlich von dessen Namenstag am 14. Oktober 1771 in Frankfurt. Herder war zu dieser Feier eingeladen, konnte sich aber nicht von Bückeburg absetzen. Auch Herders Abhandlung über Shakespeare, an deren Ende er an Goethes *Götz* erinnert, traf nicht zur geplanten, vom Vater finanzierten Feier ein; sie wurde erst zwei Jahre später in den *Blättern von deutscher Art und Kunst* veröffentlicht. Parallel zur Feier im Großen Hirschgraben, dem Wohnsitz von Goethes Familie, fand in Straßburg eine Shakespeare-Gedenkfeier statt. Der alte Freundeskreis Goethes traf sich dort, Franz Christian Lerse (1749–1800), dem Goethe mit der gleichnamigen Figur im *Götz* ein Denkmal setzte, war der Festredner.

Goethe gibt in dieser Rede nicht nur seiner Bewunderung für Shakespeares Genialität Ausdruck, sondern nutzt zugleich die Gelegenheit, sich über seine eigenen Grundauffassungen zum Drama Rechenschaft abzulegen. Wie für Herder ist auch für Goethe Shakespeare »Natur«: Er schafft aus der Natur heraus, schafft wie die Natur und schafft Natur. Herder wird später von Shakespeare als dem »Dolmetscher der Natur« sprechen. Goethe ruft begeistert aus: »Natur! Natur! nichts so Natur als Schäkespears Menschen« (*Der junge Goethe in seiner Zeit*. Bd. 2, a.a.O., S. 364). Shakespeare mache aus dem Blindgeborenen einen Sehenden, er vermöge, eine Gesellschaft, welche »von Jugend auf alles geschnürt und geziert« (ebd.) gesehen und gefühlt habe, neu sehen zu lehren. Er erlöse sie zur Natur, indem er sie Unnatürliches abstreifen ließe und ihrer Phantasie die auferlegten Fesseln abnehme. Die so befreite Phantasie setze die Natur wieder in ihre alten Rechte ein. »Unser verdorbner Geschmack [. . .] umnebelt dergestalt unsere Augen, dass wir fast eine neue Schöpfung nötig haben, uns aus dieser Finsternis zu entwickeln« (ebd., S. 363 f.). Wer anhand Shakespeares sehend geworden ist, entdeckt, was auch Goethe bei sich entdeckt:

»Ich zweifelte keinen Augenblick, dem regelmäsigen Theater zu entsagen. Es schien mir die Einheit des Orts so kerkermäsig ängstlich, die Einheiten der Handlung und der Zeit lästige Fesseln unsrer Einbildungskrafft. Ich sprang in die freye Lufft und fühlte erst dass ich Hände und Füße hatte. Und ietzo da ich sahe wieviel Unrecht mir die Herrn der Regeln in ihrem Loch ange-

than haben, wie viel freye Seelen noch drinne sich krümmen, so
wäre mir mein Herz geborsten, wenn ich ihnen nicht Fehde angekündigt hätte, und nicht täglich suchte, ihre Türne zusammen
zu schlagen« (ebd., S. 362).

Deutlich wird an dieser Textstelle, wie sehr in der Festrede Gedanken aus dem *Götz* vorweggenommen und wie weit hier bereits Formerneuerungen des Dramas reflektiert werden. »Freiheit« ist ein Stichwort, die Befreiung aus den Fesseln der Form
wird gefordert, Fehde der Unnatur angekündigt, Regel und Kon-
vention werden als Fesseln und Einkerkerung erfahren. Und einen zentralen Gedanken, ja geradezu eine Formel für den Hand-
lungsverlauf, vielleicht auch für die Tragik des Stückes finden
wir, wenn Goethe Shakespeares Drama dahingehend be-
schreibt, dass es einen »geheimen Punckt« enthalte, in dem »das
Eigenthümliche unsres Ichs, die prätendirte Freyheit unsres
Wollens, mit dem nothwendigen Gang des Ganzen zusammen-
stösst« (ebd., S. 363). Vom Konflikt von Individuum und Gesellschaft ist da als dem geheimen Punkt eines Dramas die Rede, von
dem, was Geschichte ausmacht und was die Problemkonstella-
tion eines Geschichtsdramas, vielleicht auch des *Götz*, abgibt.

Bevor auf die Überarbeitung des *Urgötz* zum *Götz* eingegangen
wird, sei kurz jene Veränderung beschrieben, die Goethe mit der
Lebens-Beschreibung des historischen Götz vorgenommen und
wie er selbst die geschichtliche Vorlage zu dramatischem Zweck
bearbeitet hat. Marianne Willems hat die Bearbeitungstenden-
zen folgendermaßen zusammengefasst:

> »Zeitlich weit auseinanderliegende Ereignisse wie Berlichingens
Fehde gegen Nürnberg (1512), die Belagerung von Möckmühl
mit der anschließenden Inhaftierung in Heilbronn (1519) und
der Bauernkrieg (1525) werden zusammengezogen und Fakten
beliebig verändert. In den Mittelpunkt der Handlung rückt Goethe die Fehde mit dem Bischof von Bamberg. Reichsacht, Belagerung, Gefangensetzung in Heilbronn und Berlichingens Ver-
bannung auf seine Güter erscheinen als ihre Folge. Unmittelbar
schließt sich Berlichingens Beteiligung am Bauernkrieg an, die in
Goethes Darstellung einen Bannbruch impliziert. Zwar führte
auch der historische Götz unter vielen anderen eine Fehde mit
dem Bamberger Bischof – sie gehört in den Zusammenhang der
Nürnberger Fehde –, aber ihre Veranlassung und ihr Verlauf ist
ebenso eine Erfindung Goethes wie die Figur des Bischofs und
die Figur Weislingens. Die Konzentration auf die Fehde mit dem
Bamberger Bischof ist in der ersten Fassung angelegt; stärker
herausgearbeitet wird sie in der zweiten, die sich insgesamt weiter von der *Lebens-Beschreibung* entfernt. Die Konzentration
auf die Fehde mit dem Bamberger Bischof dient der Profilierung
des Konflikts zwischen Berlichingen als Repräsentanten des untergehenden Ritterstandes und den Fürsten und Bischöfen als
Repräsentanten der neuen Ordnung. Im Dienst der Profilierung
dieses Konflikts steht auch die herausgehobene Beziehung Berlichingens zu Kaiser Maximilian I., die ebenfalls nicht in der
Lebens-Beschreibung angelegt ist. Der historische Götz war
Lehnsträger der Pfalzgrafen, die selbst Kurfürsten waren. Den
Pfalzgrafen und nicht den Kaiser bezeichnet er stets als seinen
Herrn. Daneben hat er noch eine Anzahl weiterer ›Herren‹, un-
ter anderen war er Lehnsträger des Grafen Wertheim. Mit der
Gestaltung der Beziehung zum Kaiser zur dominanten, ja einzi-

Marginalie: Bearbeitungs-
tendenzen der
Götz'schen
Autobiogra-
phie

gen Herrschaftsbeziehung, die Berlichingen anerkennt, gehen weitere poetische Freiheiten einher. Goethe parallelisiert die Lebensläufe Berlichingens und Kaiser Maximilians I., der in der Volksüberlieferung als ›letzter Ritter‹ galt. Maximilian I. starb im Januar 1519. In Goethes ›Geschichte Gottfriedens‹ erlebt er noch den Bauernkrieg von 1525, um dann zeitgleich mit dem Helden des Dramas zu sterben. Anders als Goethes Dramenheld überlebte der Held der *Lebens-Beschreibung* den Bauernkrieg um viele Jahre. Nachdem er wegen seiner Beteiligung am Bauernkrieg zwei Jahre Haft in Augsburg verbüßt und anschließend zehn Jahre unter Hausarrest gestanden hatte, nahm er 1542 und 1544 an den Feldzügen Karls V. teil. 1557 begann er mit der Niederschrift seiner Lebensbeschreibung. Erst 1562 stirbt er im Alter von 82 Jahren« (Marianne Willems, *Nachwort.* In: *Der junge Goethe in seiner Zeit.* Bd. 1, a.a.O., S. 736 f.).

Goethe hatte Herder gegenüber schon geäußert, dass sein Drama, der *Urgötz*, wie er in der Forschung genannt wird, einer radikalen »Wiedergeburt« bedürfe, wenn er »zum Leben eingehn solle« (s.o.). In seinem Antwortschreiben an Herder vom 10. Juli 1772 betont er, dass das Drama »eingeschmolzen von Schlaken gereinigt mit neuem edlerem Stoff versetzt und umgegossen werden« (*Der junge Goethe in seiner Zeit.* Bd. 1, a.a.O., S. 653 f.) müsse. Und noch in *Dichtung und Wahrheit* erinnert sich Goethe daran, dass er daranging, seinen *Urgötz* umzuschreiben, »und [ich] leistete dies auch mit solcher Tätigkeit, daß in wenigen Wochen ein ganz erneutes Stück vor mir lag« (a.a.O., S. 622). Ein ganz neues Stück sollte es natürlich nicht werden.

Vergleicht man *Urgötz* und *Götz* miteinander – und dazu sind die wichtigsten, stark abweichenden Passagen in dieser Ausgabe abgedruckt (s. S. 131–172), stechen folgende Abänderungen zunächst ins Auge:

Veränderungen zwischen *Urgötz* und *Götz*

Auch die Bearbeitung hatte nicht die Absicht, den *Götz* auf der Bühne spielbar zu machen. Die episch-offene Bauform blieb weitgehend unangetastet. Die Zahl der Szenen reduzierte sich nur unmerklich von 59 auf 56. Im zweiten Akt wurde das Gespräch zwischen Maria und Elisabeth herausgenommen, mit der Bauernhochzeit jedoch eine neue Szene eingefügt. Die kurze Reichstags-Szene, die im *Urgötz* den dritten Akt einleitet, fiel in

der Überarbeitung ganz fort, die letzte Szene des vierten Aktes zwischen Adelheid und Franz wurde direkter mit der vorausgehenden zwischen Adelheid und Weislingen verbunden, wohl um die Parallelitäten beider Szenen augenfälliger zu machen. Nicht gravierend sind auch die Änderungen, wodurch die erste Szene des ersten Aktes eine neue Gestalt gewann. Der Adelheid-Monolog im dritten Akt erweiterte sich in der Bearbeitung zum Gespräch mit Franz. Tiefgreifender jedoch sind die Modifikationen, die der fünfte Akt erfuhr. Goethe selbst bemerkt in *Dichtung und Wahrheit*, dass ihm in der ersten Fassung des Stückes im fünften Akt plötzlich Adelheid zur Zentralfigur geworden sei, sich so die Schwergewichte des Dramas verschoben hätten und Weislingen als der eigentliche Gegenspieler Götzens an den Rand gedrückt worden sei. Erst eine grundlegendere Abänderung des letzten Aktes hätte hier Abhilfe schaffen können. In der ursprünglichen Fassung verlieben sich zahlreiche Männer in Adelheid: neben Weislingen auch Franz, Franz von Sickingen, der Zigeunerbube, der Rächer der Feme. Die Neufassung belässt es bei Weislingen und Franz. Jener fast magischen Kraft, die von der Dramenfigur, einem echten ›femme fatale‹, ausging, war schließlich auch ihr Autor verfallen, so zumindest erklärt sich Goethe die ursprüngliche Gestaltung des letzten Aktes:
»Ich hatte mich, indem ich Adelheid liebenswürdig zu schildern trachtete, selbst in sie verliebt, unwillkürlich war meine Feder nur ihr gewidmet, das Interesse an ihrem Schicksal nahm überhand, und wie ohnehin gegen das Ende Götz außer Tätigkeit gesetzt ist, und dann nur zu einer unglücklichen Teilnahme am Bauernkriege zurückkehrt, so war nichts natürlicher, als daß eine reizende Frau ihn bei dem Autor ausstach, der die Kunstfesseln abschüttelnd, in einem neuen Felde sich zu versuchen dachte. Diesen Mangel, oder vielmehr, diesen tadelhaften Überfluß, erkannte ich gar bald, da die Natur meine Poesie mich immer zur Einheit hindrängte. Ich hegte nun, anstatt der Lebensbeschreibung Götzens und der deutschen Altertümer, mein eignes Werk im Sinne, und suchte ihm immer mehr historischen und nationalen Gehalt zu geben, und das was daran fabelhaft oder bloß leidenschaftlich war, auszulöschen; wobei ich freilich manches aufopferte, indem die menschliche Neigung der künstleri-

schen Überzeugung weichen mußte. So hatte ich mir z. B. etwas Rechts zu Gute getan, indem ich in einer grauserlich nächtlichen Zigeunerszene Adelheid auftreten und ihre schöne Gegenwart Wunder tun ließ. Eine nähere Prüfung verbannte sie, so wie auch der im vierten und fünften Akte umständlich ausgeführte Liebeshandel zwischen Franzen und seiner gnädigen Frau sich ins Enge zog, und nur in seinen Hauptmomenten hervorleuchten durfte« (a.a.O., S. 621 f.).

Goethe sieht als den wesentlichen Zug seiner Überarbeitung an, dass die Adelheid-Handlung zurückgedrängt wurde und statt dieser Figur, die eine zu große Eigenständigkeit innerhalb des dramatischen Gefüges angenommen hatte, wieder eine Konzentration auf die Götz-Weislingen-Handlung erfolgte. So findet sich in der *Götz*-Fassung dieser selbst bei den Zigeunern ein und sucht dort Zuflucht vor seinen Verfolgern. Die Integration Götz' in den Bauernkrieg wurde ebenfalls verstärkt, dem Bauernkrieg selbst durch Wegfall v. a. der Helfenstein-Szenen ein Großteil seiner Legitimation entzogen.

D. Borch-
meyer

Dieter Borchmeyer charakterisiert zusammenfassend den Unterschied beider Fassungen dahingehend, dass eine gründlichere Personencharakterisierung und noch ausführlichere Motivierung durch die Überarbeitung erreicht sei; die Kürzungen und die straffere und konzentriertere Handlungsführung würden dadurch wieder aufgewogen (1985, S. 772). Sprachlich ›säuberte‹ Goethe sein Manuskript, veränderte, was für die zeitgenössischen Ohren zu grob gewesen war.

»Anakoluthe sind in der zweiten Fassung nicht mehr so häufig, und das Vokabular ist an manchen Stellen entschärft, freilich in der Regel nur dort, wo die Änderung mit einer Verdeutlichung des Sinngehalts oder mit einer prägnanteren Formulierung einhergeht. Manche elementare Kraftausdrücke wie das berühmte Götz-Zitat wurden unverändert in die Fassung von 1773 übernommen. – Die eigentliche Feigenblattaktion auf diesem Sektor fand erst im Zuge der Redaktion für die *Schriften* von 1787 statt, wo die anrüchige Stelle durch Gedankenstriche ersetzt wurde. Die nuancierte Sprachcharakteristik, die je nach Standeszugehörigkeit zwischen dialektgefärbten, höfisch-affektierten und archaisierenden Sprechweisen unterscheidet, bleibt insgesamt von einer Nivellierung verschont« (ebd.).

Lange Zeit galt der *Götz* als das gereifte Werk, der *Urgötz* als eine von Goethe überwundene, folglich auch zu verwerfende Vorstufe, zumal *Die Geschichte Gottfriedens von Berlichingen* erst postum 1832 zusammen mit der Bühnenfassung von 1804 im 42. Band der Ausgabe letzter Hand erschienen war, als handle es sich dabei um etwas der Vollständigkeit halber Nachgereichtes, dem allenfalls historisches Interesse gebührt. Seit einigen Jahrzehnten konzentriert sich die Forschung jedoch nicht mehr allein auf die *Götz*-Fassung, und der *Urgötz* wird auch nicht mehr ausschließlich als Vorstufe betrachtet, sodass man lediglich danach fragt, nach welchen Bearbeitungsprinzipien Goethe vorgegangen sei. Die Fragestellung der Forschung hat sich insofern verändert, dass man nunmehr bereit ist, Goethe in der Hinsicht beim Worte zu nehmen, wenn er schreibt, mit der Überarbeitung habe »in wenigen Wochen ein ganz erneutes Stück« vorgelegen (*Dichtung und Wahrheit*, a.a.O., S. 622). Am energischsten vertritt diese These Rolf Christian Zimmermann im zweiten Band seiner Studie *Das Weltbild des jungen Goethe*. Hier schreibt er vom *Urgötz*, dass nur »dramatische Glättungen und Banalisierungen des ursprünglich angelegten Sinns« aus dem *Urgötz* den *Götz* hätten werden lassen:

R. Ch. Zim-
mermann

»*Die Geschichte Gottfriedens* war – historisch korrekt oder nicht – das pessimistisch gesehene Drama einer Epochenschwelle. Die kräftige, liebe- und lebensvolle Zeit der guten alten Ritterherrlichkeit sollte im Morast geendet haben – zu Fall gebracht von Selbstsucht, die alles natur- und gottgewollte Leben erdrosselte. Dieses pessimistische Konzept gab der überarbeitete *Götz von Berlichingen* auf, ohne daß ein anderes die Lücke ausfüllte. Einer vermeintlich notwendigen größeren Geschichtstreue und Gerechtigkeit opfert Goethe die Perfidie der Fürsten, damit aber sowohl das ›Naturrecht‹ Berlichingens wie das der verzweifelnden Bauern. Beide handeln in ihrer Aufsässigkeit gegen die Fürsten nun nicht mehr aus dem höheren Recht der Lebensinstinkte, nämlich in Notwehr gegen ein so schleichendes wie tödliches Übel (gegen die Selbstsucht, die alle Treue und Ordnung zerstört), sondern beide sind nun blinde, bornierte, alles über einen Kamm scherende Trotzköpfe (›Selbsthelfer‹), die von den Fürsten nicht ohne Grund bei den Ohren genommen und auf die offiziellen Institutionen der öffentlichen Rechtspflege hingewiesen werden dürfen. [. . .] Was ursprünglich als ›Grimmfeuer‹ des periodisch wiederkehrenden Abfalls der Menschen von der göttlichen Liebe konzipiert war [der Bauernkrieg als Teil allgemein gewordenen Chaos], behält Goethes Endfassung als einen bloß noch von der pragmatischen Handlungsmotivation geforderten bühnenwirksamen Effekt bei« (1979, S. 75).

Ähnlich, jedoch mit anderer Akzentsetzung, sah es auch die DDR-Forschung. Das Autorenkollektiv des Bandes *Erläuterungen zur deutschen Literatur: Klassik* meint zwar, dass zwischen erster und zweiter Fassung des *Götz* ein künstlerischer Fortschritt zu verzeichnen sei, stellt aber mit Bedauern fest, dass v. a. durch die Änderungen der Szenen des fünften Aktes, die im Umfeld des Bauernkrieges spielen, das Stück seine »revolutionären Züge« verloren habe. In der ersten Fassung, so heißt es, »treten die Bauern als Revolutionäre, als selbständig handelnde Kämpfer auf. In einer mit leidenschaftlicher Anteilnahme am Geschick der Bauern geschriebenen Szene des 5. Aktes erfahren wir ausführlich von ihrer Not und von den Ursachen ihres Aufstandes: der zunehmenden Ausplünderung durch den Adel. Wenn sie jetzt Schlösser und Burgen zerstören und ihre Tyrannen martern, dann rächen sie sich für erlittene schwere Unbill« (*Erläuterungen zur deutschen Klassik*, S. 83).

In der zweiten Fassung nehme Götz' Verhältnis zu den Bauern dagegen mehr patriarchalische Züge an; die Bauern würden geringer bewertet, »damit Götz größer erscheinen kann« (ebd., S. 89). Das Autorenkollektiv kommt zu dem Schluss, dass die erste Fassung zweifellos realistischer sei, »weil sie – wenn auch formal nicht gebändigt – mehr und tiefere Wirklichkeitswiderspiegelung enthält« (ebd.).

Th. Buck Auch Theo Buck stellt in weitgehender Übereinstimmung mit den schon zitierten Urteilen fest, dass sich zwischen erster und zweiter Fassung des *Götz* Goethes weltanschauliche und ästhetische Wertvorstellungen geändert haben müssen. Die erste Fassung ist eine »originäre Leistung«, die lohnt, wieder in Erinnerung gebracht zu werden, da eine »konsequente Großräumigkeit in formaler Hinsicht [. . .] dort mit einer schroff pessimistischen Weltansicht« einhergeht (1981, S. 126). An anderer Stelle urteilt Buck:

»Mit der Reihung einzelner, scheinbar divergierender Szenen wird es dem Dramatiker möglich, die Zusammenhänge der gesamten Wirklichkeit andeutend-stellvertretend einzubeziehen. Aus dem Kompositionsprinzip ergeben sich demzufolge umfassende Weltaspekte. Goethe hat die Form entwickelt für ein Drama, das in der Lage ist, die innere Geschichte einer Epoche wiederzugeben« (ebd., S. 128 f.).

So sind die gesellschaftskritischen und zeittypischen Momente im *Urgötz* nach Theo Bucks Auffassung »kräftiger und [...] sinnfälliger ausgestaltet« (ebd., S. 129). Es wird dort eine im Innersten absurde Welt vorgestellt, eine Mördergrube, wo »Machtwillen, Egoismus, Neid, Lüge, Betrug, Verrat, Untreue, Rechtlosigkeit, Schwäche, Opportunismus« (ebd.) die eigentlichen Triebfedern im gesellschaftlichen »Trieb«werk sind.

Wie Buck meint auch der Literaturwissenschaftler Fritz Martini in der überarbeiteten Fassung des *Götz* die Tendenz zu einer Idealisierung von Widersprüchen erkennen zu können, die dem Stück den realistischen Zug nimmt und statt dessen den Geschichtsvorgang zu einem Naturvorgang mythisiert:

F. Martini

»Wenn Goethe nun in der Zweiten Fassung seines Dramas jene Aura der Verklärung und Versöhnung über den Tod des Götz legt, hat er diesen Widerspruch doppelt auf eine uns heute problematisch erscheinende Weise abgebogen und verdeckt: dadurch, daß er den Geschichtsvorgang zu einem Naturvorgang mythisierte und den sterbenden Götz ganz in seine unantastbare subjektive Innerlichkeit entrückte. Er hat das Schreckliche in der Wirklichkeit der Gesellschaft verdeckt durch eine innere Harmonie in den letzten Lebensaugenblicken des Götz. Er hat derart das Ende seines Dramas auf eine poetische Weise dem Konflikt zwischen der Humanität und der Gesellschaft entzogen, der doch dem Drama zugrunde liegt« (1979, S. 128).

Der Widerspruch zwischen der prätendierten Freiheit des Einzelnen und dem notwendigen Gang des Ganzen wird nach Martini dadurch in der zweiten Fassung gelöst, dass die Freiheit in eine transzendente Freiheit, eine Freiheit außerhalb der irdischen Wirklichkeit, verlegt wird.

Ganz anders in ihrer Beurteilung der beiden Fassungen als die hier bislang zitierten Stimmen lässt sich die englische Germanistin Ilse A. Graham vernehmen, die eine breit angelegte Erörterung zu der Frage vorlegte, ob der Weg vom *Urgötz* zum *Götz* eine Neufassung oder Neuschöpfung bedeute. In ihrem Versuch einer morphologischen Kritik gelangt sie zu der Erkenntnis, dass die Umgestaltung eine Wandlung in der Gesamtkonzeption des Dramas bewirkt habe, die von einem neuen monistischen Lebensgefühl geprägt gewesen sei:

»Diese organische Konzeption ist allmählich und unbemerkt aus den tiefsten Schichten seines Sprachgewebes zur Oberfläche des Dramas durchgedrungen. Gerade in dieser Tiefe aber, in der befreienden Begegnung zwischen dem Künstler und dem Medium der Worte, in der Entfaltung einer assoziativen Sprache, in der Entwicklung organischer Bilder und deren Strukturierung nach organischen Prinzipien, müssen wir den Ursprung aller Wandlungen suchen, die der Zweitfassung ihr eigentümliches Gepräge geben« (1965, S. 270).

Graham geht bei ihrer Untersuchung außerdem von der These aus, dass der *Urgötz* schon in der Konzeption des Titelhelden unzulänglich angelegt war, weil Götz von seiner Anlage her nur unvollkommen sein konnte, was er sein sollte: Abbild der vitalen Natur. Darauf weist schon seine eiserne Hand hin. Statt weiter dieses Abbild einer vitalen Natur zu verbessern, schuf Goethe nach Graham in der Neuschöpfung des Götz »eine symbolische Struktur, deren Form selbst die Rhythmen des organischen Lebens widerspiegelt« (ebd., S. 282). Während in der ersten Fassung nach Goethes Aussage alles nur gedacht sei, sieht Graham folglich in der zweiten eine Verlagerung des zweckgebundenen Denkens und Handelns auf das vegetative Sein (ebd., S. 257).

Rezeptionsgeschichte

Jakob Michael Reinhold Lenz (1751–1792) jubelte angesichts J. M. R. Lenz
des *Götz*:
»Was lernen wir hieraus? Das lernen wir hieraus, daß Handeln,
Handeln die Seele der Welt sei, nicht Genießen, nicht Empfin-
deln, nicht Spitzfindeln, daß wir dadurch allein Gott ähnlich
werden, der unaufhörlich handelt und unaufhörlich an seinen
Werken sich ergötzt; das lernen wir daraus, daß die in uns handelnde Kraft unser Geist, unser höchstes Anteil sei, daß die allein
unserm Körper mit allen seinen Sinnlichkeiten und Empfindungen das wahre Leben, die wahre Konsistenz, den wahren Wert
gebe, daß ohne denselben all unser Genuß, all unsere Empfindungen, all unser Wissen doch nur ein leiden, doch nur ein auf-
geschobener Tod sind. Das lernen wir daraus, daß diese unsre
handelnde Kraft nicht eher ruhe, nicht eher ablasse zu wirken, zu
regen, zu toben, als bis sie uns Freiheit um uns her verschafft,
Platz zu handeln« (zit. nach: Jakob Michael Reinhold Lenz:
Werke und Schriften I. Hg. v. Britta Titel u. Hellmut Haug. Stuttgart 1966, S. 378 f.).
Die Aufnahme des *Götz* bewegte sich zwischen uneingeschränk-
ter, enthusiastischer Zustimmung einerseits und krasser, bis hin
zu kategorischer Ablehnung andererseits, wobei diejenigen, die
den *Götz* verwarfen, sicherlich in der Minderzahl waren, diejenigen, die ihn stürmisch feierten, wofür die wiedergegebene Pas-
sage aus Lenz' Rede »Über Götz von Berlichingen« beredtes
Zeugnis ablegt, v. a. aus der jüngeren Generation des Sturm und
Drang stammten. Für sie war der *Götz* eine Offenbarung, die
Verwirklichung einer neuen Ästhetik, sie begrüßten den von
Goethe gewählten Nationalstoff, die Neuartigkeit seiner Darstellung in der Shakespeare-Nachfolge, die im Drama gewählte
Sprache, kurz all das, was als Ausweis der ›Genialität‹ des Ver-
fassers begriffen und verteidigt werden konnte.
Die schärfste Kritik von höchster Stelle formulierte Friedrich II. Friedrich II.
(1712–1786) in seiner Abhandlung »De la litterature alleman-
de« (1780). Während er noch bereit war, Shakespeare »seine
sonderbaren Ausschweifungen zu verzeihen«, denn er »lebte zu

einer Zeit, da die Wissenschaften in England erst geboren wurden, und man also noch keine Reife von denselben erwarten konnte«, griff er den Verfasser des *Götz* heftig an, indem er dessen Stück »eine abscheuliche Nachahmung jener schlechten englischen Stücke« nannte und nicht verstand, dass das deutsche Publikum »dem eckelhaften Gewäsche seinen lauten Beyfall«

J. Möser spendete (zit. nach Neuhaus 1973, S. 149). Justus Möser, dem Goethe selbst wichtige Anregungen für den *Götz* zu verdanken hatte, milderte geschickt dieses Urteil des Königs ab:

»Das von dem Könige so sehr herabgesetzte Stück *Götz von Berlichingen* ist immer ein edles und schönes Produkt unsres Bodens; es hat recht vielen geschmeckt, und ich sehe nicht ab, warum wir dergleichen nicht ferner ziehen sollen; die höchste Vollkommenheit wird vielleicht durch längere Kultur kommen. Alles, was der König daran auszusetzen hat, besteht darin, daß es eine Frucht sei, die ihm den Gaumen zusammengezogen habe und welche er auf seiner Tafel nicht verlange. Aber das entscheidet ihren Wert noch nicht. Der Zungen, welche an Ananas gewöhnt sind, wird hoffentlich in unserem Vaterlande eine geringe Zahl sein, und wenn von einem Volksstücke die Rede ist, so muß man den Geschmack der Hofleute beiseite setzen« (zit. nach: Borchmeyer 1985, S. 784).

Goethe ging noch gleichgültiger über das Urteil des Königs hinweg, wenn er an Jenny von Voigts (1749–1814), die Tochter Justus Mösers, am 21. Juni 1781 schrieb: »Wenn der König meines Stücks in Unehren erwähnt, ist es mir nichts befremdendes. Ein Vielgewaltiger, der Menschen zu Tausenden mit einem eisernen Szepter führt, muß die Produktion eines freien und ungezogenen Knaben unerträglich finden« (ebd., S. 775).

Während Friedrich II. lediglich von den »sonderbaren Ausschweifungen« sprach, die der *Götz* aufweise, ging der österrei-

H. G. v. Bret- chische Diplomat und Schriftsteller Heinrich Gottfried von Bret-
schneider schneider (1739–1810) etwas ausführlicher auf die kritischen Punkte des Schauspiels in einem Brief an den Verleger Christoph Friedrich Nicolai (1733–1811) am 18. August 1773 ein:

»Zu Franckfurt ist herausgekommen *Götz von Berlichingen mit der eisernen Hand, ein Schauspiel*. Der Verfaßer D. Göthe, ein junger Rechtsgelehrter in Franckfurt, ist ein unglückseliger

Nachahmer von Shakespar, das Schauspiel begreift einen Zeitraum von nicht mehr als 6–7 Jahren und der Schauplatz einen Umfang von 20 Meilen in sich. Bald reden die Personen so erhaben modern, als wenn sie den Klopstock gelesen hätten, bald künsteln sie mit sehr schlechten Glück die Sprache des 16. Jahrhunderts nach, bald reden sie wie zärtliche Petit maitres bald wie der niedrigste Pöbel; das lächerlichste aber ist, daß sie zu Berlichings Zeiten Ao. 1530–50 von Peruquen, und Büchern in usum delphini schwatzen« (zit. nach: Neuhaus 1973, S. 133).

Ein solches Urteil formuliert, wer noch ganz und gar an der Regelpoetik des Klassizismus orientiert ist und dem das französische Theater und seine Nachfolger in Deutschland unter dem Literaturpapst Gottsched ausschließlicher Orientierungspunkt sind.

Ganz anders dagegen urteilt Gottfried August Bürger (1747–1794) in seinem Brief an Heinrich Christian Boie (1744–1806) vom 8. Juli 1773: Er lobte die »kühne Verarbeitung«, die der »durchaus deutsche Stoff« gefunden habe, und hob hervor, dass Goethe wie sein eigener Dramenheld »edel und frei« den »elenden Regelnkodex unter die Füße« trete. Viel wichtiger als die Einhaltung künstlicher Regeln war ihm, dass das Drama gerade durch die Regelverletzung wieder ganz »Natur« werde und so »ein ganzes événement mit Leben und Odem bis in seine kleinsten Adern beseelt vor Augen« stelle. Nur das »Rezensentengeschmeiß« und der »Lesepöbel« könnten nicht ausreichend würdigen, wie »lebendig, wie shakespearisch« das Drama ausgefallen sei, weil sein Verfasser wie sein Held »der Natur gehorsamer als der tyrannischen Kunst« war (ebd., S. 130 f.).

G. A. Bürger

Bürger ging bei seiner Beurteilung von der Begeisterung aus, die Goethes Drama bei ihm ausgelöst hatte. Entsprechend verfuhr auch Matthias Claudius (1740–1815) im *Wandsbecker Boten*, wo er schrieb, dass man an das Drama »nirgends das Winkelmaß anlegen« dürfe, sondern den Wert des Stückes allein aus »dem Eindruck bestimmen [könne], den das Stück« auf den Leser mache. So interessierte es Claudius nicht weiter, dass der Verfasser durch alle Schranken und Regeln bricht, wie sein »edler, tapfrer Götz durch die blanken Esquadrons feindlicher Reuter« (ebd.).

M. Claudius

Wer wie die Kritiker der älteren Generation dem Drama nicht einhellige Zustimmung entgegenbringen wollte, aber wer doch von ihm fasziniert war, wie etwa Christian Heinrich Schmid (1746–1800) oder Christoph Martin Wieland (1733–1813), behalf sich mit einem differenzierenden Urteil über den *Götz*.

Ch. H. Schmid Schmid konstatierte etwa, dass das Drama, obwohl die drei Einheiten »auf das grausamste gemißhandelt« werden, als das »schönste, interessanteste Monstrum« bezeichnet werden könne. In dieser Bezeichnung schwingen Bewunderung und Befremden mit. Die Bewunderung leitet Schmid v. a. daher ab, dass Goethe uns in einer »so fortdauernden Täuschung und in einem so ununterbrochenen Genusse erhalten hatte, die uns nicht erlaubten, an Urteil und Vergleichung zu denken« (ebd., S. 136). So positiv auch Schmids Rezension des *Götz* ausfiel, sie veran-

Ch. M. Wieland lasste doch den Herausgeber des *Teutschen Merkur*, Wieland, dazu, eine eigene Stellungnahme nachzureichen: Goethe habe »bloß ein Drama zum Lesen schreiben« (ebd., S. 139) wollen, denn noch sei dies ein Stück, das man »nicht aufführen kann, bis uns irgend eine wohltätige Fee ein eigen Theater und eigene Schauspieler dazu herzaubert« (ebd., S. 138). Wieland entschuldigte an Goethe, dass dessen »ungebändigtes Genie sich nicht mit allen Regeln des Aristoteles als Fesseln« hätte »schleppen wollen«, so dass es sie von sich warf. Auch Wieland kann sich des Eindrucks nicht erwehren, dass er bei der Lektüre des Dramas »mit solcher Gewalt ergriffen, so stark interessiert, so mächtig erschüttert, so durchaus vom ersten Zug bis zum letzten in die Begeisterung des Dichters hineingezogen und ans ununterbrochene Anschaun der lebendigen Gemälde, die er ut Magus vor unsern Augen vorbeiführt, angeheftet« werde (ebd.).

Wie ein roter Faden zieht sich durch alle Goethe wohlgesonnenen Kritiken die Bemerkung, dass Goethe es mit seinem *Götz*
Patriotisches erreicht habe, ein patriotisches Stück zu verfassen bzw. ein deut-
Stück sches Gemälde zu schaffen. In den *Frankfurter gelehrten Anzeigen* vom 20. August 1773 hieß es dazu: »Unsterblicher Dank sey dem V[erfasser] für sein Studium der alten deutschen Sitten. Man hat sie bisher immer nur in Hermannswäldern gesucht, aber hier sind wir auf ächtem deutschen Grund und Boden. Schon durch die Neuheit dieses Versuches, sollte das Stück sein

Glück machen« (ebd., S. 135). Entsprechend lobte Herder trotz aller Einwände, die er gegen den *Urgötz* vorgebracht hatte, am Ende seiner Shakespeare-Abhandlung das Drama als ein »Denkmal aus unsern Ritterzeiten in unsrer Sprache, [das] unserm so weit abgearteten Vaterlande« vorgestellt werde (ebd., S. 128). In der *Gelehrten Zeitung für das Frauenzimmer* hieß es gleich zu Beginn der Rezension vom 24. Juli 1773: »Zuförderst meinen herzlichen, heißen Dank, Dir, Edler Deutscher, der du uns andern, auch nicht unedlen Deutschen aus der Schatzkammer Deines Genies dies Vaterländische Schauspiel mitgeteilt hast!« (ebd., S. 132). Und der oben bereits zitierte Schmid dankte in seiner im *Teutschen Merkur* erschienenen Rezension für die »Wahl des Sujets« als deutscher Patriot. »Der Verfasser«, so fährt er fort, »hat die Geschichte seines Dramas aus dem Zeitpunkte hergenommen, wo Teutschland an tragischen Begebenheiten, heldenmütigen Unternehmungen, Originalcharakteren und echten Nationalgesinnungen, vielleicht zu seinem Unglück, sehr reich war« (ebd., S. 137). Der anonyme Verfasser einer Besprechung im *Magazin der deutschen Kritik* schloss seine Goethe ansonsten scharf kritisierende Rezension doch mit den versöhnlichen Worten, dass dem Autor dasjenige Lob nicht versagt werden könne, was »ihm wegen der Wahl eines Nationalsüjets, wegen der Behandlung der vaterländischen Sitten und Begebenheiten, gebührt; eine Ehre, die durch ihre Seltenheit desto grösser wird« (ebd., S. 145). Und Justus Möser, aus dessen Rezension bereits oben zitiert wurde, argumentierte gegen Friedrichs II. Urteil u. a. damit, dass Goethe »eine Sammlung von Gemählden aus dem National-Leben unsrer Vorfahren habe geben« wollen (ebd., S. 151).

Götz und einige Jahre später dann *Die Leiden des jungen Werthers* (1774) sind die beiden Werke, mit denen und auf denen Goethe seinen Ruhm begründen konnte. Sie waren es, die ihn im deutschsprachigen Raum und im Ausland bekannt machten, wenn das auch für den *Götz* mit einer gewissen zeitlichen Verzögerung galt, denn die Gründe, die Goethe in Deutschland den Erfolg bescherten, verhinderten zunächst die Rezeption des Dramas im Ausland: die Hinwendung zur deutschen Vergangenheit. Erst Madame de Staëls (1766–1817) *De l'Allemagne* konnte

Rezeption in Frankreich

hier vermitteln. Sie rechtfertigte Goethes Werk mit dem Hinweis, dass »es in Deutschland keine Hauptstadt gebe, in der sich alles beisammen findet, was zu einem guten Theater gehöre. So werden die dramatischen Werke weit mehr gelesen als gespielt, und infolgedessen berechnen die Autoren ihre Erzeugnisse für die Lektüre und nicht für die Bühne« (zit. nach: Germaine de Staël: *Über Deutschland*. Nach der Übersetzung von Robert Habs. Hg. v. Sigrid Metken. Stuttgart 1973, S. 242). Im Übrigen pries sie Goethes Stück, in dessen Mittelpunkt ein »durch seinen Muth und seine Biederkeit berühmter Ritter« stehe, der die »Unabhängigkeit des Adels jener Zeit repräsentiere, als noch nicht die Autorität der Regierung auf allen lastete« (ebd., S. 243). Außerdem schildere das Stück, so Madame de Staël, »mit vielem Zauber die Einfachheit der Sitten jener Zeit« (ebd., S. 244). Nach diesem Lob diente Goethes Drama in Frankreich als eine der Quellen für die Erneuerung des historischen Dramas.

Einfluss auf den historischen Roman

Nicht weniger einflussreich wurde Goethes Drama auch für die Entwicklung des historischen Romans. Bezeichnenderweise ist es der Repräsentant dieser Gattung in England, Sir Walter Scott (1771–1832), der die Übersetzung des *Götz* ins Englische besorgt.

Aber nicht nur historisches Drama und historischer Roman v. a. des 19. Jahrhunderts wurden direkt oder zumindest indirekt von Goethes *Götz* beeinflusst. Die stärkste Wirkung, die der *Götz* haben sollte, war wohl, dass sich mit dem *Götz* eine eigene Form des Dramas etablierte: das Ritterdrama. Allein zwischen 1775 und 1811 entstanden 38 Dramen dieser Art. Was an diesen Dramen faszinierte, legt Goethe selbst in einer kleinen Szene in *Wilhelm Meisters Lehrjahre* (2. Buch, 10. Kapitel) dar:

Einfluss auf das Ritterdrama

»Die deutschen Ritterstücke waren damals eben neu, und hatten die Aufmerksamkeit und Neugier des Publicums an sich gezogen«, erläutert der Erzähler Wilhelm und liest aus einem solchen Stück vor. Die Zuhörer sind begeistert wegen »der geharnischten Ritter, der alten Burgen, der Treuherzigkeit, Rechtlichkeit und Redlichkeit, besonders aber [wegen der] Unabhängigkeit der handelnden Personen«. Jedermann war »von dem Feuer des edelsten Nationalgeistes entzündet. Wie sehr gefiel es dieser deutschen Gesellschaft, sich ihrem Charakter gemäß auf eignem

Grund und Boden poetisch zu ergötzen! Besonders taten die Gewölbe und Keller, die verfallnen Schlösser, das Moos und die hohlen Bäume, über alles aber die nächtlichen Zigeunerszenen und das heimliche Gericht eine ganz unglaubliche Wirkung!« Goethe benennt hier mit deutlicher Anspielung auf *Götz* jene Ingredienzien, mit denen die zeitgenössischen Schriftsteller ihre Ritterdramen in der Nachfolge des Stücks versahen. Diese Schauspiele boten Fluchtpunkte aus einer als Gefängnis empfundenen Alltäglichkeit, sie operierten mit dem Reiz des Exotischen, Unheimlichen und zugleich mit einem klaren Wertesystem, das nach gut und böse, deutsch und undeutsch entscheiden ließ. Unmittelbar an Goethes Stück knüpfte z. B. Friedrich Maximilian von Klinger (1752–1831) in seinem Erstling *Otto* (1775) an, wobei er Handlungsteile, Motive und Stimmungselemente aus dem *Götz* bezog. Er stellte seinen Ritter Otto ins Zentrum des Dramas und ließ ihn gegen eine kleinliche, intrigante und böse Umwelt kämpfen. Allerdings reduzierte er das große Individuum auf die Darstellung von dessen Untergang, zeigte es in seiner Selbstherrlichkeit, aber auch, nach seinem moralischen Fall, in Gewissensqual, Reue, Auflehnung und Verzweiflung. Kurz, es kam Klinger im Wesentlichen auf die Darstellung von extremen Leidenschaften vor ritterlicher Kulisse an. Anders Maler Müller (d. i. Friedrich Müller, 1749–1815), auch ein Autor der Sturm-und-Drang-Generation, der in seinem erst 1811 von Ludwig Tieck (1773–1853) veröffentlichten Drama *Golo und Genoveva* Motive des *Götz* und Legendenelemente auf eigentümliche, für die Romantik schon wegweisende Art verband. Goethes Erfolg mit dem *Götz* überbot nochmals Graf Joseph August von Törring-Cronsfeld (1753–1826), der Verfasser der *Agnes Bernauerin* (1780), die wiederum Friedrich Hebbel (1813–1863) im 19. Jahrhundert erneut bearbeiten sollte. Törring stellte eine geschickte Verbindung von bürgerlichem Trauerspiel und Ritterromantik her, indem er den Konflikt in der Ständeproblematik entschärfte und damit von vornherein die Gattung trivialisierte. Mit der Trivialisierung des Ritterdramas konnte zweierlei erreicht werden. Sie bot zum einen die Möglichkeit zum Eskapismus durch historischen Exotismus, in dem die Faszination, die von Rittern, Pfaffen, Edelfräuleins, Belagerungen, Turnieren,

F. M. v. Klinger

Maler Müller

J. A. v. Törring-Cronsfeld

Gottesgerichten, Schwüren, Verrat usw. ausging, genutzt wurde. Zum anderen ließen sich im historischen Kostüm zeitgenössische Konflikte einkleiden, die wiederum durch Vereinfachung trivialisiert und auf konservative Weise gelöst wurden. So ergreift z. B. der Adlige Törring in seinem Stück über die Bernauerin eindeutig Partei für den Staat gegenüber dem Recht auf Glück, das der Einzelne für sich in Anspruch nimmt. Törring weiß, »»wie nothwendig die Bürgerklassen, wie unentbehrlich der Adel einem freyen Staate, wie Deutschland [ist], wie wesentlich die Reinigkeit des Bluts, und der Stammfolge bey Fürsten, und Rittergeschlechten‹ ist. Nach der Aussöhnung Albrechts von Bayern mit seinem Vater, die eher eine freiwillige Unterwerfung ist, weiß der Herzog seinem Sohn als Ersatz für die gemordete Geliebte nichts Besseres zuzusprechen als – die Sorge um Bayern« (nach Markus Krause: »Trivialdramatik« In: *Sozialgeschichte der deutschen Literatur*. Bd. 5. Hg. v. H. A. Glaser. München, S. 325).

Entwicklung des Ritterdramas

Die Romantiker, aber auch Heinrich von Kleist (1777–1811) konnten an die im 18. Jahrhundert begründete Entwicklungslinie des Ritterdramas anknüpfen, so Kleist im *Käthchen von Heilbronn* (1810), Hebbel in *Agnes Bernauer* (1851). Ferdinand Lassalle (1825–1864) machte schließlich Franz von Sickingen (1481–1523) in einer historischen Tragödie zum Revolutionär; am Ende des 19. Jahrhunderts schrieb Gerhart Hauptmann (1862–1946) in bewusster *Götz*-Nachfolge seinen *Florian Geyer* (1896), der Endpunkt einer Entwicklung, die mit Goethes Drama ihren Beginn genommen hatte.

Deutungsansätze

Die literaturwissenschaftliche Beschäftigung mit einem für die dichterische Entwicklung Goethes und für die Entwicklung des deutschsprachigen Dramas so wichtigen Textes wie dem *Götz* konnte nicht ausbleiben. Sie ist allerdings nicht sonderlich kontrovers geführt worden und vollzog sich in einem bis heute durchaus überschaubaren Rahmen.

Zunächst verdankt die Literaturwissenschaft der positivistischen Forschung des 19. und auch noch des 20. Jahrhunderts die historisch-kritische Textsicherung. Dazu gehören die Arbeiten von Michael Bernays (*Über Kritik und Geschichte des Goetheschen Textes.* Berlin 1866), die Fassungsvergleiche von Jakob Minor (»Die zwei ältesten Bearbeitungen des *Götz von Berlichingen*«, in: *Studien zur Goethe-Philologie.* Wien 1880, S. 117–236), die Erstellung eines Paralleldrucks von Neuendorff-Fürstenau (Berlin 1958. Akademie-Ausgabe) und schließlich die Bereitstellung beider Fassungen (*Geschichte Gottfriedens von Berlichingen* und *Götz von Berlichingen)* in der Ausgabe zum *Jungen Goethe* (Minor, Fischer-Lamberg, Eibl) und eines gesicherten, kommentierten Textes in der Berliner, Hamburger, Frankfurter und Münchner Goethe-Ausgabe.

Mit der Gegenüberstellung und dem Vergleich der verschiedenen Fassungen kam schon frühzeitig die Frage auf, nach welchem Prinzip Goethe *Die Geschichte Gottfriedens von Berlichingen* bearbeitet habe und welchem Gesetz diese Bearbeitung gefolgt sei, ob sie nach der Herder'schen Kritik nur eine Zurücknahme der Exzesse des *Urgötz*, eine Glättung der Form und der Sprache und eine Einebnung des Lesedramas zu einem spielbaren Stück gewesen sei oder ob der Bearbeitung eine neue Qualität innewohnte, die beide Fassungen zu je eigenständigen Werken machte. Je nach der eingenommenen Perspektive des Betrachters wurden beide Fassungen unterschiedlich bewertet, wie oben bereits dargelegt. Rolf Christian Zimmermann neigte zur ersten Fassung, da sie konsequent wegen der durchgehenden Bildlichkeit in Goethes hermetisches Denken, seine Weltanschauung, einzubeziehen war. Theo Buck schätzte die erste Fassung wegen der radikalen dramaturgischen Innovation und der »realitätsgetränkten absurden Parabel« (1981, S. 134), und Peter Michelsen fand die erste Fassung bruchloser als die spätere Überarbeitung, denn sie ende in einem dämonisch chaotischen Feuerschein.

»Im ›Ur-Götz‹ entpuppt sich das von Goethe zum ›Schauspiel‹ gemilderte Geschichtsdrama als eine vom Schicksal bestimmte Tragödie, ein Trauerspiel der Geschichte insofern, als sie die des Endes ist. Es bringt Freund und Feind ins Verderben; es sät über alle Hoffnung Trauer. Am Schluß ist die Welt dunkel, voll Feuer und Sturm. Die Menschen verglühen, werden von den Flammen verzehrt« (1993, S. 60).

Andere literaturwissenschaftliche Studien widmeten sich schon sehr früh der Frage nach den Einflüssen, denen der junge Goethe ausgesetzt war und die ihre Spuren im *Götz* hinterließen. Die Übernahmen aus der *Lebens-Beschreibung Herrn Gözens von Berlichingen* wurden akribisch zusammengestellt. Goethes Vorbereitungen auf das juristische Examen in Straßburg machte die Lektüre verschiedener Werke über Rechtsgeschichte, zumal über mittelalterliches Recht, nötig. In diesem Kontext konnten Verbindungen zwischen dem *Götz* und Datts oder Pütters Werken nachgewiesen werden. Ebenfalls wurde den von Herder, Möser und schließlich Shakespeare ausgehenden Impulsen in manchen Studien nachgegangen und bis hin zur Übernahme von einzelnen Formulierungen oder Wendungen belegt. Eine eigene Frage nach eventuellen Abhängigkeiten und Einflüssen warf auch das der ersten Fassung vorangestellte Motto auf (»Das Unglück ist geschehn, das Herz/ des Volks ist in den Kot getreten, / und keiner edeln Begierde mehr fähig.«), das Goethe dem gerade erschienenen Staatsroman *Usong. Eine morgenländische Geschichte* (1771) des Naturwissenschaftlers und Dichters Albrecht von Haller (1708–1777) entnahm (s. Wittkowski 1987).

Dramensprache des *Götz*

Besondere Aufmerksamkeit widmete man der neuen Dramensprache des *Götz*. Als erstes Element des altertümlichen Sprachkolorits benutzte Goethe die Mundart seiner Kindheit und Jugend; als zweites bediente er sich des Rückgriffs auf Götz' Autobiographie und die Bibel. So bemühte sich die Literaturwissenschaft erfolgreich um die wörtlichen Entlehnungen aus der

Lebens-Beschreibung und den jeweiligen Quellennachweis der zahlreichen Zitate aus Luthers Bibelübersetzung. Die vielfachen Anlehnungen an die Bibel verweisen überdeutlich auf Züge der Götz-Gestalt, die eine Analogisierung von Götz und Christus intendierte. Herbert Schöffler hatte beim *Werther* auf diesen Aspekt aufmerksam gemacht. Ihn beim *Götz* zu verfolgen, eröffnet auch bei der Götz-Gestalt einen interessanten Aspekt. Die Studien zur Sprachgestaltung des *Götz* konnten außerdem den Nachweis erbringen, dass Goethe »im Rückgriff auf die nach den Maßstäben des herrschenden Geschmacks vorliterarische Sprache des 16. Jahrhunderts [und] die subliterarische der eigenen Zeit die Möglichkeit sah, die Eigenart von Götzens Zeit als Eigenart ihrer Sprache Gestalt werden zu lassen, das Kernige, Naive, Markige, Biedere, Ungebundene, Treuherzige, Tüchtige, Direkte und schließlich auch das Derbe und Drastische« (Neuhaus 1997, S. 88).

Friedrich Sengle hat den *Götz* als ein »Drama totaler Geschichtsdarstellung« (1969, S. 31) bezeichnet und an den Anfang der deutschsprachigen Geschichtsdramatik gestellt, denn wenn auch vorangegangene Dramen der Aufklärung ›Geschichtsdramen‹ waren, so behandelten sie doch ›Geschichte‹ anders als es der *Götz* tat. Gestalten aus der Historie hatten die Funktion eines Exempels, vergleichbar dem Barockdrama, wo etwa Catharina von Georgien als Exempel für die »bewährte Beständigkeit«, so der emblematische Untertitel, auftrat. Die Frage vieler Studien zum *Götz* war nun, in welchem Sinne Goethe erstmalig in diesem Drama ›Geschichte‹ darstellte. Geschichte kann reines Kolorit sein (»Raritäten-Kasten«), aus dem sich Götz als Held heraushebt, ein ungebrochener Charakter, ein großer Kerl, ein selbsttätiges, ganz mit sich einiges Subjekt. Götz hat keinen Widerpart, an dem er scheitert.

Geschichtsdrama

»Keine Handlung, kein Geschehen macht Götzens Untergang notwendig. Wenn wir ihn dennoch als notwendig empfinden«, so begründet es Wolfgang Kayser, »so weiß der Dichter das aus anderen Bereichen zu gestalten: die Zeit, die Götz vertritt, ist Natur geworden und in ihren Herbst getreten. [...] Was in den Verlauf des Dramas – gegen die Absicht des Dichters eingedrungen war und von uns als Natur in ihrer Schöpferfülle erlebt war, das bedingt nun als welkende Natur die Notwendigkeit von Götzens Untergang. So aber, durch den Rhythmus der Natur bestimmt, hat dieser Tod nichts Tragisches« (1965, S. 489).

Charakterdrama In den Studien, in denen das Stück eher als Charakterdrama und weniger als Geschichtsdrama gilt, wird Götz als heroischer Held gedeutet, als die große Individualität, die mit sich selbst im Einklang lebt und handelt. Andere Interpreten haben diese Sichtweise auf Götz problematisiert, indem sie z. B. auf die innere, der Gestalt innewohnende Dialektik und damit Tragik verwiesen haben. In dieser Auffassung sahen sich diese Interpreten durch **Symbol der eisernen Hand** das Symbol der eisernen Hand bestärkt, die einerseits auf das mächtige, kraftvolle Handeln, andererseits aber auch wegen ihrer Gefühllosigkeit auf einen defizienten Modus verweist, denn Götz ist letztlich handlungsunfähig. Die Zeit blockiert sein Handeln bzw. verkehrt die Handlungsintention:

»Eben dieses Symbol mit seinem Doppelsinn von Kraftfülle und Verkrüppelung erhellt den tragischen Lebenslauf des Götz und die eigenartige Verquickung strahlender und düsterer Töne, die das Bild des Mannes und der Zeit kennzeichnet. [. . .] Während [. . .] die eiserne Hand für die Vielen das Symbol derber Rechtschaffenheit und Kraft blieb, wurde sie zwangsläufig zum Symbol innerer Gespaltenheit. [. . .] Unmerklich wurde sie zum Zeichen für eine letztlich tragische Lebensunfähigkeit des Helden, bei aller kraftstrotzenden Vitalität« (Graham 1965, S. 247 f.).

M. Luserke Matthias Luserke zieht aus diesen Beobachtungen eine Parallele zur Schreibbewegung des Sturm und Drang:

»Die verlorene Hand beraubt [die Dichter] nicht der Handlungsfähigkeit, doch hält der Ersatz (die Prothese) ihnen dauerhaft ihre Versehrtheit an Leib und Seele vor Augen. Das Handeln ist authentisch, nicht aber die Mittel dazu sind es, die eiserne Hand ist das Symbol für die Künstlichkeit der Kunst, mit der für ein wahres und echtes Ziel gestritten wird. Nach Ganzheit streben die Dichter, im Wissen, daß sie der Ganzheit verlustig gegangen sind, sie handeln energisch, aber halbiert, sie machen Erfahrungen, aber begrenzte, die Natur der rechten Hand ist durch die Kunst ersetzt, Kunst ist Ersatz für Natur und damit nur noch Mittel zum Zweck, nicht mehr Selbstzweck in der Verschönerungsästhetik. Der Zweck ist die wahre Aufklärung als Kritik an der Aufklärung« (1997, S. 112 f.).

Manche Interpretationen halten an der positiven Sicht des Götz fest und sehen durchaus die Gegenkräfte, aber verlagern diese aus dem Inneren des Protagonisten in die Welt, die ihn umgibt. Die Gesellschaft wird sein Gegenspieler, der tragische Riss geht nicht durch Götz selbst hindurch, sondern die »prätendirte Freiheit« scheitert an der Welt. Nach dieser Lesart ist *Götz* nicht ein Charakterdrama, sondern ein Gesellschaftsdrama, und es lässt sich so leichter an die Entwicklung des Dramas im 18. Jahrhundert anschließen, denn es wiederholt in seiner Konfliktstruktur das bürgerliche Trauerspiel. Götz vertritt mit seiner engsten Familie die Welt der Tugendhaftigkeit und Privatheit. Er weiß sich lediglich Gott bzw. dem Kaiser unterstellt. Auf der anderen Seite ist die Welt des Adels und der Intrige. Götz hält sich dann wie z. B. Odoardo in Lessings *Emilia Galotti* (1772) bewusst von der Welt des Hofes fern, er vertritt – wie Wolfgang Albrecht meint – exemplarische Ansichten aus dem bürgerlichen Moralkodex. Unter der Maske des Ritters aus dem 16. Jahrhundert verbirgt sich in Wirklichkeit der Bürger des 18. Jahrhunderts. In Götz manifestiert sich die aufklärungszeitliche bürgerliche Lebenshaltung (s. Albrecht 1983, S. 175 f.). Der Hof stellt – wie häufig im bürgerlichen Trauerspiel – die Welt der Kabalen und Intrigen dar. Ein Relikt aus diesem Genre ist ebenfalls Adelheid als ›rasendes Weib‹, die im bürgerlichen Trauerspiel durch Figuren wie Marwood, Orsina oder Milford präfiguriert ist. Weislingen wiederum wird wie Mellefont in Lessings *Miss Sara Sampson* (1755) zwischen beiden Welten hin- und hergezerrt.

Rainer Nägele hat den Gegensatz von höfischer Welt und Götz-Welt mit der Differenz von Gesellschaft und Natur, in der sich für ihn der »Kode des bürgerlichen Denkens« ausspricht, identifiziert (1980, S. 73). Der »Wendepunkt der Staatengeschichte«, von dem Goethe spricht, wird damit in ein moralisches Schema von Gut und Böse umgedeutet, das Drama selbst als Kritik des Autors an der Gegenwart gelesen, denn hinter der Ritterwelt und der Welt des Bamberger Hofes verbirgt sich nach dieser Deutung die gegenwärtige Spannung zwischen dekadentem Adel und bürgerlicher Tugendhaftigkeit des 18. Jahrhunderts. Bei Hofe gelten Luxus, Verrat, Untreue, Hinterlist, Müßiggang, Dekadenz und Machtkalkül; auf der Seite des Götz regieren

Gesellschafts-drama

R. Nägele

noch Treue, Aufrichtigkeit, Anschaulichkeit, ›instinktive‹ Sicherheit statt überfeinerter Reflexivität. »Großmut, Bedürfnislosigkeit und Selbstlosigkeit« (Zimmermann 1979, S. 56) sind die für Götz gültigen Prädikate, während »höfische Selbstsucht« und »Verräterei« (ebd., S. 59) die Zeit beherrschen. Seiner eigenen Gegenwart hält Goethe demnach mit der Konstruktion seines Dramas den Spiegel vor; es ist Zeitkritik im historischen Gewand und keinesfalls im Sinne Friedrich Nietzsches (1844–1900) ›antiquarische‹ Geschichtsschreibung. Goethe wirft mit dem *Götz* seiner Epoche den Fehdehandschuh hin, indem er – wie Fritz Martini meint – sich gegen die Institutionen wendet, die nur vermeintlich »der Gerechtigkeit und Ordnung« dienen, in Wirklichkeit aber Instrumente der Mächtigen sind, »ihre Macht zu stabilisieren und auszunutzen« (1979, S. 121). Nach Martini kämpft Götz vergeblich gegen den »Egoismus des Machtwillens, Rechtlosigkeit, Lüge, List und Verrat, Meineid und Schwäche« (ebd.), was v. a. in der Figur Weislingens szenische Gestalt gewinnt.

Zeitkritik im
historischen
Gewand

»Vor diesem Hintergrund ist Götz' Kampf nicht nur ein Protest gegen seine Verstümmelung, sondern gleichermaßen ein Kampf um die Wiedergewinnung Weislingens, was im Kontext bedeutet: Wiederherstellung nicht nur der alten Vertrautheit, sondern der alten, glücklichen Zeiten, in deren Erinnerung Götz recht eigentlich lebt, während Weislingen, klarsichtig, schon bei der Wiederbegegnung sie als endgültig vergangen hinstellt: ›Glückselige Zeiten, ihr seid vorbei‹, ›Die Zeiten sind vorbei‹. Götz' Verstümmelung wird im Dramentext also als eine grundsätzliche Verkrüppelung angesehen: Sie betrifft den ganzen Menschen. Sie weist nicht nur darauf hin, daß Götz weniger fest in sich ruht, als die Zeitgenossen glaubten, sondern auch darauf, daß Götz die Entwicklung in der Zeit weder im gesellschaftlich-politischen noch im menschlichen wahrhaben will. Seinem Wunschdenken gemäß ist beim ersten Zusammentreffen mit Weislingen für ihn die Zeit einfach stehengeblieben und soll durch Weislingens freundschaftlich-brüderliche Hilfe die Verstümmelung ungeschehen gemacht werden. [...] Aber Götzens Kampf um Erhaltung des Alten wird als eine anachronistische Position dekouvriert. Er, ein politischer Außenseiter, lebt außerhalb der Zeit, außerhalb der Realität des Tages« (van Ingen 1988, S. 53).

Es ist nicht einfach, wie die Vielfalt der Interpretationen zeigt, der Vielschichtigkeit des *Götz* eine eindeutige und einheitliche Perspektive abzugewinnen. Selbst wenn man das Drama als eine rückwärtsgewandte, eine – wie Düsing sagt – »konservative Utopie« (1986, S. 41) liest, bleibt doch die Frage nur schwer und wohl auch nicht eindeutig beantwortbar, ob man das Ästhetische des Dramas ohne Abstriche ins Politische der Entstehungszeit übersetzen kann (s. van Ingen 1988, S. 55). »Außerdem ist zu berücksichtigen, daß das Stück ja den Untergang eines edlen Charakters vor Augen führt. Die Gegenbildfunktion des untergehenden Helden ist es recht eigentlich, die das Drama immer problematischer macht, sobald man anfängt, über griffige Formeln hinaus, die Frage nach der Übertragbarkeit mit konkretem Inhalt zu füllen und auf die gesellschaftlich-politische Situation der zweiten Hälfte des 18. Jahrhunderts zuzuspitzen« (ebd.). Es wäre doch ein Anachronismus sondergleichen, wollte man annehmen, Goethe hätte mit der dem Untergang geweihten Götz-Gestalt eine in die Vergangenheit zurückschauende Vorbildfigur für die Zukunft entworfen, war er sich doch selbst sicher, mit dem *Götz* ein Drama vorgelegt zu haben, das an einem entscheidenden, nicht mehr rückgängig zu machenden »Wendepunkt der Staatengeschichte« angesiedelt sei (darin übrigens seinem *Egmont*-Drama vergleichbar).

Götz als konservative Utopie

Georg Wilhelm Friedrich Hegel (1770–1831) hat dies hellsichtig erkannt, wenn er schreibt, Goethe habe »die Berührung und Kollision der mittelalterlichen Heroenzeit und des gesetzlichen modernen Lebens zum ersten Thema gewählt« (*Werke in zwanzig Bänden*. Bd. 13. Frankfurt/M. 1970, S. 257). Hegel erklärt sich Goethes Interesse an diesem Thema daraus, dass »innerhalb der vorgefundenen Verhältnisse der neueren Zeit« eine für die Moderne unvermeidliche und sie charakterisierende Sehnsucht nach Wiedergewinnung der »verlorenen Selbständigkeit« (ebd., S. 255) entstehe. Der moderne Mensch verliert nicht »das Interesse und Bedürfnis solch einer wirklichen, individuellen Totalität und lebendigen Selbständigkeit«, auch wenn die »Wesentlichkeit und Entwicklung der Zustände in dem ausgebilde-

G. W. F. Hegel

ten bürgerlichen und politischen Leben als noch so ersprießlich und vernünftig anerkannt wird« (ebd.).

Goethe wählt für seinen *Götz* als zeitlichen Hintergrund nun genau jene Epochenschwelle, an der anstelle der Heroen die prosaischen bürgerlich-politischen Verhältnisse treten, die in ihrem noch entwickelteren Zustand die Stürmer und Dränger einerseits »ersprießlich«, andererseits aber auch als Behinderung ihrer erstrebten Autonomie und Selbständigkeit empfinden mussten.

»Die Zeit des Götz und Franz von Sickingen ist die interessante Epoche, in welcher das Rittertum mit der adligen Selbständigkeit seiner Individuen durch eine neuentstehende objektive Ordnung und Gesetzlichkeit ihren Untergang findet, Götz [und] Sickingen sind noch Heroen, welche aus ihrer Persönlichkeit, ihrem Mut und rechtlichen, geraden Sinn heraus die Zustände in ihrem engeren und weiteren Kreise selbständig regulieren wollen; aber die neue Ordnung der Dinge bringt Götz selber in Unrecht und richtet ihn zugrunde. Denn nur das Rittertum und Lehnverhältnis sind im Mittelalter der eigentliche Boden für diese Art von Selbständigkeit. – Hat sich nun aber die gesetzliche Ordnung in ihrer prosaischen Gestalt vollständiger ausgebildet und ist sie das Übermächtige geworden, so tritt die abenteuernde Selbständigkeit ritterlicher Individuen außer Verhältnis und wird, wenn sie sich noch als das allein Gültige festhalten und im Sinne des Rittertums das Unrecht steuern, den Unterdrückten Hilfe leisten will, zu der Lächerlichkeit, in welcher uns Cervantes seinen Don Quijote vor Augen führt« (Hegel, ebd., S. 257).

Goethe stellt also in seinem *Götz* einen geschichtlichen Prozess dar, in dem an die Stelle einer alten Ordnung sich eine neue ausbildet, in dem, was früher Recht war, nun Unrecht wird, in dem an die Stelle »abenteuernder Selbständigkeit« nunmehr unfreiwillig die Lächerlichkeit des Handelns tritt. Götz wird durch tragische Ironie am Ende zu einem Don Quijote, der aus der Zeit und der neuen Ordnung herausgefallen ist.

M. Willems   An diese Einsicht schließt auch Marianne Willems' Studie *Zum Problem der Individualität als Herausforderung an die Semantik im Sturm und Drang* an, in deren Zentrum die Interpretation des *Götz* steht. Die Autorin weist überzeugend alle Interpretationen zurück, die das Drama als ein auf das Kraftgenie Götz setzendes Zeitstück missverstehen, in dem Goethe seiner Zeit als einem »Kastratenjahrhundert« das kraftstrotzende Individuum als Korrektiv entgegensetzen will. Willems geht davon aus, dass Goethe hier den entscheidenden »Wendepunkt der Staatengeschichte« zur Darstellung gebracht hat, indem er sehr genau in seinem Drama auf die gesellschaftsstrukturellen Veränderungen des 16. Jahrhunderts in der Figurenkonstellation und der Handlungsfolge eingeht. Goethe bezieht sich damit auf einen geschichtlichen Zeitpunkt, von dem sich die von Niklas Luhmann (1927–1998) nachgezeichnete Entwicklung zur Außenstellung des Individuums herleitet und der das Individualitätskonzept schließlich als Problemlösung hervortreibt. Der *Götz* ist somit kein Protestdrama des Stürmers und Drängers Goethe, der hier fleißig Beschimpfung der Gegenwart betreibt, sondern haargenaue, geschichtlich korrekte Analyse der Problemsituation am Übergangspunkt der Staatengeschichte, der zu den im 18. Jahrhundert hervortretenden Problemen führt und im Individualitätskonzept seine Lösung findet, die aber in sich selbst wieder sehr problematisch ist. Die gesellschaftlichen Veränderungen des 16. Jahrhunderts werden im *Götz* sogleich als »Stätte der Konfrontation von Individuum und Gesellschaft gedeutet. Der Rittersmann des 16. Jahrhunderts wird als Repräsentant des Individualitätskonzeptes des Sturm und Drang mit der Genese der Gesellschaftsstruktur konfrontiert, in der gesellschaftliche und private Sphäre auseinandergetreten sind und das Individuum in die soziale Außenstellung gedrängt haben. Der Prozeß sozialstrukturellen Wandels, der die gesellschaftliche Außenstellung des Individuums bedingt, wird als Katastrophe für die selbstbestimmte Individualität gedeutet und muß so gedeutet werden, denn die soziale Exklusion des Individuums, der sich das Individualitätskonzept als historisches Selbstdeutungs- und Orientierungsmodell verdankt, stellt sich im Rahmen dieses Konzeptes als unüberwindliches, durch keine Gesellschaftstheorie zu vermittelndes Problem dar« (Willems 1995, S. 204). Goethe weist somit empfindsame Lebensideale, wie er sie noch im bürgerlichen Schauspiel vertreten sehen konnte, ab.

N. Luhmann

Literaturhinweise

Ausgaben

Geschichte Gottfriedens von Berlichingen mit der eisernen Hand dramatisiert. In: Ausgabe letzter Hand. Bd. 42. Stuttgart/Tübingen 1832

In: *Der junge Goethe.* Neu bearbeitete Ausgabe in fünf Bänden. Hg. v. Hanna Fischer-Lamberg, Bd. 2: April 1770 bis September 1772. Berlin 1963, S. 88–227

Götz von Berlichingen mit der eisernen Hand. Ein Schauspiel (B). In: Bd. 4 der Gedenkausgabe (Artemis-Ausgabe). Zürich 1953, S. 642–753

In: Hamburger Ausgabe in 14 Bänden, Bd. 4, Hamburg ⁶1965, S. 73–175

In: Reclams Universal-Bibliothek, Nr. 71

Die Geschichte Gottfriedens von Berlichingen. Götz von Berlichingen (Paralleldruck). Bearbeitet von Jutta Neuendorff-Fürstenau (Akademie-Ausgabe). Berlin 1958

Johann Wolfgang Goethe: *Sämtliche Werke. Dramen 1765–1775.* Hg. v. Dieter Borchmeyer unter Mitarbeit von Peter Huber. Frankfurter Ausgabe, Bd. 4, Frankfurt/M. 1985, S. 125–248 u. S. 279–390

Der junge Goethe in seiner Zeit. Sämtliche Werke, Briefe, Tagebücher und Schriften bis 1775. 2 Bde. Hg. v. Karl Eibl u. a., Frankfurt/Leipzig 1998

Quelle

Lebens-Beschreibung Herrn Gözens von Berlichingen [. . .]. Nürnberg 1731, ²1775. Repr. der Erstaufl. Hildesheim 1977. Dass. Nach der Ausgabe von 1731 hg. von Albert Leitzmann (= Quellenschriften zur neueren deutschen Literatur, 2). Halle a.d.S. 1916

Gräf, Hans Gerhard (Hg.): *Goethe über seine Dichtungen*. II.
Teil, Bd. 3. Frankfurt/M. 1906 (unveränderter Nachdruck in
der Wissenschaftlichen Buchgesellschaft, Darmstadt 1968).
S. 20–123

Blumenthal, Hermann (Hg.): *Zeitgenössische Rezensionen und
Urteile über Goethes ›Götz‹ und ›Werther‹*. Berlin 1935

Volker Neuhaus (Hg.): *Erläuterungen und Dokumente: Johann
Wolfgang Goethe, ›Götz von Berlichingen‹*. Stuttgart 1973

Untersuchungen

Albrecht, Wolfgang: »›Wenn ihr Lessingen seht, so sagt ihm, daß
ich auf ihn gerechnet hatte.‹ Zur Auseinandersetzung des Jungen Goethe mit dem Dramatiker Lessing«. In: *Impulse 6*
(1983), S. 148–198

Bennett, Benjamin: »Prometheus and Saturn. The Three Ver-
sions of *Götz von Berlichingen*«. In: *The German Quarterly* 58
(1985), S. 335–347

Borchmeyer, Dieter: *Nachwort*. In: Johann Wolfgang Goethe:
Sämtliche Werke. Dramen 1765–1775, hg. v. Dieter Borchmeyer unter Mitarbeit von Peter Huber. Frankfurter Ausgabe, Bd. 4. Frankfurt/M. 1985, S. 707–724 u. S. 768–816

Buck, Theo: »›Götz‹ in unserer Zeit«. In: Johann Wolfgang von
Goethe: *Geschichte Gottfriedens von Berlichingen [. . .] mit
Materialien*. Stuttgart 1981, S. 125–134

Buck, Theo: »Goethes Erneuerung des Dramas. *Götz von Berlichingen* in heutiger Sicht«. In: Heinz Ludwig Arnold (Hg.):
Johann Wolfgang Goethe, München 1982, S. 33–42

Bürger, Christa: »Goethes *Götz von Berlichingen* und die Ju-
gendrevolte von 1770«. In: Dieter Kimpel (Hg.): *Allerhand
Goethe. Seine wissenschaftliche Sendung, aus Anlaß des 150.
Todestages*. Bern 1985, S. 207–220

Couch, David R.: »A Theatrical Evaluation of Goethe's Abrid-
ged Stage Adaption of *Götz*«. In: *The German Quarterly* 41
(1968), S. 149–166

Düsing, Wolfgang: »Utopie im Geschichtsdrama: Goethes *Götz von Berlichingen«*. In: Johannes Gutenberg-Universität Mainz (Hg.): *Reihe Antrittsvorlesungen*. Bd. I, SS 1984–SS 1985, Mainz 1986, S. 21–44

Fell, Christa: »Justus Möser's Social Ideas as Mirrored in Goethes *Götz von Berlichingen«*. In: *The Germanic Review* 54 (1979), S. 98–103

Frühsorge, Gotthardt: »Vergangenheit und Gegenwart in Eins. Die *Geschichte Gottfriedens von Berlichingen* im Ausgang des 18. Jahrhunderts«. In: Wolfgang Adam (Hg.): *Das achtzehnte Jahrhundert. Facetten einer Epoche*. Festschrift für Rainer Gruenter. Heidelberg 1988, S. 77–91

Gerstenberg, Ekkehard: »Recht und Unrecht in Goethes *Götz von Berlichingen«*. In: *Goethe* 16 (1954), S. 258–271

Gilli, Marita: »L'utilisation de l'histoire dans *Götz von Berlichingen«*. In: *Sujet, texte, histoire*. Paris 1981, S. 31–55

Götz von Berlichingen. In: Kollektiv für Literaturgeschichte im Volkseigenen Verlag Volk und Wissen (Hg.): *Erläuterungen zur deutschen Literatur: Klassik*. Berlin (Ost) ⁶1971, S. 82–92

Graham, Ilse: »Götz von Berlichingen's Right Hand«. In: *German Life and Letters* 16 (1962/63), S. 212–228; überarb. u. d. T.: »Götz von Berlichingen's Dead Hand«. In: Graham, Ilse: *Goethe and Lessing. The Wellsprings of Creation*. London 1973, S. 30–47

Graham, Ilse A.: »Vom *Urgötz* zum *Götz*: Neufassung oder Neuschöpfung? Ein Versuch morphologischer Kritik«. In: *Jahrbuch der deutschen Schillergesellschaft*. 9. Jg. Stuttgart 1965, S. 245–282

Grenzmann, Wilhelm: »*Götz von Berlichingen«*. In: Ders.: *Der junge Goethe. Interpretationen*, Paderborn 1964, S. 15–29

Haile, Harry G.: »›Herr, er will uns fressen.‹ The Spirit of *Götz«*. In: *The Journal of English and Germanic Philology* 64 (1965), S. 610–634

Huyssen, Andreas: »Johann Wolfgang Goethe: *Götz von Berlichingen mit eiserner Hand«*. In: *Drama des Sturm und Drang. Kommentar zu einer Epoche*. München 1980, S. 130–157

Ingen, Ferdinand van: »Aporien der Freiheit: Goethes *Götz von Berlichingen«*. In: Wolfgang Wittkowski (Hg.): *Verlorene Klassik?* Tübingen 1986, S. 1–23

Ingen, Ferdinand: *Johann Wolfgang von Goethe: ›Götz von Ber-lichingen‹.* Frankfurt/M. 1988

Kayser, Wolfgang: »Anmerkungen zu *Götz von Berlichingen*«. In: *Goethes Werke,* Hamburger Ausgabe in 14 Bänden, Bd. IV. Textkritisch durchgesehen und mit Anmerkungen verse-hen von Wolfgang Kayser. Hamburg ⁶1965, S. 245–282

Korff, Hermann August: »Ausführungen zu *Götz von Berlichin-gen*«. In: *Geist der Goethezeit. I: Sturm und Drang.* Leipzig ⁸1966, S. 226–234

Luserke, Matthias: *Sturm und Drang. Autoren – Texte – The-men.* Stuttgart 1997, S. 104–121

Martini, Fritz: »Goethes *Götz von Berlichingen.* Charakter-drama und Gesellschaftsdrama«. In: *Geschichte im Drama – Drama in der Geschichte. Spätbarock, Sturm und Drang, Klassik, Frührealismus.* Stuttgart 1979, S. 104–128

McInnes, Edward: »Moral, Politik und Geschichte in Goethes *Götz von Berlichingen*«. In: *Zeitschrift für deutsche Philo-logie* 103 (1984), S. 2–20

Meyer-Benfey, Heinrich: *Goethes ›Götz von Berlichingen‹.* Wei-mar 1929

Michelsen, Peter: »Goethes *Götz:* Geschichte dramatisiert?« In: *Goethe Jahrbuch* 110 (1993), S. 41–60

Müller, Peter: »Aber die Geschichte schweigt nicht. Goethes *Geschichte Gottfriedens von Berlichingen mit der eisernen Hand, dramatisiert* als Beginn der deutschen Geschichtsdra-matik«. In: *Zeitschrift für Germanistik* 8 (1987), S. 141–159

Nägele, Rainer: »*Götz von Berlichingen*«. In: Walter Hinderer (Hg.): *Goethes Dramen. Neue Interpretationen.* Stuttgart 1980, S. 65–77

Neuhaus, Volker: »Johann Wolfgang Goethe, *Götz von Ber-lichingen*«. In: Walter Hinck (Hg.): *Geschichte als Schau-spiel,* Frankfurt/M. 1981, S. 82–100

Neuhaus, Volker: »*Götz von Berlichingen*«. In: Bernd Witte u. a. (Hg.): *Goethe-Handbuch in 4 Bänden.* Bd. 2: Theo Buck (Hg.): *Dramen,* 1997, S. 78–99

Petsch, Robert: »Anmerkungen zum *Götz*«. In: *Goethes Werke.* Festausgabe des Bibliographischen Instituts, Bd. 6. Bearbeitet von Robert Petsch. Leipzig 1926, S. 546–607

Reiss, Hans: »Goethe, Möser and the Aufklärung. The Holy
Roman Empire in *Götz von Berlichingen* and *Egmont*«. In:
*Deutsche Vierteljahrsschrift für Literaturwissenschaft und
Geistesgeschichte* 60 (1986), S. 609–644

Rothe, Friedrich: »*Götz* oder *Sickingen?* Herders Kontroverse
mit Goethe über *Götz von Berlichingen*«. In: *Annali. Studi
Tedeschi* 19 (1976), S. 127–140

Ryder, Frank G.: »Toward a Revaluation of Goethes' Götz. [I.]
The Protagonist. [II.] Features of Recurrence«. In: *Publications of the Modern Language Association* 77 (1962), S.
58–70; 79 (1964), S. 58–66

Schaeder, Grete: *Gott und die Welt. Drei Kapitel Goethescher
Weltanschauung.* Hameln 1947 (v. a. S. 29–32)

Schöffler, Herbert: »Shakespeare und der junge Goethe«. In:
Ders.: *Deutscher Geist im 18. Jahrhundert. Essays zur Geis-
tes- und Religionsgeschichte.* Göttingen ²1967, S. 113–134

Schröder, Jürgen: »Individualität und Geschichte im Drama des
jungen Goethe«. In: Walter Hinck (Hg.): *Sturm und Drang.
Ein literaturwissenschaftliches Studienbuch.* Kronberg i. Ts.
1978, S. 192–212

Schumann, Detlev W.: »Goethe and Friedrich Carl von Moser.
A Contribution to the Study of *Götz von Berlichingen*«. In:
Journal of English and Germanic Philology 53 (1954), S.
1–22

Sengle, Friedrich: *Das historische Drama in Deutschland,* Stuttgart ²1969

Staiger, Emil: *Goethe.* Bd. 1: *1749–1786.* Zürich/Freiburg i. Br.
³1960 (v. a. S. 83–95)

Stauf, Renate: *Justus Mösers Konzept einer deutschen Natio-
nalidentität. Mit einem Ausblick auf Goethe,* Tübingen 1991

Teraoka, Arlene: »Submerged Symmetry and Surface Chaos.
The Structure of Goethe's *Götz von Berlichingen*«. In: *Goethe Yearbook* 2 (1984), S. 13–41

Viëtor, Karl: *Der junge Goethe.* Bern 1950

Weißert, Gottfried: »Goethes *Götz von Berlichingen.* Recht und
Geschichte«. In: Heinz Ide/Bodo Lecke: *Projekt Deutschun-
terricht* 7: *Literatur der Klassik* (I: *Dramenanalyse*). Stuttgart
1974, S. 199–228, und Materialienteil, S. 194–211

Wells, George A.: »*Götz von Berlichingen*. History, Drama, and Dramatic Effectiveness«. In: *Publications of the English Goethe Society*. N.S. 56 (1987), S. 74–96

Wertheim, Ursula: »Die Helfenstein-Szene in Goethes *Ur-Götz* und ihre Beziehungen zum Volkslied«. In: Edith Braemer u. Ursula Wertheim: *Studien zur deutschen Klassik*. Berlin 1960, S. 41–70

Wiese, Benno von: *Die deutsche Tragödie von Lessing bis Hebbel*. Hamburg ⁶1964 (v. a. S. 60–64)

Willems, Marianne: *Das Problem der Individualität als Herausforderung an die Semantik im Sturm und Drang: Studien zu Goethes ›Brief des Pastors zu *** an den neuen Pastor zu ***‹, ›Götz von Berlichingen‹ und ›Clavigo‹*, Tübingen 1995

Winter, Fritz/Eugen Kilian: *Zur Bühnengeschichte des ›Götz von Berlichingen‹*. Hamburg 1891; Reprint: Nendeln 1977

Wittkowski, Wolfgang: »Homo homini lupus, Homo homini Deus. *Götz von Berlichingen mit der eisernen Hand* als Tragödie und als Drama gesellschaftlicher Aufklärung und Emanzipation«. In: *Colloquia Germanica* 20 (1987), S. 299–324

Wittkowski, Wolfgang: »Lessings Tellheim und Goethes Götz: Hausväter als Stützen der Gesellschaft«. In: Ders. (Hg.): *Verantwortung und Utopie*. Tübingen 1988

Zimmermann, Rolf Christian: »*Geschichte Gottfriedens von Berlichingen*«. In: Ders.: *Das Weltbild des jungen Goethe. Studien zur hermetischen Tradition des deutschen 18. Jahrhunderts*. Bd. 2: *Interpretation und Dokumentation*. München 1979, S. 39–76

9.3 *Metzler*: Georg Mezler von Ballenberg ist einer der Anführer im Bauernkrieg von 1525. Er wird als Jörg Mezler in der *Lebens-Beschreibung* des historischen Götz von Berlichingen in einer Anmerkung von Pistorius als »einer von den vornehmsten Aufrührern« erwähnt. Eine weitere Anmerkung nennt ihn zusammen mit anderen Anführern der Bauern, die nach der Niederschlagung des Aufstandes hingerichtet wurden. Der *Lebens-Beschreibung* entnimmt Goethe auch die Namen von Link und Kohl.

9.3 *Sievers*: Wie später noch der Name Wild von Goethe frei erfundene Namen von Personen.

9.12 **Weislingen**: Keine historische Figur, sondern eine Erfindung Goethes.

9.31–32 **Da werfen sie ihm einen Buben nieder**: In der *Lebens-Beschreibung* heißt es: »und verriethe mir den Buben, daß ihn der Bischoff von Bamberg, so Georg von Limburg gewesen, eingelegt«. Goethe hat jedoch den Kontext verändert. In der *Vita* wird einer der im Zuge der Fehde gegen Köln überfallenen Kaufleute von Götz freigelassen. Er soll das Lösegeld für seinen festgehaltenen Sohn beschaffen. Dieser Kaufmann verrät den Knecht, der ihn zu Götz zurückbringen soll, an den Bischof von Bamberg, der ihn einsperren lässt.

10.5 **wann der Bischof aus dem Bad käm**: Götz – so bezeugt die *Lebens-Beschreibung* – hatte mehrere Auseinandersetzungen mit dem Bischof von Bamberg. Die Bamberger Fehde steht in ummittelbarem Zusammenhang mit der Kölner Fehde (1509–1511), auf die im *Götz* angespielt wird, deren Anlass der dem Stuttgarter Schneider Sindelfinger vorenthaltene Preis in einem Schützenwettbewerb war. Die angemerkte Stelle nimmt Bezug auf folgende Textstelle aus der *Lebens-Beschreibung*: »indem aber erfuhr ich, daß er der Bischoff von Bamberg gen Göppingen in Sauerbronnen ins Wildbad geritten war, und wolt baden für den reißenden Stein, so hett ich es guth im Sinn, ich wolt ihm das Bad geseegnet und ihne ausgerieben haben«.

10.23–24 **In meiner Stub [...] und ordentlich zugehen.**: Vgl. 1. Kor 14,40: »Laßt aber alles ehrbar und ordentlich zugehen.«

Scheißkerle: Goethe mildert diesen Ausdruck im zweiten Band 11.17
seiner *Schriften* (1787) zu »Lumpenhunde« ab.

Georg: In der *Lebens-Beschreibung* gibt es einen Hinweis auf 12.2
einen Knappen Georg von Gaißlingen, den Götz in seinen Dienst
nimmt. Daneben erfolgt eine weitere Erwähnung: »Ich hett aber
gar einen feinen frommen Knecht, dem ich viel und hoch vertraut, der mir auch treulich dient.«

Ihr warft sie dem Feind an Kopf: In der *Lebens-Beschreibung* 13.10
heißt es: »da wurff ich ihme den nechsten mein Arm-Brust an
Halß, dann ich hett kein Pfeil darauf«.

Bruder Martin: Die Anspielungen – auch die Nennung des Hei- 13.26
matklosters »Erfurt in Sachsen« und des Namens »Augustin«
als »Klostername« – sind so gehalten, dass der Leser/Zuschauer
an den Augustinermönch Martin Luther (1483–1546) denkt.

Ehrwürdiger Vater [. . .] nur demütiger Bruder: Der Mönch 13.27–30
korrigiert die Ansprache »Vater« (Pater), weil er ein Mönch
ohne Priesterweihe ist (Frater).

Der Wein erfreut: Vgl. Psalm 104,15: »Daß der Wein erfreue des 14.14
Menschen Herz und sein Antlitz schön werde vom Öl.«

Alle Streiter!: Vgl. 2. Tim 2,3 (»Leide mit als ein guter Streiter 14.32–33
Christi Jesu«); Trinkspruch.

Erfurt: Statt der Nennung des Ortes Weißenfels in der ersten 15.11
Fassung verstärkt dieser Ortsname die Beziehung auf Luther.

Armut, Keuschheit und Gehorsam: Dies sind die drei Gelübde, 15.22
zu deren Einhaltung sich der Mönch bei Eintritt in den Orden
verpflichtet.

Ave: Kath. Gebet zur Jungfrau Maria: »Gegrüßet seist du, Ma- 16.6
ria, voll der Gnaden«; angelehnt an Lk 1,28 (»Und der Engel trat
bei ihr ein und sprach: Sei gegrüßt, du Begnadete!«); zum »Ave
Maria-Gebet« wurde geläutet.

Halleluja: Aus dem Hebr. abgeleiteter Aufruf zum Lob Gottes; 16.6
fester Bestandteil in der kath. und ostkirchlichen Liturgie als
eigener Teil der Messe; in ev. Gottesdienstformen wird ein drei-
faches »Halleluja« nach dem Evangelium oder nach der Epistel
gesungen.

Wohl dem [. . .] eins so lang.: Vgl. Sir 26,1: »Wohl dem, der eine 16.33–34
gute Frau hat! Der lebt noch einmal so lange.«

Gott wird Euch Raum geben.: So auch Goethe an Herder in 17.7

einem Brief vom Juli 1772: »Ich mögte beten wie Moses im Ko-
ran: Herr mache mir Raum in meiner engen Brust«; nach Sure
XX 26 und 1. Mose 26,22 (»Nun hat uns der Herr Raum gemacht und wir können weiter wachsen im Lande«).

17.18–19 **Ich danke dir Gott:** Vgl. Lk 2,29–32: »Herr, nun läßt du deinen
Diener in Frieden sterben, wie du gesagt hast; denn meine Augen
haben den Heiland gesehen, den du vor allen Völkern bereitet
hast, ein Licht, zur Erleuchtung der Heiden und zur Ehre deines
Volkes Israels.« Dort dankt Simeon Gott; ihm war durch den Hl.
Geist offenbart worden, dass er nicht eher sterben werde, bevor
er den Messias des Herrn gesehen habe. Simeon nimmt bei der
Darstellung Jesu im Tempel das Kind in seine Arme und lobte
Gott.

17.30 **wie sie Euch abgeschossen ward:** In der *Lebens-Beschreibung*
wird das Ereignis so dargestellt: »also, daß der Arm hinten und
vornen zerschmettert war, und wie ich so das siehe, so hengt die
Hand noch ein wenig an der Haut. [. . .] was ich die Zeit für
Schmerzen erlitten habe, das kann ein jeglicher wol erachten
[. . .] ich wäre doch verderbt zu einem Kriegsmann, doch fiel mir
ein Knecht ein, von dem ich etwann von meinem Vatter seel. und
alten Knechten Pfalzgräfischen und Hohenlohischen gehört het,
welcher der Köchle geheißen, [. . .] der hette auch nit mehr dann
ein Hand gehabt, und hette eben alsobald ein Ding gegen Feinden im Feld ausrichten können, als ein anderer, der lag mir im
Sinn [. . .] und vermeint derenthalben, wann ich doch nicht mehr
dann ein wenig ein Behelff hette, es were gleich Eine Eiserne
Hand, oder wie es ware, so wolt ich dennoch mit Gottes Gnad
und Hülff im Feld noch irgend so gut seyn als sonsten ein heil-
loser Mensch.«

17.31 **Landshut:** In der ersten Fassung wird das Geschehen vor Nürnberg angesiedelt.

18.5 **zwölf Händ:** Vgl. die *Lebens-Beschreibung*: »daß ich Gott aber
anrufft und gedacht, wann ich schon zwölff Händ hette, und
seine Göttliche Gnad und Hülff mir nicht wohl wöllt, so were es
doch alles umsonst«.

18.12 **Wie mir's so eng um's Herz ward:** Vgl. Lk 24,32: »Und sie sagten zueinander: Brannte nicht unser Herz in uns, als er mit uns
auf dem Wege redete und uns dabei die Schrift öffnete?« Die

Emmausjünger erkennen nachträglich, dass ihr Begleiter Jesus war.

mein Geist konnte doch den Seinigen unterscheiden: Vgl. 1. Kor 18.13–14
12,10 (»einem andern die Gabe, die Geister zu unterscheiden«);
eine der verschiedenen Gnadengaben (Charismen).

Patron: Der Schutzpatron Georgs ist der hl. Georg, der unter 18.22
Diokletian (240–313) getötete Märtyrer, der in mittelalterlichen
Legenden dann als Drachentöter, Sinnbild christlicher Männlichkeit, verehrt wurde.

Elisabeth [. . .] Söhngen.: Der historische Götz war zunächst 19.2–3
mit Dorothea von Sachsenheim, dann in zweiter Ehe mit Dorothea Gailing von Illesheim verheiratet. Elisabeth und die
Schwester Götzens, Maria, sind Erfindungen Goethes. Der historische Götz hatte drei Töchter und sieben Söhne.

Schneider von Stuttgard: In der ersten Fassung ist von einem 20.25
Schneider in Hailbronn die Rede, in der zweiten Fassung dann,
mit der *Lebens-Beschreibung* übereinstimmend, von einem
Schneider aus Stuttgart: »und baten mich von eines wegen, der
hieß Hannß Sindelfinger, und war seines Handwercks ein
Schneider, und ein guter Ziel-Schüz mit der Büchsen, der war zu
Stuttgard daheim«. Der diesem Schneider vorenthaltene Preis in
einem Schützenwettbewerb bildete den Anlass zur Kölner Fehde
(1509–1511).

Markgrafen: Gemeint ist der Markgraf Friedrich IV. von Bran 21.22
denburg-Ansbach, in dessen Dienst sich Götz 1497 begab. Ein
Markgraf steht im Rang zwischen Graf und Herzog.

wie wir so [. . .] und uns auch.: Vgl. *Lebens-Beschreibung*: »und 22.11–15
wie wir anzogen, so hüt ein Schäfer allernechst darbey, und zum
Wahrzeichen, so fallen 5. Wölff in die Schaaf, und griffen auch
an, das hört und sahe ich gerne, und wünscht ihnen Glück, und
uns auch, und sagt zu ihnen, glück zu lieben Gesellen, glück zu
überall, und ich hielt es für ein Glück, dieweil wir also mit einander angriffen hetten«. Götzens Wappen zeigte einen Wolf mit
einem Lamm im Rachen. So konnte Götz das Ereignis als ein
gutes Vorzeichen deuten. Das Motiv des Wolfes, das aus Götz'
Fehde gegen das Mainzer Stift stammt (1515/16), kennt die erste
Fassung noch nicht.

nistelten: »Hängten uns ganz eng an jemanden, dass er nicht 22.20

entwischen kann«; vgl. die *Lebens-Beschreibung*: »da befahl ich meiner Knechten zweyer, sie sollen [. . .] sich an ihne nesteln«.

23.19 **Hochzeit meines gnädigen Herrn des Pfalzgrafen**: Pfalzgraf Ludwig V. der Friedfertige (1478–1544), dessen Lehnsträger Götz war. In der *Lebens-Beschreibung* berichtet von Berlichingen Folgendes von der Hochzeit: »Wie aber mirs darnach mit dem Bischoff von Bamberg zu Heydelberg ist gangen, davon will ich jetzt auch mit der Kürz schreiben, da mein gnädiger Churfürst und Herr Pfalz-Graf Ludwig Hochlöbl. Gedächtnus sein Hochzeit hätte, mit Herzog Wilhelms von Bayern Schwester, da ritten unser viel junger Gesellen von Adel, wie man dann thut, auch dahin uf die Hochzeit, und hat einer ein Kleid wie der andere, das war nit köstlich weder Seyden oder Sammet daran, nun der arme Hauff wurde wol gehalten [. . .] und truge sich die Handlung also zu: Martin von Sickingen mein Schwager und ich giengen in die Herberg zum Hirsch die Steigen hinauf, und mein Schwager vor mir, und wie man schier hinauf kommt auf die Steigen, da ist ein eyssernes Glenderlein [eisernes Geländer], daran stunde der Bischoff von Bamberg, gab meinem Schwager Martin von Sickingen die Hand, gab mir sie auch, und wie er mir sie geben hett, so gieng ich hin zu Graf Ludwigen von Hanau, der stund zu nechst dabey, und war mir gar ein gnädiger junger Herr, und sagt zu ihm, der Bischoff hat mir die Hand geben, ich glaube, er hab mich nicht kennt, er hätte mir sie sonst nicht geben, und dergleichen, welches nun der Bischoff, als ich achte, gehört hett, dann ich rede laut, und gieng also der Bischoff wieder her zu mir, und sagt, er hette mir die Hand geben, aber mich nicht gekennt, da sagt ich, Herr ich hab wol gedacht, ihr habt mich nicht gekennt, und habt euch hiemit die Hand wieder. Da lief das Mändlein von mir hinein in die Stuben zu Pfalz-Graf Ludwig und Bischoff Lorenz von Würzburg beede meine gnädigst und gnädige Herren, und war als roth am Halß, als wie ein Krebs, so zornig war er, daß er mir die Hand geben hett.«

24.33 **Jaxthaussen ist ein Dorf und ein Schloß an der Jaxt**: Vielleicht nach einer Anmerkung von Pistorius zur *Lebens-Beschreibung*: »Jaxthaussen ist ein Dorff an der Jaxt gelegen, so heut zu Tag noch denen Herren von Berlichingen zu stehet.«

26.20 **mit dem Polacken Händel**: Vgl. die *Lebens-Beschreibung*: »und

begab sich auf eine Zeit, daß ich mich neben einen Polacken
[Polen] zum Essen niedersetzt, welcher sein Haar mit Eyer ge-
bicht, und hätt ich zu allem Glück einen großen welschen Rock
an, den mir Herr Veit von Lentersheim zu Nämen in Braband
hett lassen machen, und wie ich dann neben jetzt-bemelten Polacken heraus spring, hett ich ihme das hübsch Haar mit dem
Rock etwas erwischt, und in einander verwirret, da ersiehe ich
ohngefährlich im Springen, daß er nach mir sticht mit einem
Brod-Messer, und hett doch mein verfehlet, welches mich nicht
unbillig zum Zorn beweget, und wie wol ich einen langen und
kurzen Degen bey mir hett, so nahm ich doch das kurze Degelein
und schlug ihn damit um den Kopf.«

Castor und Pollux: Die Dioskuren, Söhne des Göttervaters 26.29
Zeus und der Leda; unzertrennliche Zwillingsbrüder aus der
griech. Mythologie und Symbol für die Freundschaft.

Brabant: Im 15./16. Jh. bildete das aus einem heute belg. (Pro- 27.15
vinz Brabant) und niederl. Teil bestehende Brabant eine kultu-
rell-politische Einheit.

unsers teuren Kaisers Länder: Gemeint sind die habsburgischen 28.6–7
Erblande Österreich und Ungarn.

Erbfeindes: Die biblische Bezeichnung für den Teufel wurde auf 28.7
die Türken übertragen, die 1529 unter Sultan Suleiman II.
(1494–1566) 18 Tage lang Wien belagerten.

Ständen: Gemeint sind die Reichsstände, die die unmittelbaren 28.8
Glieder des Reichs mit Sitz und Stimme auf den Reichstagen
bildeten. Dazu gehörten die Kurfürsten, die Fürsten, die reichs-
unmittelbaren Grafen und Geistlichen sowie die freien Reichsstädte. Reichsritter zählten nicht zu den Reichsständen.

Landfrieden: Kaiser Maximilian I. erließ auf dem Reichstag 29.6
von Worms 1495 den Ewigen (Allgemeinen) Landfrieden. Er
setzte eine Kaiserliche Gerichtskammer ein, die das alte Fehde-
recht nicht nur, wie früher, beschränken und formalisieren, sondern gänzlich ersetzen sollte.

Reichstag: Götz war als Knappe Konrads von Berlichingen auf 29.8
dem Wormser Reichstag von 1495 anwesend, wie aus der *Lebens-Beschreibung* hervorgeht. Pistorius erläutert in einer Anmerkung, dass dieser Reichstag deswegen so berühmt sei, weil
auf ihm mit dem »Königl. Land-Friede« das »vorher so lang im

Schwang gegangene Faust-Recht und Plackerey abgeschaffet«
und »das Kayserl. und des Reichs Cammer-Gericht etabliret«
wurde. Auch Justus Möser bewertet den Reichstag und den auf
ihm verkündeten Allgemeinen Landfrieden positiv. Die Einrich-
tung des Reichskammergerichts, der Erlass einer Gerichtsord-
nung, die Bereitstellung von Mitteln zur Exekution gegen Frie-
densbrecher etc. begründet für ihn eine neue Ordnung, in deren
Gefolge sich der »innere Zustand des Reichs, besonders in seinen Polizei- und Verteidigungsanstalten augenscheinlich verbessert« (vgl. Willems 1995, S. 249).

30.13 *Bischof von Bamberg, Abt von Fulda*: Beide Gestalten haben
keine eindeutig identifizierbaren historischen Vorbilder; mit
Bamberg und Fulda sind zwei Orte benannt, die bedeutenden
Einfluss auf die Missionierung des Ostens bzw. die Christiani-
sierung Mitteldeutschlands (Bonifatius) hatten.

30.13–14 *Olearius beider Rechten Doktor*: Im kirchlichen (kanonischen)
und im weltlichen Recht; er hat seinen Namen »Öhlmann«, wie
es damals in Humanistenkreisen Mode war, latinisiert.

30.14 *Liebetraut*: Eine Shakespeares Narren nachgebildete Figur. Die
Anregung könnte Goethe einer Leipziger Universitätsmatrikel
von 1767 entnommen haben, wo ein Johann Gottfried Liebetraut aus Leipzig verzeichnet ist. Dieser Eintragung vom 9. Januar folgt unmittelbar am 11. April die Eintragung eines Frei-
herrn Eberhard Christoph von Berlichingen.

30.16–17 **viele Deutsche von Adel zu Bologna**: Die Universität von Bologna entstand aus privaten Schulen Ende des 11. Jh.s und wurde wegen ihrer Rechtsschule bald weltbekannt. Ihre Berühmt-
heit leitete sich u. a. daraus ab, dass von dort die *Glossen* zum
Corpus Juris civilis, die vom röm. Kaiser Justinian (527–565)
veranlasste Sammlung und Systematisierung des röm. Rechts,
stammte. Die Einführung des röm. Rechts ermöglichte eine einheitliche Rechtssprechung und machte eine Ausbildung entsprechend geschulter Juristen nötig. So besuchten viele Studen-
ten die Universität von Bologna, im 15. und 16. Jh. immatriku-
lierten sich viele aus Deutschland stammende junge adlige Stu-
denten an dieser ital. Universität.

31.9 **Marschall**: Zunächst der für die Pferde verantwortliche Diener;
später Titel eines hohen Hofbeamten, dann militärischer Titel.

Corpus Juris: Die von dem röm. Kaiser Justinian veranlasste 31.19
Sammlung und Systematisierung von Gesetzen (528–534; *Codex Justinianus*), die Ende des 16. Jh.s den Titel des *Corpus juris civilis* erhielt und teilweise bis zum Inkrafttreten des Bürgerlichen Gesetzbuches (1900) Geltung behielt. Goethe selbst beschäftigt sich noch während seines Jurastudiums mit diesen Werken und exzerpiert aus ihnen (s. u. a. die *Ephemerides* und die Thesen, die er für seine Lizentiatsprüfung aufstellte).

Glossen: Die Erläuterungen und Kommentare zum *Corpus juris*. 31.27

eingeführt, und recht gehandhabt würde: Das röm. Recht wur- 31.36 de erst seit dem 14. Jh. in Deutschland allmählich durchgesetzt. Es löste damit ältere germ. Rechtsvorstellungen ab. Auf dem Wormser Reichstag von 1495 wurde durch die Reichskammergerichtsordnung das röm. Recht für verbindlich erklärt.

Vaterland: Zu dieser Zeit nicht die Nation bzw. das Heilige 32.4 Römische Reich deutscher Nation, sondern die Stadt (hier: Frankfurt am Main), die Grafschaft, das Fürstentum usw.

Schöppenstuhl: Schöffenstuhl, d. h. das Laiengericht; das 32.14 Frankfurter Gericht stellte zur Geltungszeit der Stadtrechte das Obergericht für alle Städte Frankfurter Rechts dar und bezog daraus sein großes Renommee.

Das erkennt der Pöbel [. . .] dort keine anbauen.: Volker Neu- 33.1–6 haus verweist darauf, dass die Einführung des röm. Rechts v. a. in den unteren Bevölkerungsschichten das in dieser Zeit starker sozialer Wandlungen ohnehin verbreitete Gefühl der Rechtsunsicherheit hätte wachsen lassen. So war im Bauernaufstand des »Armen Konrad« (1514) die Einführung des röm. Rechts und die Einsetzung von Doktoren zu Richtern einer der Beschwerdepunkte der Aufständischen (s. Neuhaus 1973, S. 21).

Kaiser Maximilians Krönung: Maximilian I. (1459–1519) 33.8 wurde 1486 in Frankfurt am Main zum röm. König gewählt, die Krönung selbst fand in Aachen statt.

Ein Prophet gilt nichts in seinem Vaterlande: Vgl. Mk 6,4: »Ein 33.15–16 Prophet gilt nirgends weniger als in seinem Vaterland und bei seinen Verwandten und in seinem Hause.«

Stümpfgen Unschlitt: Reststück tierischen Eingeweidefetts 33.27–28 (Talg), aus dem die Kerzen hergestellt wurden.

33.35 **Schröpfköpfe**: Glasglocken, die nach Erhitzung an einer Körperstelle angedrückt wurden. Der bei der Abkühlung entstehende Saugeffekt wurde z. B. zur Förderung der Durchblutung genutzt.

34.1 **Bader**: Besitzer eines öffentlichen Bades, dann aber auch Barbier und Wundarzt, zu dessen Therapien das Ansetzen von Schröpfköpfen gehörte.

34.4 **Wo habt Ihr promoviert?**: Im Sinne von: »Wo habt Ihr statt des Doktorhutes die Narrenkappe erworben?«

34.7–8 **Ihr seid verwegen. Und ihr sehr breit.**: Es handelt sich hier wohl um ein Wortspiel, dessen Witz in der Doppelbedeutung von »frech« und »flink« für »verwegen« liegt und in »dick« und »langsam« für »breit«.

34.13 **Sachsenhaußen**: Frankfurt gegenüber gelegener, früher selbständiger, heute eingemeindeter Ortsteil Sachsenhausen, dessen Bewohner damals den Frankfurtern als besonders tölpelhaft, grob und plump galten.

34.17–18 **das Reich [. . .] Gerichte zu befestigen**: Jene Beschlüsse des Reichstages von 1495.

34.21–22 **ein vierzig Landfriedens**: Keine konkrete, sondern unbestimmte Zahlangabe; also: »viele Male, ca. 40-mal ist der Landfrieden erlassen worden«.

34.22 **Mördergrube**: Vgl. Jer 7,11 (»Haltet ihr denn dieses Haus, das nach meinem Namen genannt ist, für eine Mördergrube?«) und Mt 21,13 (»Es steht geschrieben: ›Mein Haus soll ein Bethaus heißen‹; ihr aber habt eine Mördergrube daraus gemacht«).

34.30–31 **Weinfaß von Fuld**: Gemeint ist der rundlich-korpulente Abt aus Fulda.

35.23 **Einer ist entronnen**: Vgl. Hiob 1,15: »und ich bin allein entronnen, daß ich dir's ansagte«.

35.32–33 **Post coenam stabis seu passus mille meabis.**: »Nach dem Essen sollst du ruhn oder tausend Schritte tun.«

36.12 **Gott'spfennig**: Kleinere, der Kirche gespendete Geldsumme nach dem Abschluss eines Vertrages zu dessen Bekräftigung.

36.17 **erbaut**: Vgl. auch 1. Kor 14,17: »Dein Dankgebet mag noch so schön sein; aber der andere wird dadurch nicht erbaut.«

36.20–21 **schwächer als Simson [. . .] Verlust seiner Locken**: Nach dem Verlust seiner Haare, die ihm seine Geliebte Delila abschnitt, war Simson ohne seine außergewöhnliche Kraft (vgl. Ri 16,17–19).

Franken und Schwaben: Ein Franke ist Weislingen, auf Götz bezieht sich dann der Schwabe; der historische Götz war allerdings Franke.   39.25

Adelheid von Walldorf: Adelheid ist eine von Goethe erfundene Gestalt ohne historisches Vorbild; der Familienname Wallßdorf war Goethe aus der *Lebens-Beschreibung* bekannt. Götz berichtet dort, dass durch denselben Schuss, durch den er seinen Arm verlor, der gegnerische Edelmann Fabian von Walldorf sein Leben eingebüßt habe. So erklärt sich die Gegnerschaft der Witwe Adelheid von Walldorf gegenüber Berlichingen.   41.16

berührte im Aufheben den Saum ihres Kleides: Vgl. Mk 5,27: »Als sie von Jesus hörte, kam sie in der Menge von hinten heran und berührte sein Gewand.«   42.19–20

Sankt Veit: St. Vitus, einer der 14 Nothelfer; in der ersten Fassung war es noch der hl. Gregorius; an der Austauschbarkeit der Heiligen kann man erkennen, dass es Goethe hier um keine besondere Anspielung ging.   43.2

gesellschaftliche Melancholie: Im Sinne von: »Maria ist Trost für die Kranken und Gefangenen, weil sie ihnen durch ihre Schwermut, ihren Ernst und ihre Introversion gleicht.«   43.7

Adelheid spielen Schach: So wird Adelheid bereits als kalkulierende, mit Männern ›spielende‹ Frau eingeführt.   44.4

Cupido: Röm. Liebesgott, knabenhafter Begleiter der röm. Liebesgöttin Venus.   44.8

ominöser Vögel: Vogel mit einem schlechten Ruf (Omen) im Volksglauben, z. B. das angeblich den Tod ankündigende Käuzchen.   45.4

in usum Delphini: »Zum Gebrauch durch den Dauphin«; zunächst z. Zt. Ludwigs XIV. (1638–1715) Vermerk in Klassikerausgaben, dass anstößige Stellen getilgt waren und so die Ausgabe vom franz. Kronprinzen gelesen werden konnte; dann: »zum Gebrauch für den Schüler«.   45.23

Sympathie: Volker Neuhaus zufolge ist hier das Beschwören und Besprechen von Krankheiten aufgrund geheimer Sympathien, d. h. aufgrund von Bezügen und Verwandtschaften zwischen verschiedenen Naturphänomenen, gemeint (vgl. Neuhaus 1973, S. 26).   46.22

46.28 **Da reißt sich kein Weisling los.**: Ein Wortspiel, in dem Weislingen mit dem Weißfisch oder Weißling assoziiert wird, der sich
vergeblich von der Angel losreißt.

47.6 *Hanns von Selbitz*: In der *Lebens-Beschreibung* häufig er-
wähnter Freund und Verbündeter Götz von Berlichingens.

47.7–8 **von Nürnberg Fehd angekündigt**: In der *Lebens-Beschreibung*
heißt es dazu: »Dann zum Zehenden, damit ein jeder Wissens
hab, wie und warum ich mit denen von Nürnberg in Krieg und
Vheden kommen bin, so ist das die Ursach, Friz von Littwach ein
Marggräflicher Diener, mit dem ich Knaben weiß und im Harnisch auferzogen bin, der auch mir viel Gutes gethan, der ist auf
eine Zeit allernechst bei Onoldsbach heimlicher weiß verlohren,
gefangen und hinweg geführet worden, daß in langer Zeit niemand wust, wo er hinkommen war, oder wer ihne doch hinweg
geführet hette, biß über lang, da lag ein Verräther nieder, der ihn
verrathen, und auch denen Reutern, die ihn niedergeworffen
hätten, alle Wahrzeichen geben hett, den warf nun der Marggraf
nieder, und erfuhr man also allererst, wo er Friz von Littwach
hinkommen wäre [. . .] und nachdeme [. . .] habe ich ihne Herrn
Hannsen von Seckendorff [. . .] gebetten, daß er mir die Urphed
des Verräthers zu wegen brächt, welches er willig thät, und war
also die Sachen damit lautbar, daß es deren von Nürnberg Diener gethan haben solte, darauf er auch in ihre Häuser und Frohn-
Vesten, wie zu erachten, geführet worden. [. . .] Zum Andern
hette ich einen Knecht gedingt mit Nahmen Georg von Gaißlingen [. . .] den haben sie die von Nürnberg [. . .] hart verwundt
und erstochen [. . .] so habe ich doch keinen gemerckt, der der
Kazen die Schellen wie man sagt, angehängt, oder die Sachen
angriffen hett, dann der arm getreuherzige Göz von Berlichingen, der nahm sich beeder an.«

47.20–21 **Burgemeister von Nürnberg**: In der *Lebens-Beschreibung* findet sich folgende Stelle: »und wolte ich damalen denen von
Nürnberg wol all ihr Kriegs-Volck auch den Burgermeister selbs
(der ein grosse guldene Ketten am Halß hangen, und ein Küriß
Bengel in der Hand hett) [. . .] mit der Hülff Gottes geschlagen,
gefangen und niedergeworffen haben«.

48.32 **Hörner von deinem Weibe.**: Jemandem Hörner aufsetzen, heißt
nach der Redewendung: »jemanden mit dessen Frau betrügen«.

Teuerdank: Ritterroman (1517), der in allegorischer Form die 53.21
Werbung Maximilians I. um die Hand der Maria von Burgund
(1457–1482), Tochter Karls des Kühnen (1432–1477), zum Inhalt hat. Der Roman wurde von Maximilian I. in Auftrag gegeben und teilweise von ihm selbst verfasst. Die dort beschwore-
nen Rittertugenden gelten Adelheid nichts mehr.

Strafe der Acht: Ausstoßung aus der Rechtsgemeinschaft und 53.28
Ausschluss jeglichen Rechtsschutzes. Die vom Kaiser verhängte
Reichsacht bedeutete, dass das Vermögen des so Geächteten ein-
gezogen wurde und er innerhalb des gesamten Reiches straflos
getötet werden durfte.

Rübezahl: Sagengestalt aus dem schlesischen Riesengebirge. 53.32

hundertzüngig: Adelheid betont, dass sie nicht die vielzüngige 58.21
Fama (nach Vergil, *Aeneis*, IV 183), sondern ganz konkret eine
bestimmte Anzahl von Personen, die Weislingen gepriesen haben, meint.

Phönix: Das aus seiner eigenen Asche verjüngt hervortretende 58.27
Fabelwesen der griech. Mythologie; hier aber nur im Sinne von:
»einzigartiger Vogel«.

übereinander gewälzten Bergen: In der griech. Mythologie sind 59.5–6
es die Giganten, die, um den Himmel zu erstürmen, Berge aufein-
andertürmen.

Reichstag zu Augsburg: Er wurde im Herbst des Jahres 1518 60.6
abgehalten.

O ihr Unglaubigen.: Vgl. Joh 4,48: »Da sagte Jesus zu ihm: 60.11
Wenn ihr nicht Zeichen und Wunder seht, so glaubt ihr nicht.«

Sapupi: Neuhaus vermerkt: »Von Goethe gewähltes Ana- 61.18
gramm für den Assessor Papius (latinisiert aus ›von Pape‹), der
1774 wegen begangener Unkorrektheiten vom Reichskammergericht in Wetzlar entfernt wurde. Zur Zeit von Goethes Aufenthalt in Wetzlar schwebte der Prozeß noch. Wie aus zeitgenössischen Briefen hervorgeht, wurde die Anspielung verstanden«
(1973, S. 31).

Kaiserliche Visitationen: Besuche, die zur Kontrolle vom Kaiser 61.32
oder den von ihm Beauftragten bei den Gerichten durchgeführt
wurden.

Zwei Nürnberger Kaufleute.: Zu dieser Episode heißt es in der 64.3
Lebens-Beschreibung: »so war Kayserl. Majestät Maximilian

desselbigenmahls zu Augspurg, und wolten die Kauffleuth nit anderst wehnen, dann ich hett den rechten Wagen angegriffen, da sie ihr bestes Guth auf hatten, so hett aber ich den bösen angriffen, und lieffen zum Kayser gen Augspurg, und fielen Ihrer Kayserlichen Majestät zu Fuß, und verklagten mich auf das Höchste, wie daß sie nemlich verdorben Leuth weren, und einen unüberwindlichen Schaden, den sie und ihre Kind und Nachkommen nit überwinden kunten, empfangen hetten; Darauf ihnen der fromm Kayser Maximilian geantwort und gesagt: Heiliger Gott, heiliger Gott! was ist das? der ein het ein Hand, so hat der ander ein Bein, wann sie dann erst zwo Händ hätten und zwey Bein, wie wolt ihr dann thun, das war nun uf mich und Hannßen von Selbiz geredt gewest, und hette auch der Kayser, wie ich berichtet, darbey gesagt: Wie gehets zu, wann ein Kauffmann einen Pfeffer-Sack verleuert, so soll man das ganz Reich ufmahnen und so viel zu schicken haben, und wann Händel vorhanden seyn, das Kayserliche Majestät und dem ganzen Reich viel daran gelegen ist, das Königreich, Fürstenthum, Herzogthum und anders antrifft, so kan euch niemand nacher bringen.«

65.14 **Köpfe der Hydra:** Die Hydra ist ein vielköpfiges Fabelwesen der griech. Mythologie. Für einen der Hydra abgeschlagenen Kopf wuchsen gleich zwei neue Köpfe nach.

65.15–16 **mit Feuer und Schwert:** Herkules besiegte die Hydra, indem er die verbliebenen Stümpfe der abgeschlagenen Köpfe sogleich ausbrannte.

66.25–26 **Sickingen [. . .] Hand zu bitten.:** Franz von Sickingen (1481–1523) war nicht der Schwager des historischen Götz. Goethe hat den in der *Lebens-Beschreibung* gebrauchten Ausdruck »meinem Schwager Franz von Sickingen« als Verwandtschaftsbeziehung missverstanden.

67.27 **wildes Schwein:** Vgl. die *Lebens-Beschreibung*: »und hielt ich unter ihnen, als wie ein wildes Schwein unter den Rueden«.

68.22 **gebeizt:** Für manche Fischgerichte wird das Fischfleisch vor dem Braten in eine aus Essig und Gewürzen zubereitete Marinade gelegt, damit das Fleisch, mürbe geworden, schneller gar wird.

69.23–25 **Ein Wolf ist [. . .] sind lauter Mietlinge.:** Vgl. Joh 10,12–14 (vgl. Erl. zu 137.30–31).

gegen Conrad Schotten: Vgl. die *Lebens-Beschreibung*: »und 69.28–29
alsbald legt mein gnädigster Churfürst und Herr der Pfalzgraf
etc. mir aus der Canzley ein Zettel dar, wie ich reithen und mich
halten solt, da wurff ich den Räthen den Zettel wieder dar, und
sagt, ich wüst nach dem Zettel nit zu reiten, dann ich reit nit
mehr heim gen Hornberg, ich weiß nit was mir begegnen mag,
das steht in dem Zettul nit, ich muß die Augen selbst ufthun und
sehen, was ich zu schaffen hab«.

Lerse: Der Name ist eine Reminiszenz Goethes an seinen Straß- 71.10
burger Jugendfreund Franz Christian Lersé (1749–1800), dem
er – laut *Dichtung und Wahrheit* (9. Buch) – hier ein Denkmal
setzen wollte.

Zum folgenden Dialog findet sich in der *Lebens-Beschreibung*
die Passage: »hätten sie alle gethan, wie der gut fromm Erhard
Truchsäß und ein Knechtlein, so beym Bernhard von Hutten
gewesen, es wär mein und meines kleinen Häuffleins über ge-
wart worden, dann wann ich schon das Männlein etwan einmal
von mir bracht, und ich etwann sonst an einem andern war, so
kam es von Stund an wieder an mich, es hub mich auch durch
den Panzer-Ermel hindurch, daß es ein wenig gefleischt hett, und
hett ich sonst so viel zu thun, daß ich sein nit allein gewarten
kunt, und dasselbig Männlein entboth mir darnach, wann ich es
zu einem einem Diener annehmen wolt, so wolt es mir ein Jahr
umsonst dienen, nit weiß ich, was es an mir ersehen hat, da
entboth ich ihme, es solte kommen, ich wolte es nit umsonst
begehren, sondern ich wolt ihn halten, wie einen andern Knecht,
und wiewol mir das Männlein uf dem Tag hart zusetzt, und ich
sein nit bedorfft, so hett ich ihne doch gern zu einem Diener
angenommen, dann er gefiel mir uf den Tag nit mehr dann zu
wol.«

mit der Hand in die Kohlen geschlagen: Im Sinne von: »dass ich 72.6–7
mir die Finger verbrannt hatte.« Eine von Götz in seiner *Lebens-
Beschreibung* häufig verwandte Wendung.

Den Strom nicht [. . .] ihn los braust.: Vgl. Sir 4,31: »Schäme 77.9–10
dich nicht zu bekennen, wenn du gesündigt hast, sonst versuchst
du vergeblich, den Lauf eines Stromes zu hemmen.«

du wirst mit mir in die Grube fallen: Vgl. Mt 15,14: »Wenn aber 83.27
ein Blinder den andern leitet, so fallen sie beide in die Grube.«

84.1 **Noch einen Augenblick:** Vgl. Joh 16,19: »Macht ihr euch darüber Gedanken, daß ich gesagt habe: Eine kurze Zeit, dann werdet ihr mich nicht mehr sehen; und noch einmal eine kurze Zeit,
dann werdet ihr mich wiedersehen?«

84.11–12 **als einer Katze vor einer Armee Mäuse:** Umkehrung eines in der
Lebens-Beschreibung gebrauchten Bildes: »daß sie mich wollten
übereilen, und mich aus der Maus-Fallen zu Meckmühl nehmen,
wie dann die Katzen schon vor der Mausfallen waren, und warten uf das Mäuslein, daß sie es fressen wollten«.

84.30–31 **er kann mich im Arsch lecken:** Beim historischen Götz heißt es:
»da schrie ich wieder zu ihme hinuf, er sollte mich hinden lecken«. Die deftige Wendung »im Arsch lecken« erscheint nur in
den Drucken von 1773 und 1774 und wird später durch Gedankenstriche ersetzt.

85.1 **Belagerung:** Die Szene folgt in Einzelheiten dem Bericht der *Le-
bens-Beschreibung* von der Belagerung von Möckmühl 1519.
Sie steht beim historischen Götz nicht im Zusammenhang der
Nürnberger Fehde und der in ihrer Folge verhängten Reichsacht.
Die Nürnberger Fehde wurde 1514 geschlichtet und die Reichs-
acht aufgehoben. 1519 kämpft Berlichingen auf der Seite des
Herzogs von Württemberg gegen den Schwäbischen Bund. In
Möckmühl wird er gefangengenommen und nach Heilbronn ins
Gefängnis gebracht (vgl. Willems 1995, S. 292).

85.22 **Blei:** Um Blei für den Kugelguss zu gewinnen, schlägt Lerse die
Fensterscheiben, die in Bleirahmen gefasst sind, ein.

86.2 **so entgeht keiner [. . .] Majestät ansagen kann:** Vgl. Hiob 1, 15
(vgl. Erl. zu 35,23).

86.3 **wir haben uns prostituiert:** »Wir haben uns bloßgestellt, preis-
gegeben«; seit den *Schriften* (1787) änderte Goethe die Stelle in
die sinngleiche Formulierung: »wir haben schlecht bestanden«.

89.4 **Cherubs mit flammenden Schwerten:** Vgl. 1. Mose 3,24: »Und
er trieb den Menschen hinaus und ließ lagern vor dem Garten
Eden die Cherubim mit dem flammenden, blitzenden Schwert,
zu bewachen den Weg zu dem Baum des Lebens.«

92.2 **Heilbronn:** Vgl. die *Lebens-Beschreibung* zum Heilbronn-Auf-
enthalt: »Und wie ich nun zu Heylbronn nach jeztberührter Gefängnus etliche Wochen in einer Herberg verhafft gelegen bin, da
schickt der Bund einen [. . .] gen Heylbronn, und het ein Urphed

bey ihm, die las er mir für in der Stuben, in Beywesen vieler von
Heylbronn, also daß die Stuben voller Leuth war, und begehrt,
ich solt solche schwöhren und annehmen, und wo ichs nit thet,
hett der Bund geschrieben, solten sie mich nehmen und in Thurn
legen, aber ich schlug solche Urphed stracks ab, wolt ehe ein Jahr
im Thurn liegen, ehe ich sie annehmen wolt [. . .] darzu so wer
ich auch in ein ehrlich ritterlich Gefängnus vertagt [. . .] in Sum-
ma, da ich die Urphed nit annehmen wolt, hetten sie die Weinschröter bestellt, die traten zu mir in des Diezen Herberg in der
Stuben und wolten mich fangen, ich dem nechsten vom Leder
und mit der Wehr heraus, da schnapten sie wieder hinder sich,
und baten mich die Bürger des Raths fleißig, ich solt einstecken
und Fried halten, sie wolten mich nit weiter führen, dann auf das
Rath-Hauß, da glaubt ich ihnen auch, und wie sie mich in der
Herberg zur Stuben heraus führten, gieng meine Haußfrau
gleich die Steegen heruf, und ward in der Kirchen gewest, da riß
ich mich von ihnen und gieng zu ihr, und sagt, Weib [. . .] reit
hinauf zu Franciscus von Sickingen und Herrn Georgen von
Fronsperg, und zeig ihnen an, die Ritterliche Gefängnus, wie mir
zugesagt, wöll mir nicht gehalten werden [. . .] und führten mich
also darnach wieder uf das Rath-Hauß [. . .] und war mein
Haußfrau wieder vom Leger kommen, und stund heraus vor der
Stuben [. . .] da gieng ich zu meiner Haußfrauen und sagt ihr in
ein Ohr, was mein Meynung war, das war das, und sagt zu ihr,
sag zu meinem Schwager Franciscus von Sickingen, und Herrn
Georgen von Fronsperg [. . .] haben sie was im Sinn, so solten sie
fortfahren, ich wolt gern sterben und erstochen werden, allein
daß sie all mit mir erstochen würden, das hett sie nun ausgericht,
und kam Herr Georg von Fronsperg mit andern auch zu mir
hinein auf das Rath-Hauß, die handelten mit denen von Heylbronn, daß sie sich musten verschreiben, mir Ritterliche Gefängnus zu halten, so lang derselbig Krieg und mein Gefängnus weh-
ret, und ich mit dem Bund vertragen würde.« Götz wurde 1519,
nach seiner Gefangennahme in Möckmühl, bis 1522 vom
Schwäbischen Bund in Heilbronn am Neckar gefangen gehalten.
böse Geist [. . .] einen Sack beschwur: Nach einem elsässischen 92.4–5
Märchen beschwor ein Kapuzinermönch, Angehöriger eines
Bettelordens, den bösen Geist bzw. Teufel und steckte ihn in

einen Sack, der dann von einem Tagelöhner fortgetragen und an einem bestimmten Ort wieder geöffnet wird. Der gebannte Geist entfährt dem Sack in der Gestalt eines bläulichen Dunstes und fährt in eine ihm zu seinem Banne angewiesene Tanne.

92.13–15 **Ist das Belohnung [. . .] lebest auf Erden!**: Vgl. 5. Mose 5,16 und Eph 6,2–3 (»Ihr Kinder, seid euren Eltern gehorsam im Herrn; denn das ist recht. ›Ehre Vater und Mutter‹, das ist das erste Gebot, dem eine Verheißung folgt: ›damit es dir gut geht und du lange lebst auf Erden‹«).

92.21 **Wie dem Schwein das Halsband.**: Vgl. Spr 11,22: »Ein schönes Weib ohne Zucht ist wie eine Sau mit einem goldenen Haarband.«

99.27 **Unternehmung**: Franz von Sickingen führte den Aufstand der Reichsritter an, der 1522 mit dem Angriff auf das Erzbistum und Kurfürstentum Trier begann und 1523 mit Sickingens Tod in seiner belagerten Festung Landstuhl endete. Sickingen erhoffte sich die Kurfürstenwürde.

100.21 **Adelheidens Schloß**: Goethe hat bei der Überarbeitung den Ort an den Hof verlegt, jedoch die ursprüngliche Ortsangabe versehentlich nicht verändert; in der Urfassung spielte die Szene im Schloss.

101.4 **Regimentsräte**: Räte des Reichsregiments, mit dessen Hilfe Kurfürsten und übrige Reichsstände zeitweilig die Macht des Kaisers einschränken wollten.

101.23–24 **Carl sein trefflicher Nachfolger**: König Karl I. von Spanien (1500–1558), Maximilians Enkel, war seit 1516 span. König. Er wurde 1519 zum dt. Kaiser (Karl V.) gewählt.

104.20–21 **Bündischen**: »Zum Schwäbischen Bund Gehörigen«. Der Schwäbische Bund (1488–1534) war eine Verbindung zunächst schwäbischer, später auch anderer oberdt. Reichsstände zur Sicherung des Landfriedens, sodass sein Heer gegen die aufständischen Bauern eingesetzt wurde.

105.27–28 **Die Bauern haben [..] Aufstand erregt.**: Der Bauernaufstand begann 1525. Goethe lässt somit den Tod des Kaisers und den Beginn des Bauernkrieges zusammenfallen.

107.2 **Bauernkrieg**: Vgl. die Anmerkung von Pistorius zur Überschrift des zweiten Teils der *Lebens-Beschreibung*: »Es folgt der Bauren-Krieg.«: »Von denen Bauren hat dieser Krieg oder vielmehr

Rebellion, Aufruhr seinen Nahmen, als welche solchen angefangen.« In einer weiteren Anmerkung zählt Pistorius u. a. die im Drama auftretenden Anführer der Bauern, Link, Metzler und Kohl auf.

Weinsperg: Nach der Erstürmung der Burg Weinsberg wurde   107.20
Ludwig Graf von Helfenstein zusammen mit anderen Adeligen, die die Burg gegen die Bauern verteidigt hatten, durch Spießrutenlaufen hingerichtet und sein Leichnam verstümmelt.

Ditrich von Weiler: Vgl. die Anmerkung von Pistorius zu den   107.25
Vorgängen in Weinsberg in der *Lebens-Beschreibung*: »Hier ist mit der Erst Dietrich von Weyler, als er vom Kirch-Thurn herab mit denen Bauren gütlich gesprochen, erschossen, und hernach herunter geworffen worden.«

Darnach führten wir [. . .] Ebne gegen Heilbronn.: Entspre-   108.3–6
chend einer Anmerkung von Pistorius in der *Lebens-Beschreibung*: »Dann führten die Bauren Herrn Grafen Ludwig von Helffenstein nebst 13. von Adel, unter welchen 2. Sturmfeder, Rudolf Nagel von Eltershofen, Pleickard von Rüxingen, und ein Späth gewesen, und vielen andern, zusammen bey 80. Personen auf einen Acker gegen Heylbronn, machten da einen Creyß, und jagten sie alle zusammen erbärmlich durch die Spieß. Ohngeachtet sein des Grafen Gemahlin, Kaysers Maximiliani I. natürliche Tochter, nebst einem kleinen Kind auf dem Arm denen Bauren zu Fuß fiele, und ganz erbärmlicher Weiß, mit vielem Weinen und Klagen um des Grafens Leben bate, und daß sie solchen dem Kindlein schencken mögten, sie anflehete.«

Rixinger: In einer Anmerkung von Pistorius wird ein Pleickard   108.19
von Rüxingen erwähnt.

großen Kometen: Vgl. die Schilderung des Kometen in Sebasti-   109.7
an Francks *Chronica* (1531), in der es u. a. heißt: »Sein häupt oder anfang ist gewesen ein gebogner Arm, der hett in seiner Hand ein überauß groß Schwert. [. . .] An dieses Schwerts spitzen und seyten drey fast grosse Sternen.«

Ich bin Pfalzgräfischer Diener: Dieser Loyalitätskonflikt Max   109.32
Stumpfs ist erfunden. Aus der *Lebens-Beschreibung* geht nicht hervor, dass er Pfalzgräfischer Diener ist. Vielmehr war Götz Lehnsträger des Pfalzgrafen. Den Pfalzgrafen und nicht den Kaiser bezeichnet er stets als seinen Herrn. Daneben hatte Götz

noch eine Reihe anderer Herren, die für ihn von minderer Bedeutung waren (vgl. Willems 1995, S. 311).

110.7–8 **mein ritterlich Wort [...] meinem Bann gehen**: Der Entscheidungskonflikt zwischen der Bindung durch das dem Kaiser gegebene Wort und der Übernahme der Hauptmannschaft ist eine Erfindung Goethes. Als Götz sich 1525 den Bauern anschloss, war Kaiser Maximilian bereits sechs Jahre tot. Götz stand nicht unter Hausarrest. Er war frei. Erst 1530 verpflichtete er sich mit dem Urfehde-Schwur, der seine Gefangenschaft in Augsburg beendete, das zu seiner Burg Hornberg gehörende Gebiet nicht mehr zu verlassen. 1540 wurde der Hausarrest aufgehoben (vgl. Willems 1995, S. 311).

110.10–11 **wollt handeln wie bei Weinsperg**: Vgl. die *Lebens-Beschreibung*: »kurtzum ich solt ihr Hauptman seyn, da sagte ich, ehe ich ihr Hauptman seyn, und so tyrannisch handlen, wie sie zu Weinsperg gethan und gehandelt hetten, oder auch darzu rathen und helffen solt, ehe müsten sie mich zu todt schlagen, wie ein wüteten Hund, da sagten sie, es wäre geschehen, wo nit, geschehe vielleicht nimmer. [...] Nun kamen die Maynzische Räth [...] und Marx Stumpff, mit ihnen [...] die Maynzischen Räth bathen mich auch, wie Marx Stumpff ich solte solche Hauptmannschafft, ihrem gnädigsten Herrn zu Gefallen, auch allen Fürsten und dem Adel hohen und niedern Ständen im Reich zu gut annehmen, ich mögte viel Unraths damit vorkommen, da sagt ich drauf, wann die Bauren von ihrem Fürnehmen wolten abstehen, und der Obrigkeit und ihrer Herrschafft gehorsam seyn, mit ihnen Frohnen, Recht nehmen und geben, wie von Alters Herkommen wäre, [...] so wolt ich es 8. Tag mit ihnen versuchen, da schlugen sie mir eine lange Zeit für, aber es kam letzlich uf ein Monath, doch daß sie [...] dem allem, wie obgemeldt, nachkommen wolten, und auch keines Fürsten oder Edelmanns Haus nit brennen oder beschädigen.«

111.18 **Daß niemand mit ihm rede**: In der *Lebens-Beschreibung* heißt es: »Deme sey nun wie ihm wöll, so wüßt ich weder zu Würzburg noch im Leger von ihnen zu kommen, dann wann Gott vom Himmel zu mir kommen wäre, so hätten sie ihne nit mit mir reden lassen, es weren dann 10. oder 12. darbey gestanden, die zugehört hetten.«

Miltenberg dort drüben anzünden: In der *Lebens-Beschreibung* 112.3
findet sich folgende Stelle: »da sahe ich ein Schloß brennen, daß
heist Willenberg, ist des Bischoffs von Maynz, welches alles wider den Vertrag, den wir ufgericht hetten, gehandelt war«.

Ein Unbekannter: In der Autobiographie ist auch die Rede von 114.30
der Warnung durch einen Unbekannten: »da kommt ein guter
frommer treuherziger [. . .] zu mir allein und warnet mich [. . .]
und sagt [. . .] sie wollten mir den Kopff herab schlagen«.

wilden Jäger: Wotan, der altgerm. Kriegs-, Sieges- und Todes- 117.2
gott, der mit einem Totenheer durch die Lüfte jagt, trägt den
Beinamen des »wilden Jägers«.

Ist's Friede: Vgl. 1. Sam 16,4: »Samuel tat, wie ihm der Herr 117.22
gesagt hatte, und kam gen Bethlehem. Da entsetzten sich die
Ältesten der Stadt und gingen ihm entgegen und sprachen: Ist's
Friede, daß du kommst?«

ihre Güter: Steht im Widerspruch zu 112,21–22; gemeint sind 119.18
wohl Weislingens Güter.

in den tiefsten Turn geworfen: Der historische Götz wurde we- 120.19–20
gen Beteiligung am Bauernaufstand 1528 in Augsburg durch
den Schwäbischen Bund für zwei Jahre gefangengesetzt. Er hatte
sich freiwillig dem Schwäbischen Bund in Augsburg gestellt,
nachdem er bereits 1526 vom Reichskammergericht in Speyer
für schuldlos erklärt worden war. 1530 schwur er Urfehde – im
Mittelalter ein Eidschwur zur Beilegung einer Fehde, durch den
die beiden Parteien versicherten, künftig Frieden zu halten – und
konnte sich auf seine Burg Hornberg zurückziehen (vgl. Willems
1995, S. 319).

gerädert [. . .] geviertelt: Hinrichtungsarten, wobei im ersteren 120.29–30
Fall die Glieder vom Rad zermalmt werden und im letzteren
Pferde, die an Arme und Beine des Verurteilten gebunden wur-
den, den Körper in vier Teile zerreißen.

Sind eure Herzen rein: Vgl. Psalm 24,4 (vgl. Erl. zu 166,31–32). 124.19

Wen Gott niederschlägt: Vgl. Psalm 145,14 (»Der Herr hält al- 126.18
le, die da fallen, und richtet alle auf, die niedergeschlagen sind«)
und 146,8 (»Der Herr richtet auf, die niedergeschlagen sind«).

Meine Stunde ist kommen.: Vgl. Mk 14,41: »Und er kam zum 126.23
drittenmal und sprach zu ihnen: Ach, wollt ihr nun schlafen und
ruhen? Es ist genug; die Stunde ist gekommen. Siehe, des Menschen Sohn wird überantwortet in der Sünder Hände.«

126.24 **Sein Will geschehe.**: Vgl. Mt 6,10 (»Dein Wille geschehe, wie im Himmel so auf Erden«) und 26,42 (»Mein Vater, wenn es nicht möglich ist, daß dieser Kelch an mir vorübergeht, ohne daß ich ihn trinke, dann geschehe dein Wille!«).

127.15 **Die Hand des Herrn**: Vgl. Psalm 32,4: »Denn deine Hand lag Tag und Nacht schwer auf mir, daß mein Saft vertrocknete wie es im Sommer dürre wird.«

127.33–34 **meine Wurzeln sind abgehauen**: Vgl. Mt 3,10: »Schon ist den Bäumen die Axt an die Wurzel gelegt. Darum: jeder Baum, der nicht gute Früchte bringt, wird abgehauen und ins Feuer geworfen.«

128.20 **Löse meine Seele nun.**: Vgl. 1. Kön 19,4: »Er aber ging hin in die Wüste eine Tagereise weit und kam und setzte sich unter einen Wacholder und wünschte sich zu sterben und sprach: Es ist genug, so nimm nun, Herr, meine Seele.«

128.21–22 **Lerse verlaß sie nicht**: Anklang an Joh 19,26–27: »Da nun Jesus seine Mutter sah und den Jünger dabeistehen, den er liebhatte, spricht er zu seiner Mutter: Weib, siehe, das ist dein Sohn! Darnach spricht er zu dem Jünger: Siehe, das ist deine Mutter! Und von der Stunde an nahm sie der Jünger zu sich.«

128.22–23 **Schließt eure Herzen [. . .] als eure Tore.**: Im Stil der Bibel gehalten, ohne dass ein wörtliches Zitat vorläge.

128.30–31 **Die Welt ist ein Gefängnis.**: Vgl. *Hamlet* II,2: »Denmark's a prison. Then is the world one.«

135.17–18 **die magerste Ähre**: Vgl. 1. Mose 41,7: »Und die sieben mageren Ähren verschlangen die sieben dicken und vollen Ähren.«

137.9 **wider den Türcken**: Zur Stärkung seiner Zentralgewalt verlangte Maximilian I. ein starkes Reichsheer, besonders hinsichtlich der Schwierigkeiten, die ihm die Türken bereiteten.

137.12 **Maynz**: Berthold von Henneberg, Erzbischof und Kurfürst von Mainz (1442–1504), unterstützte die Wahl Maximilians und erreichte von diesem die Einsetzung des Reichskammergerichts und die Ausrufung des Ewigen Landfriedens.

137.14 **Flammen ihres Grimmes**: Vgl. Psalm 89,46: »Herr, wie lange willst du dich so verbergen und deinen Grimm wie Feuer brennen lassen?«

137.15–16 **Israel vor dem Donner auf Sinai**: Vgl. 2. Mose 19,16: »Als nun der dritte Tag kam und es Morgen ward, da erhob sich ein Donnern und Blitzen und eine dichte Wolke auf dem Berge und der Ton einer sehr starken Posaune.«

gleich Schafen [. . .] Wölfen Preis gegeben: Vgl. u. a. Mt 10,16   137.30–31 (»Siehe, ich sende euch wie Schafe mitten unter die Wölfe«), Joh 10,12–14 (»Ich bin der gute Hirte. Der gute Hirte läßt sein Leben für seine Schafe. Der Mietling aber, der nicht Hirte ist, des die Schafe nicht eigen sind, sieht den Wolf kommen und verläßt die Schafe und flieht; und der Wolf erhascht und zerstreut die Schafe«) oder 1. Petr 2,25 (»Denn ihr wart wie die irrenden Schafe; aber nun seid ihr bekehrt zu dem Hirten und Bischof eurer Seelen«).

Elias selbst auf dem feurigen Wagen: Vgl. 2. Kön 2,11: »Und als   137.31–32 sie miteinander gingen und redeten, siehe da kam ein feuriger Wagen mit feurigen Rossen, die schieden die beiden voneinander. Und Elia fuhr im Wetter gen Himmel.«

klein Egypten: In Goethes Quelle (Jacob Thomasius: *Curioser*   143.33 *Tractat von Zigeunern*) wird Klein-Ägypten (= Nubien) als Herkunftsgebiet angegeben.

entscheidende Schlacht: Bei Königshofen an der Tauber, 1525,   156.10 Niederlage der fränkischen Bauern durch den Schwäbischen Bund.

Tausend Jahre sind nur eine halbe Nacht.: Abwandlung von   161.16–17 Psalm 90,4 (»Denn tausend Jahr sind von dir / wie der Tag, der gestern vergangen ist, und wie eine Nachtwache«) und 2. Petr 3,8 (»Eins sollt ihr aber nicht vergessen, ihr Lieben, dass ein Tag vor dem Herrn wie tausend Jahre ist und tausend Jahre wie ein Tag«).

Sind eure Herzen rein, und eure Hände: Nach Psalm 24,4:   166.31–32 »Wer unschuldige Hände hat und reines Herzens ist, wer nicht bedacht ist auf Lug und Trug und nicht falsche Eide schwört.«

Otterzungen: Vgl. Psalm 140,4 (»Sie haben scharfe Zungen wie   169.8–9 Schlangen und Otterngift ist unter ihren Lippen«) oder Mt 3,7 (»Ihr Schlangenbrut, wer hat denn euch versichert, daß ihr dem künftigen Zorn entrinnen werdet?«).

Die Welt ist Gefängnis.: Vgl. Erl. zu 128,30–31   172.18

Johann Wolfgang Goethe
in der Suhrkamp BasisBibliothek

Fremdsprachige Literatur
in der Suhrkamp BasisBibliothek

NF 1062/1/10.14

Suhrkamp BasisBibliothek
Text und Kommentar in einem Band

»Die Suhrkamp BasisBibliothek hat sich längst einen Namen gemacht. Als ›Arbeitstexte für Schule und Studium‹ präsentiert der Suhrkamp Verlag diese Zusammenarbeit mit dem Schulbuchverlag Cornelsen. Doch nicht nur prüfungsgepeinigte Proseminaristen treibt es in die Arme der vielschichtig angelegten Didaktik, mit der diese unprätentiösen Bändchen aufwarten. Auch Lehrer und Liebhaber vertrauen sich gerne den jeweiligen Kommentatoren an, zumal die Bände mit erschöpfenden Hintergrundinformationen, Zeittafeln, Entstehungsgeschichten, Rezeptionsgeschichten, Erklärungsmodellen, Interpretationsskizzen, Wort- und Sacherläuterungen und Literaturhinweisen gespickt sind.«
Frankfurter Allgemeine Zeitung

Ingeborg Bachmann. Malina. Kommentar: Monika Albrecht und Dirk Göttsche. SBB 56. 389 Seiten

Jurek Becker. Jakob der Lügner. Kommentar: Thomas Kraft. SBB 15. 351 Seiten

Thomas Bernhard
- Amras. Kommentar: Bernhard Judex. SBB 70. 144 Seiten
- Erzählungen. Kommentar: Hans Höller. SBB 23. 171 Seiten
- Heldenplatz. Kommentar: Martin Huber. SBB 124. 205 Seiten

Marcel Beyer. Flughunde. Kommentar: Christian Klein. SBB 125. 347 Seiten

Bertolt Brecht
- Der Aufstieg des Arturo Ui. Kommentar: Annabelle Köhler. SBB 55. 182 Seiten

Johann Wolfgang Goethe
- Egmont. Kommentar: Helmut Nobis. SBB 127. 184 Seiten
- Faust I. Kommentar: Ralf-Henning Steinmetz. SBB 107.
  298 Seiten
- Götz von Berlichingen. Kommentar: Wilhelm Große.
  SBB 27. 243 Seiten
- Die Leiden des jungen Werthers. Kommentar: Wilhelm
  Große. SBB 5. 222 Seiten
- Wilhelm Meisters Lehrjahre. Kommentar: Joachim Hagner.
  SBB 85. 700 Seiten

Grimms Märchen. Kommentar: Heinz Rölleke. SBB 6. 136 Seiten

Peter Handke. Wunschloses Unglück. Kommentar: Hans
Höller. SBB 38. 131 Seiten

Friedrich Hebbel. Maria Magdalena. Kommentar: Florian
Radvan. SBB 74. 150 Seiten

Christoph Hein. Der fremde Freund. Drachenblut.
Kommentar: Michael Masanetz. SBB 69. 236 Seiten

Hermann Hesse
- Demian. Kommentar: Heribert Kuhn. SBB 16. 233 Seiten
- Narziß und Goldmund. Kommentar: Heribert Kuhn.
  SBB 40. 407 Seiten
- Siddhartha. Kommentar: Heribert Kuhn. SBB 2. 192 Seiten
- Der Steppenwolf. Kommentar: Heribert Kuhn. SBB 12. 306 Seiten
- Unterm Rad. Kommentar: Heribert Kuhn. SBB 34. 275 Seiten

E. T. A. Hoffmann
- Das Fräulein von Scuderi. Kommentar: Barbara von Korff-
  Schmising. SBB 22. 149 Seiten

NF 279b/6/5.13

Suhrkamp BasisBiographien
Leben – Werk – Wirkung
in einem Band

Ein spannendes Leben, ein beeindruckendes Werk, eine bleibende Wirkung – die Suhrkamp BasisBiographien erzählen von Leben, Werk und Wirkung der großen Persönlichkeiten der Weltgeschichte.

Alle Bände haben 160 Seiten. Die Reihe wurde prämiert im Wettbewerb »Die schönsten Bücher 2005«.